Autoren

Prof. Dr. Heinrich Otruba
Mag. Peter Pelizon
Mag. Gerhard Manner
Dipl.-Ing. Peter Bleier
Dr. Mag. Martina Hochreiner
Institut für Volkswirtschaftstheorie und -politik
Wirtschaftsuniversität Wien
Augasse 2-6, A-1090 Wien, Österreich

ISBN-13:978-3-540-53990-2 e-ISBN-13:978-3-642-76609-1
DOI: 10.1007/978-3-642-76609-1

2142/3140 – 543210 – Gedruckt auf säurefreiem Papier

Vorwort

Im Frühsommer 1988 trat der zu diesem Zeitpunkt amtierende Rektor der Wirtschaftsuniversität Wien, Magnifizenz Prof. H.R. HANSEN mit der Idee an mich heran, im Rahmen eines Forschungsprojektes Entlastungsvarianten für die zu diesem Zeitpunkt bereits kritischen Verhältnisse an der Wirtschaftsuniversität Wien ökonomisch zu untersuchen. Zu diesem Zeitpunkt war ich als Vorsitzender der Baukommision der WU stark in derartige Fragen involviert, sodaß mir diese Idee und die Finanzierungszusage der Hochschuljubiläumsstiftung der Stadt Wien sehr willkommen war. Willkommen deshalb, weil meine Tätigkeit in der Baukommission immer von einem Gefühl der Unsicherheit überschattet war. Unsicherheit darüber, für wieviele Studenten, für wieviele akademische Lehrer, für welche Fächer zu planen sei, Unsicherheit darüber, ob die erarbeiteten Vorschläge in ein bildungspolitisches Konzept passen und schließlich Unsicherheit darüber, ob die von der Kommision gemachten Vorschläge einer Überprüfung im Sinne einer Kosten-Nutzen-Rechnung standhalten würden. So ergriff ich gerne die Gelegenheit, gemeinsam mit einigen Mitarbeitern und Freunden eine derartige Studie in Angriff zu nehmen. Schon bei der Formulierung des Projektentwurfes war es klar, daß hier auf breiter Basis, interdisziplinär gearbeitet werden muß. So gehörten meinem Projektteam neben einem Volkswirt (Pelizon), einem Betriebswirt (Manner), einer Marktforscherin (Hochreiner) auch ein in Universitätsbauten sehr erfahrener Architekt (Bleier) an. Die Arbeit an diesem Projekt wurde mit dem Angebot der Gemeinde Wien, auf den sog. Donaugründen (ein Revitalisierungsareal am rechten Donauufer), in sehr günstiger Lage entsprechende Flächen für einen Universitätsbau zur Verfügung zu stellen, äußerst aktuell und dringlich. So kamen zwei große Fragenkomplexe gleichzeitig zur Bearbeitung: 1) wie könnte man ohne wesentliche Änderungen in der Gesetzeslage eine Entlastung der WU herbeiführen und 2) welche gesamtwirtschaftlichen Kosten und Nutzen verursachen alternative Lösungen. Das editorisch überarbeitete Ergebnis liegt nun vor, nachdem der ursprüngliche Projektbericht innerhalb und außerhalb der WU rasch bekannt und teilweise sehr heftig diskutiert wurde.

Wie so oft bei umfangreichen, teilweise an einem vorgegebenen Ziel ausgerichteten Arbeiten, holte uns die Realität während der Projektarbeiten ein. Zuerst schlug der zu diesem Zeitpunkt erst kurz im Amt befindliche Wissenschaftsminister das Angebot der Gemeinde Wien aus, nachdem er es in seiner vorherigen Funktion als Vizebürgermeister der Stadt Wien zumindest nicht bekämpft hatte. In weiterer Folge dienten Teile der Studie als Grundlage für die Formulierung eines Notprogrammes zur Aufrechterhaltung der mittlerweile sich weiter drastisch verschlechternden Studienbedingungen. Unsere Schlußfolgerung, daß eine Sanierung am besten

Studies in Contemporary Economics

W. Gebauer, Realzins, Inflation und Kapitalzins. XVI, 261 Seiten. 1982.

W. Gaab, Devisenmärkte und Wechselkurse. VII, 305 Seiten. 1983.

B. Hamminga, Neoclassical Theory Structure and Theory Development. IX, 174 pages. 1983.

J. Dermine, Pricing Policies of Financial Intermediaries. VII, 174 pages. 1984.

I. Böbel, Wettbewerb und Industriestruktur. XIV, 336 Seiten. 1984.

Beiträge zur neueren Steuertheorie. Herausgegeben von D. Bös, M. Rose und Ch. Seidl. V, 267 Seiten. 1984.

Economic Consequences of Population Change in Industrialized Countries. Proceedings. 1983. Edited by G. Steinmann. X, 415 pages. 1984.

R. Holzmann, Lebenseinkommen und Verteilungsanalyse. IX, 175 Seiten. 1984.

Problems of Advanced Economies. Proceedings, 1982. Edited by N. Miyawaki. VI, 319 pages. 1984.

Studies in Labor Market Dynamics. Proceedings, 1982. Edited by G. R. Neumann and N. C. Westergård-Nielsen. X, 285 pages. 1985.

Schumpeter oder Keynes? Herausgegeben von D. Bös und H.-D. Stolper. IX, 176 Seiten. 1984.

G. Illing, Geld und asymmetrische Information. VI, 148 Seiten. 1984.

B. Genser, Steuerlastindizes. X, 225 Seiten. 1985.

K. Pohlmer, Mikroökonomische Theorie der personellen Einkommens- und Vermögensverteilung. IX, 214 Seiten. 1985.

K. Conrad, Produktivitätslücken nach Wirtschaftszweigen im internationalen Vergleich. VII, 165 Seiten. 1985.

K. F. Zimmermann, Familienökonomie. XII, 423 Seiten. 1985.

H. J. Schalk, Differenzierte Globalsteuerung. XI, 319 Seiten. 1985.

A. Pfingsten, The Measurement of Tax Progression. VI, 131 pages. 1986.

Causes of Contemporary Stagnation. Proceedings, 1984. Edited by H. Frisch and B. Gahlen. IX, 216 pages. 1986.

Ch. M. Jäggi, Die Makroökonomik von J. M. Keynes. XIII, 278 Seiten. 1986.

L. N. de Matos Pimentão, Anwendungen der Variationsrechnung auf makroökonomische Modelle. X, 220 Seiten. 1986.

E. W. Henri, Die Geldnachfrage. XI, 226 Seiten. 1986.

H. J. Ramser, Beschäftigung und Konjunktur, VIII, 329 Seiten. 1987.

M. Bösch, Umverteilung, Effizienz und demographische Abhängigkeit von Rentenversicherungssystemen. VII, 209 Seiten. 1987.

E. Baltensperger, H. Milde, Theorie des Bankverhaltens. X, 286 Seiten. 1987.

U. Ebert, Beiträge zur Wohlfahrtsökonomie. V, 198 Seiten. 1987.

I. Böbel, Eigentum, Eigentumsrechte und institutioneller Wandel. XI, 360 Seiten. 1988.

S. Homburg, Theorie der Alterssicherung. VI, 153 Seiten. 1988.

H. G. Zimmermann, Privates Sparen versus Sozialversicherung. IV, 114 Seiten. 1988.

O. Flaaten, The Economics of Multispecies Harvesting. VII, 162 pages. 1988.

H. Siebert (Hrsg.), Umweltschutz für Luft und Wasser. VIII, 254 Seiten. 1988.

H. Schäfer, Währungsqualität, asymmetrische Information und Transaktionskosten. XIV, 330 Seiten. 1988.

O. Šik, R. Höltschi, Ch. Rockstroh. Wachstum und Krisen. XII, 331 Seiten. 1988.

Fortsetzung auf Seite 213

Studies in Contemporary Economics

Heinrich Otruba Peter Pelizon Gerhard Manner
Peter Bleier Martina Hochreiner

Kosten-Nutzen-Rechnung von Universitäten

Eine Fallstudie am Beispiel der Wirtschaftsuniversität Wien

Springer-Verlag
Berlin Heidelberg New York London Paris
Tokyo Hong Kong Barcelona Budapest

durch die Errichtung einer zweiten großen Ausbildungsstätte für Wirtschaftsakademiker zu geschehen hätte, wurde zur Forderung der WU erhoben. Doch nicht genug damit, sie wurde auch seitens der zuständigen Bundesministerien akzeptiert. Bereits im Herbst 1990 wird darangegangen, die materiellen und baulichen Voraussetzungen zu schaffen. Schließlich konnte auch die Sozial- und wirtschaftswissenschaftliche Fakultät der Universität Wien dazu gewonnen werden, als Träger dieser zweiten Ausbildungsstätte zu fungieren. Diese, selbst für einen Kenner der Universitätsszene in Österreich äußerst überraschenden Wendungen, haben uns veranlaßt, einen Verleger zu suchen, den wir im Springer Verlag schließlich auch gefunden haben. Um einem persönlichen Bedürfnis und der wissenschaftlichen Redlichkeit nachzukommen, möchte ich den Mitgliedern meines Projektteams für ihre engagierte und kompetente Arbeit herzlich danken. Es war für mich erstaunlich, in welch kurzer Zeit und mit welchem Einsatz diese Studie entstanden ist, trotz der teilweise entmutigenden äußeren Bedingungen an unserer Universität. Die Lasten der Arbeit waren etwa wie folgt verteilt. Herr Pelizon verfaßte gemeinsam mit mir die Kapitel über die Studentenprognose und das Anforderungsprofil, wobei ihm die Hauptlast der empirischen Arbeiten zugefallen war. Die Vorbereitungen zum Kapitel über das Meinungsprofil wurden von Frau Hochreiner und mir gemeinsam getroffen, ebenso wie die Interviews gemeinsam entstanden sind. Die Übertragung der Daten auf Datenträger war Aufgabe von Frau Hochreiner, während die statistischen Arbeiten und der Text zu diesem Kapitel aus meiner Feder stammen. Die grundsätzliche Bewertung der möglichen Entlastungsalternativen entstand im Teamwork von Pelizon, Bleier als architektonischem Berater, Manner und mir. Die Literaturstudie zur Kosten-Nutzenrechnung von Bildungseinrichtungen stammt weitgehend aus der Feder von Manner, mit geringfügigen Ergänzungen von mir. Die Ausformulierung der konkreten Entlastungsalternativen ist wiederum ein Ergebnis gemeinsamer Arbeit, ebenso die eigentliche Kosten-Nutzenrechnung, wobei Pelizon gemeinsam mit mir die Programmierungsarbeiten geleistet hat.

Abschließend möchte ich noch Herrn Prof. Curtis E. Harvey, University of Kentucky, Lexington für die Einladung, mein Forschungssemester an seiner Universität zu verbringen, danken. So konnte ich in der geschützten Athmosphäre einer amerikanischen Universität, fernab von den Problemen der WU, den Text dieses Buches in Ruhe und ungestört überarbeiten.

H. Otruba

Lexington, KY, 01.10.90

INHALTSVERZEICHNIS

1. EINLEITUNG:

Die Wirtschaftsuniversität Wien, kurz WU, ist unbestritten eine der größten, wenn nicht die größte wirtschaftswissenschaftliche Ausbildungsstätte der Welt und zählt gleichzeitig zu den am stärksten belasteten Universitäten im deutschen Sprachraum. Grund genug, sich Gedanken über die zukünftige Entwicklung dieser Universität zu machen und entsprechende Alternativen aufzuzeigen. Wie jede andere planerische Aufgabe auch, verlangt ein Entwicklungsplan einer Universität möglichst genaue Planungsgrundlagen. Das Ziel dieser Studie war es, solche Unterlagen für die Entlastung der WU, vor allem im Hinblick auf eine Entlastung des derzeitigen Standortes durch Neubauten in Wien, zur Verfügung zu stellen. Diese Studie stellt einen Teil des Entwicklungsplanes der WU dar, der unter dem Namen "**WU 2000**" vom derzeitigen Rektor der WU Magnifizienz o.Univ.Prof.Dr. H.R. Hansen initiiert worden ist. Die Studie hat einen äußerst aktuellen Bezug, da zum Zeitpunkt der Vorarbeiten des Projekts ein konkretes Angebot der Gemeinde Wien vorlag. Die Gemeinde Wien bot ein Grundstück auf den sogenannten "Donaugründen" an, das für den Ausbau der WU gewidmet werden sollte. Da die Überlegungen dieser Arbeit jedoch auf jeden geeigneten Standort in Wien übertragen werden können, wird auf diesen Standort nur in einigen Fällen Bezug genommen.

Die Analyse und planerische Vorbereitung von Entlastungsalternativen stellt einen komplexen Aufgabenbereich dar, der folgende wichtige Fragestellungen umfaßt:

* Wie stark ist der in Zukunft zu erwartende Zustrom von Studenten ?
* Welche Teile der Ausbildung, bzw. welche Ausbildungsgänge sollen seitens der WU in diesen Neubauten angeboten werden ?
* Wie sehen die derzeitigen WU-Angehörigen die Möglichkeiten einer Entlastung durch Neubauten ?
* Welche Entlastungsalternativen sollen favorisiert werden ?
* Wie können diese Entlastungsalternativen konkret aussehen ?
* Welche Kosten verursachen sie, welche Nutzen bringen sie für die österreichische Volkswirtschaft ?

Das Projektteam hat versucht, die eben gestellten Fragen auf einer möglichst gesicherten empirischen Basis zu beantworten und die Ergebnisse in konsistenter Form darzustellen. Dazu waren umfangreiche empirische Arbeiten notwendig, die zum Teil unter Anwendung fortgeschrittener statistischer Methoden in Angriff genommen wurden. Im Laufe der Arbeiten an diesem Projekt wurde allmählich klar, daß die behandelten Probleme allgemein bildungspolitisch von Bedeutung sind und einem breiteren Publikum zugänglich gemacht werden sollten. Die nun vorliegende Form des Projektberichts geht über den eigentlichen Zweck, als Baustein zu einem Entwicklungsplan zu dienen, doch deutlich hinaus und stellt eine ökonomische Fallstudie zur Entwicklung und Sanierung der sozial- und wirtschaftswissenschaftlichen Ausbildung in Wien dar. Das gewählte methodische Gerüst sollte sich gut für Anwendungen in anderen universitären Bereichen, seien dies andere Fragestellungen oder andere Universitäten, eignen.

Der zu erwartetende Zustrom von Studenten an die WU ist das Hauptthema des **zweiten Kapitels**. Hier wird versucht, auf der Basis der demographischen Entwicklung und des Studierverhaltens der Studenten an der WU, eine Prognose der Studentenzahlen der WU zu geben. Dem Problem des Studienangebots widmet sich **Kapitel drei**, in dem die Ergebnisse einer empirischen Untersuchung über das Anforderungsprofil der österreichischen Wirtschaft an WU-Absolventen zusammengefaßt sind. In **Kapitel vier** wird ein Meinungsbild der WU-Lehrer über mögliche Entlastungsvarianten präsentiert. Weiters wird versucht, die Mehrheitsfähigkeit einzelner Alternativen zu überprüfen.

Die in den ersten Kapiteln dieser Arbeit gesammelten Ergebnisse werden im **fünften Kapitel** zusammengeführt. In diesem Abschnitt erfolgt eine Diskussion der verschiedenen Vorschläge im Hinblick auf Dimensionierung, grundsätzliche Ausgestaltung und Akzeptanz der wichtigsten Entlastungsalternativen. Es zeigt sich, daß vor allem zwei Ansätze besonders geeignet erscheinen. Es handelt sich beim ersten Ansatz um die Gründung einer zweiten großen wirtschaftswissenschaftlichen Ausbildungs- und Forschungsstätte in Wien. Dem zweiten Ansatz liegt die Idee zugrunde, die Massenlehrveranstaltungen des ersten Studienabschnittes in ein spezielles, neu zu errichtendes Studienzentrum auszulagern sowie das derzeitige Gebäude und die geplanten Erweiterungen als Studienzentrum für den zweiten Studienabschnitt bzw. als Forschungszentrum zu verwenden. Beide Varianten würden eine ausreichende Entlastung für die WU herbeiführen und damit auch geeignete Bedingungen für erfolgreiche Forschung und Lehre garantieren. In Kapitel fünf erfolgt schließlich auch eine Untersuchung der zur Realisierung dieser Entlastungsvarianten benötigten Raum-, Personal- und Sachressourcen.

In **Kapitel sechs** erfolgt eine Diskussion der relevanten Literatur zum Thema Kosten-Nutzen-Analyse von Bildungseinrichtungen.

Die Ergebnisse aller vorangegangenen Kapitel fließen schließlich im **siebenten Kapitel**, dem eigentlichen Kernstück der Arbeit, als Daten in eine Kosten-Nutzen-Analyse der beiden genannten Entlastungsalternativen ein. Vorweg sei gesagt, daß eine entsprechende Entlastung der WU zu einer signifikanten Verbesserung der Studienbedingungen führen könnte, die wiederum dazu beiträgt, daß bei allen untersuchten Varianten die zu erwartenden gesellschaftlichen Nutzen die doch beträchtlichen Kosten mittelfristig überwiegen.

Kapitel acht dient schließlich einer kurzen Darstellung der Ergebnisse und einer abschließenden Bewertung der Entlastungsalternativen.

2. PROGNOSE DER ENTWICKLUNG DER HÖRERZAHLEN BIS ZUM JAHR 2000:

2.1 Einleitung:

Im Rahmen der vorliegenden Studie sollen mehrere verschiedene Alternativen zur Entlastung der derzeitigen Situation an der Wirtschaftsuniversität entwickelt und geprüft werden. Eine wesentliche Voraussetzung für die Erstellung derartiger Vorschläge ist eine möglichst gute Prognose der zu erwartenden "Studentenbelastung" der WU, d.h. der für die Zukunft zu erwartenden Hörerzahlen.

Dabei ist auf die spezifische Situation der WU entsprechend Rücksicht zu nehmen. Die Wirtschaftsuniversität Wien ist die einzige Universität in Österreich, an der ausschließlich sozial-und wirtschaftswissenschaftliche Studiengänge angeboten werden. Dabei handelt es sich um Betriebswirtschaft, Volkswirtschaft, Handelswissenschaften und Wirtschaftspädagogik. Darüberhinaus ist die WU die einzige Universität Österreichs an der die Studienrichtung Handelswissenschaften eingerichtet ist, weshalb eine Änderung der Attraktivität dieser Studienrichtung sich direkt auf den Zustrom von Studenten an die WU auswirkt.

Ferner bestehen an der WU auch kostenpflichtige Lehrgänge, die sich in einem engen Naheverhältnis - sowohl in räumlicher als auch in personeller Hinsicht - zu den eigentlichen Studienrichtungen der WU befinden. Gerade aus diesem Zusammenspiel zwischen praxisorientierten Lehrgängen und akademischen Studien läßt sich eine erhöhte Attraktivität der WU im Vergleich zu anderen wirtschaftswissenschaftlichen Ausbildungsstätten nachweisen.

Eine wesentliche Schwierigkeit für die Durchführung einer seriösen Hörerprognose, insbesondere einer Punktprognose, besteht in der Vielzahl von nicht oder nur schwer quantifizierbaren Faktoren, die sich auf die Entscheidung, ein WU-Studium aufzunehmen und es auch dort abzuschließen, auswirken.

In der Folge werden kurz die Probleme und Besonderheiten des zur Verfügung stehenden Datenmaterials erläutert. Daran anschließend sollen die für die Analyse herangezogenen Daten beschrieben und deren Auswahl entsprechend begründet werden.

Darauf aufbauend werden **verschiedene Prognosemodelle** dargestellt und durchgerechnet. Dabei stehen grundsätzlich drei mögliche Ansätze zur Verfügung. Den einfachsten Fall stellt eine simple Trendextrapolation dar, die jedoch nur als Referenzmaß verstanden werden kann. Im nächsten Schritt wird ein Modell mit Übertrittswahrscheinlichkeiten entwickelt, das bereits die zukünftige Bevölkerungsentwicklung berücksichtigt. Schließlich soll der Versuch unternommen werden, für die Entwicklung der Hörerzahlen eine Strukturerklärung zu finden.

Im letzten Teil dieses Abschnitts wird als Ergänzung dieser Prognoseverfahren ein **Simulationsmodell** entwickelt, das aus WU-internen Daten die Struktur der Studienverläufe ermittelt und daraus die zukünftige Entwicklung der Hörerzahlen ableitet.

2.2 Datenbasis:

Als Grundlage für die Prognose dienten folgende statistische Materialien als Quelle:

* Bevölkerungsstatistik des ÖSTZ (Österreichisches Statistisches Zentralamt), Auszug aus der Kundendatenbank

* Österreichische Schulstatistik des ÖSTZ

* Auszug aus der Datenbank des BMUKS (Bundesministerium für Unterricht, Kunst und Sport)

* Maturanten an höheren Schulen, 1955 bis 1979,
  Österreichische Schulstatistik, BMUKS u. ÖSTZ, 1980

* Österreichische Hochschulstatistik des ÖSTZ

* Hochschulbericht des BMWF 1987 (Bundesministerium für Wissenschaft und Forschung)

* Auszug aus der Datenbank des BMWF

* Interner Datenbestand der Evidenzstelle der WU

* VGR-Daten aus der Datenbank des Österreichischen Instituts für Wirtschaftsforschung

2.2.1 Bevölkerungsdaten:

Die Bevölkerungsstatistik beinhaltet die jeweilige Bevölkerungspyramide ab dem Jahr 1961 und entsprechende Prognosewerte für die relevanten Kohorten bis 2030. Diese Daten bilden die Grundlage für die Prognose der Studentenzahlen.

2.2.2 Maturantendaten:

Die Zahlen über Maturaabschlüsse nach Schultypen und regionaler Gliederung sind für den Zeitraum von 1961 bis 1979 in einer Publikation des BMUKS verfügbar. Ab 1983 sind die entsprechenden Reifeprüfungsdaten im BMUKS in einer Datenbank erfaßt. Für die Jahre 1980, 1981 und 1982 sind entsprechende Zahlen über erfolgreich abgelegte Reifeprüfungen nicht vorhanden. Die entsprechenden Werte sind durch die Schülerzahlen in den Abschlußklassen für diese Jahre zu approximieren.

2.2.3 Hochschuldaten:

An dieser Stelle muß vorerst festgehalten werden, daß Daten aus verschiedenen Quellen wegen unterschiedlicher Zählmengen nur bedingt vergleichbar sind.

So ist grundsätzlich zwischen belegten Studien einerseits und Hörern andererseits zu unterscheiden (**Inskriptions- versus Personenzählung**). Ein Hörer kann mehrere Studien belegen, weshalb normalerweise die Studienzahl größer sein müßte, als die Studentenzahl. Andererseits kann ein gültig immatrikulierter Hörer in einem Semester auch auf die Inskription verzichten, wodurch er zwar als Hörer, jedoch in der Zahl der gültig belegten Studien nicht erfaßt ist. Insgesamt liegt in den meisten Jahren die Zahl der gültig belegten Studien sehr wohl über jenen der Hörer.

Innerhalb der Gruppe der Hörer ist die Typenvielfalt noch größer. So kann die WU für einen immatrikulierten Hörer einmal weder Stamm- noch Studienuniversität sein (**Mitbeleger**), die Studienuniversität jedoch nicht die Stammuniversität sein (**Doppelstudenten**) und letztlich sowohl die Studien- als auch die Stammuniversität repräsentieren (**Stammhörer**).

Im zuletzt genannten Fall kann man weiter unterscheiden, ob der betreffende Hörer bereits vor dem für die Zählung relevanten Zeitpunkt an der WU studiert hat, ob er neu an der WU ist oder, ob er überhaupt erstmals an einer Universität in Österreich inskribiert. Die Zahlen für Anfänger werden üblicherweise nur für das jeweilige Wintersemester erfaßt, wodurch sich Schwierigkeiten bei Vergleichen mit der Entwicklung der Hörerzahlen ergeben können. Darüberhinaus sind noch die Unterscheidungen zwischen ordentlichen und außerordentlichen Hörern, zwischen Diplom- und Doktoratsstudien und zwischen Ausländern und Inländern zu beachten. Letztlich sollen noch die Schwierigkeiten angesprochen werden, die aus dem relativ häufigen Wechseln der Systematiken in den offiziellen Statistiken resultieren, sodaß oft einzelne Tabellen, auch aus derselben Quelle über mehrere Jahre kaum vergleichbar sind.

2.2.4 WU-interne Daten:

Die von der Evidenzstelle der WU freundlicherweise zur Verfügung gestellten Daten umfassen den gesamten Bestand aller Hörer an der WU, mit einer ab dem Wintersemster 1980 vergebenen Matrikelnummer. Dieser Datenbestand beinhaltet für jeden Hörer sowohl Stammdaten als auch für jedes gültig belegte Studium je einen Studien-Record, mit allen sich auf dieses Studium beziehenden Daten. Aufgrund der entsprechenden Tiefe und der Authentizität der Daten ist diese Quelle für Prognosezwecke sicherlich hervorragend geeignet. Andererseits beinhaltet der genannte Datenbestand den großen Nachteil, nur für eine relativ kurze Periode zur Verfügung zu stehen. Darüberhinaus ist er insofern unvollständig, als alle Hörer, die eine vor 1980 vergebene Matrikelnummer besitzen, nicht enthalten sind, auch wenn sie als Hörer sehr wohl nach 1980 an der WU präsent sind.

2.3 Methodik:

2.3.1 Allgemeine Bemerkungen:

Den Ausgangspunkt der Analyse bildet die Bevölkerungsprognose des Österreichischen Statistischen Zentralamtes[1]. Aus der Entwicklung der Kohorten der 18-Jährigen, 19-Jährigen und 20-Jährigen wird auf die Entwicklung der Maturanten geschlossen, wobei eine Differenzierung nach

[1] Auszug aus der Kundendatenbank des ÖSTZ

Schultypen vorgenommen wird. Sieht man von ausländischen Studenten und von allen jenen ab, die erst in einem zweiten Bildungsweg ein Studium beginnen, so bilden die Maturanten grundsätzlich die Basis für jene Neuzugänge an die WU, die erstmals an einer Universität inskribieren. Die Entwicklung der WU-Anfänger stellt wiederum die Grundlage für die Prognose der inländischen ordentlichen Hörer an der WU dar.

2.3.2 Bevölkerung:

Unterschiedliche Schuldauern bei verschiedenen Schultypen und nicht unbedingt gleiches Alter zum Zeitpunkt der Reifeprüfung lassen die Verwendung eines gewichteten Mittels der genannten Bevölkerungskohorten (BEVMA) sinnvoll erscheinen. Es liegt nahe, die Gewichtung wie folgt vorzunehmen:

BEVMA = 0,3*18-Jährige + 0,4*19-Jährige + 0,3*20-Jährige

JAHR	18-JÄHRIGE (BEV18)	19-JÄHRIGE (BEV19)	20-JÄHRIGE (BEV20)	BEVMA
1970	98.565	99.238	101.902	99.835
1975	114.555	110.528	105.647	110.272
1980	131.700	128.679	124.263	128.261
1985	126.757	128.562	131.607	128.934
1990	106.381	110.944	117.208	111.454
1995	86.694	90.326	94.530	90.498
2000	95.385	94.369	90.716	93.578

Die folgende Grafik gibt einen Einblick in die Entwicklung der für die Analyse herangezogenen Bevölkerungskohorten und des daraus resultierenden gewichteten Mittels(BEVMA). Die einzelnen Kohorten und ihr gewichtetes Mittel haben eine charakteristischen Verlauf. Nach einem starken Anstieg in den Siebzigerjahren erreichen sie etwa 1982 ihren höchsten Wert von etwas mehr als 132.000 Personen. In der Folge sinken sie bis 1997 auf unter 90.000 Personen ab. Der nachfolgende leichte Anstieg ist ein Echoeffekt des Maximums in den frühen Achtzigerjahren.

18 - 20- JÄHRIGE

gewichteter Durchschnitt

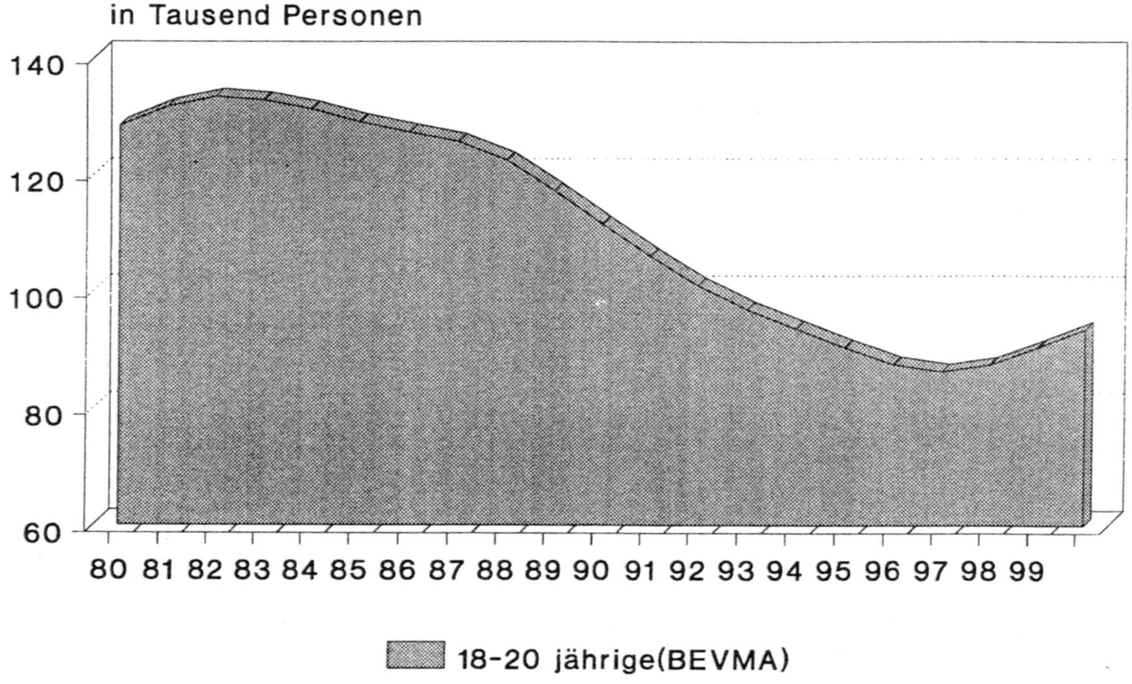

2.3.3 Schulbereich:

Das Österreichische Schulsystem kennt vor allem zwei Schultypen, an denen es möglich ist, die Reifeprüfung abzulegen: Allgemeinbildende Höhere Schulen und Berufsbildenden Höhere Schulen. Dazu kommen noch einige wenige Schultypen von geringer quantitativer Bedeutung. Da die an der WU neu immatrikulierten Studenten überproportional von Berufsbildenden Höheren Schulen (vor allem Handelakademien und Höhere Technische Lehranstalten, Höhere Schulen für Wirtschaftliche Berufe) stammen, ist es sinnvoll, die Maturanten zu folgenden Gruppen zusammenfassen: Die Gruppe "BHSZ" umfaßt die Absolventen der Berufsbildenden Höheren Schulen, die Gruppe "REST" setzt sich aus den Absolventen der Allgemeinbildenden Höheren Schulen (AHS) aller Typen und den Absolventen aller nicht bereits berücksichtigten Schultypen zusammen.

BHSZ = HAK + HTL + HWB

HAK ... Handelsakademien

HTL ... Höhere Technische Lehr- und Versuchsanstalten

HWB ... Höhere Schulen für Wirtschaftliche Berufe

REST = AHS + SON

AHS ... Allgemeinbildende Höhere Schulen

SON ... Sonstige Schultypen (Landw. Schulen, etc.)

Die Trennung in "BHSZ" und "REST" soll dem Umstand Rechnung tragen, daß für Absolventen von HAK und HWB die WU eine direkte Fortführung ihrer bisherigen Ausbildung darstellt und für HTL-Abgänger eine Ergänzung zur technischen Qualifikation bietet, während für AHS-Maturanten und Sonstige die WU eine von mehreren, prinzipiell gleichwertigen Alternativen repräsentiert.

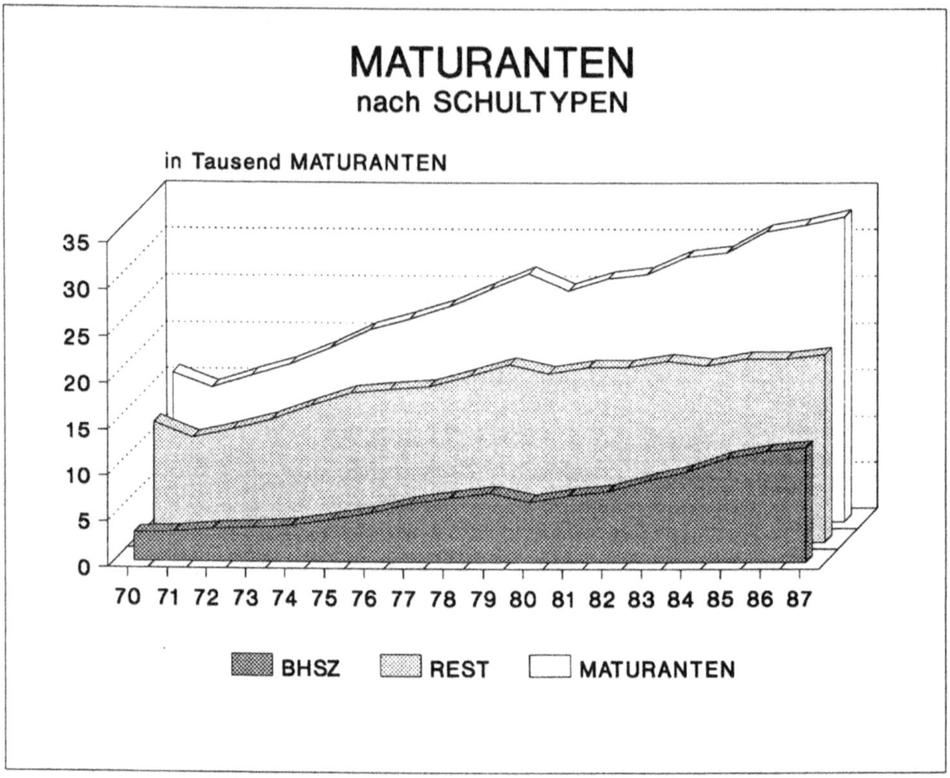

Die im vorangehenden Diagramm stark ausgeprägten Zacken im Jahr 1979 ergeben sich aus der bereits genannten Lücke der Absolventenstatistiken. In den statistischen Untersuchungen wird versucht, dieses Problem durch den Einsatz von Dummy-Variablen zu lösen. Sowohl Unterscheidungen nach dem Geschlecht als auch regionale Differenzierungen haben aufgrund hoher Multikollinearität zu wenig brauchbaren Ergebnissen geführt und werden daher in der weiteren Analyse nicht berücksichtigt!

2.3.4 WU-Hörer:

Bei Neuzugängen an die WU kann ein direkter Zusammenhang zwischen jeweiligen Maturantenzahlen und Studienanfängern eigentlich nur für die inländischen, erstmalig an einer Universität inskribierenden WU-Anfänger unterstellt werden, weshalb diese Variable als "Steuergröße" für die Hörerzahlen herangezogen werden soll:

EWUI = Inländische Hörer, die im betreffenden Wintersemester an der WU ein ordentliches Studium der Richtungen Betriebswirtschaft, Handelswissenschaft, Volkswirtschaft oder Wirtschaftspädagogik aufnehmen und zugleich erstmalig an einer österreichischen Universität inskribieren.

Aus diesem Zustrom wird die jeweilige Zahl der inländischen, ordentlichen Hörer an der WU abgeleitet. Die Berechnung bezieht sich auf die Zahl der Hörer und nicht auf die Zahl der Studien, da man davon ausgehen kann, daß die Ressourcen der WU pro Student in Anspruch genommen werden und nicht pro belegtem Studium. Bei der zweiten wichtigen Größe handelt es sich um die Hörerzahl, die wie folgt definiert ist:

HWUI = Inländische, ordentliche Hörer, die im betreffenden Wintersemester an der WU immatrikuliert sind und ein Studium der Richtungen Betriebswirtschaft, Handelswissenschaft, Volkswirtschaft, Wirtschaftspädagogik oder auch ein Doktoratsstudium betreiben. Nicht erfaßt sind demnach Außerordentliche Hörer, Gasthörer, Mitbeleger und Studenten der Lehrgänge. Darüberhinaus bleiben auch alle ausländischen Hörer vorerst unberücksichtigt.

Die Prognose der Hörerzahlen an der WU konzentriert sich auf diese beiden Größen! Die Zahl der Doppelstudenten und jene der ausländischen Hörer werden erst in weiterer Folge in das Modell integriert. Die Entwicklung dieser beiden Kenngrößen in der Vergangenheit wird durch folgende Diagramme veranschaulicht.

Die Zahlen für EWUI und HWUI entstammen der Österreichischen Hochschulstatistik. Aufgrund differierender Daten in den einzelnen Quellen wurden für EWUI ab 1980 die aus den WU-internen Daten resultierenden Werte herangezogen. Alle Werte für 1988 sind vorläufige Zahlen!

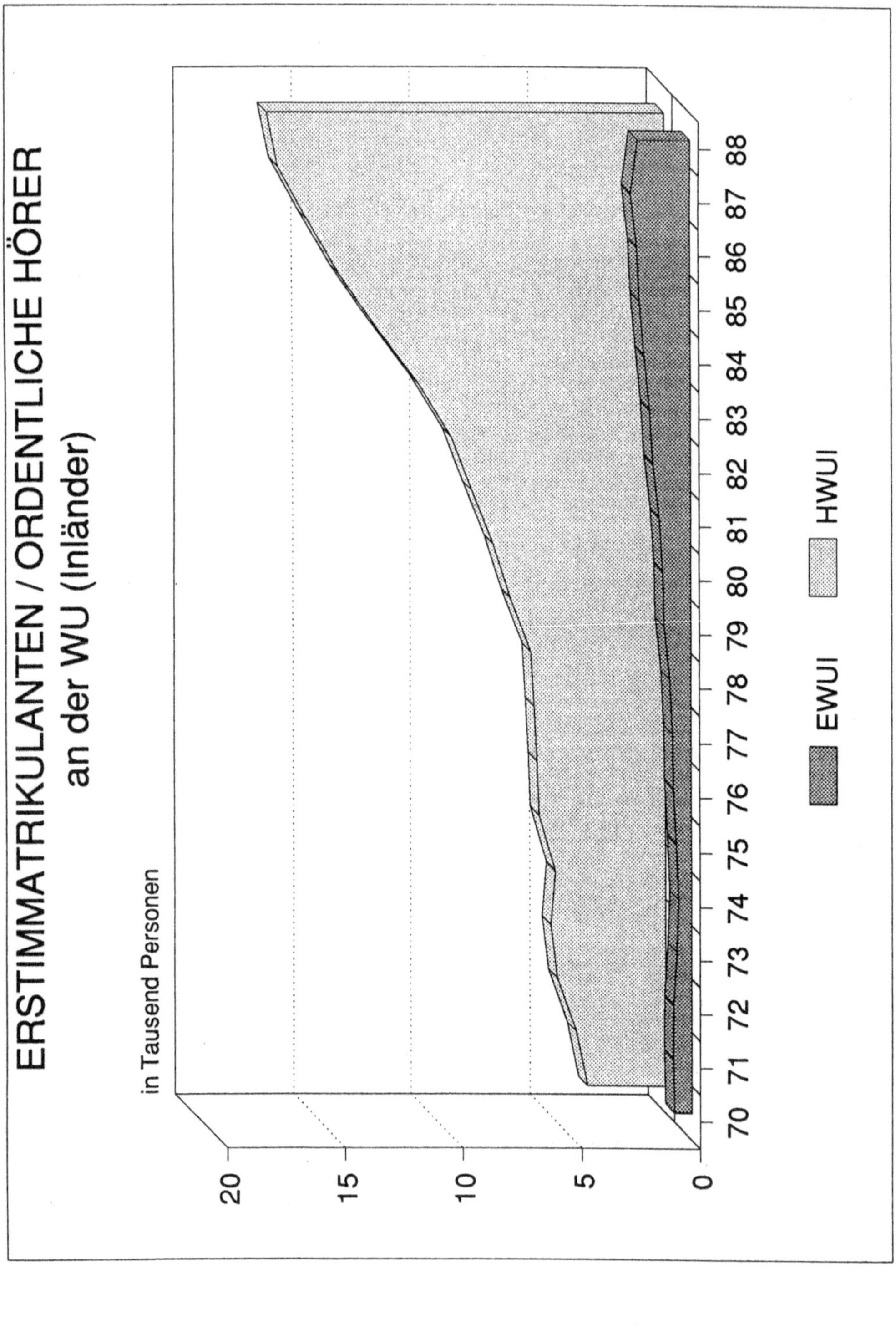

ERSTIMMATRIKULANTEN / ORDENTLICHE HÖRER
an der WU (Inländer)
in Tausend Personen
20
15
10
5
0
70 71 72 73 74 75 76 77 78 79 80 81 82 83 84 85 86 87 88
EWUI
HWUI

2.4 Prognosemodelle:

Für die Prognose der Studentenzahlen stehen mehrere Prognoseverfahren zur Verfügung, die in den folgenden Abschnitten auf die für die WU relevanten Daten angewendet werden.

2.4.1 Extrapolation mittels Wachstumsraten:

Im ersten Schritt soll bewußt die naive Annahme getroffen werden, daß die durchschnittlichen Wachstumsraten der Vergangenheit von EWUI und HWUI die zukünftigen, konstanten jährlichen Wachstumsraten der genannten Größen darstellen. Dies sei nicht als seriöse Prognose verstanden, sondern bloß als Referenzmaß in dem Sinne, daß die Wirkungen eines ungebrochenen Weiterwirkens der vergangenen Entwicklung aufgezeigt werden sollen!

2.4.1.1 Zeitraum 1970 - 1988:

Im Zeitraum von 1970 bis 1988 haben die Erstimmatrikulanten an der WU (EWUI) im Durchschnitt um 6,2 % pro Jahr zugenommen, während die inländischen Hörer (HWUI) jährlich durchschnittlich um 9,0 % angestiegen sind. Ein Fortbestehen dieser Entwicklung würde im Jahr 2000 bereits zu 4.582 Anfängern und 47.459 Hörern führen.

2.4.1.2 Zeitraum 1980 - 1988:

Die in den Achtzigerjahren an der Wirtschaftsuniversität zu verzeichnende Studentenexplosion spiegelt sich in den durchschnittlichen Wachstumsraten für die Jahre 1980 bis 1988 wider. So sind die EWUI in diesem Zeitraum jährlich im Durchschnitt um 7,9 % und die HWUI um 10,5 % gestiegen. Betrachtet man diese Werte als Konstante für die Zukunft, so würden bis zur Jahrtausendwende die Neuzugänge (EWUI) auf 5.553 und die Hörer (HWUI) auf 55.758 anwachsen.

2.4.2 Modell mit Übertrittswahrscheinlichkeiten:

Ein anderer Analyseweg besteht darin, die jeweils relevante Personengruppe als Teilmenge der jeweils übergeordneten Bevölkerungseinheit aufzufassen und ihren Anteil als Partizipationsquote (beziehungsweise als Übertrittswahrscheinlichkeit bezüglich des Überwechselns von der einen Gruppe in die andere) zu interpretieren. So lassen sich folgende Quoten definieren:

> **BM**: % Maturanten an BEVMA, **MB**: % Absolventen von BHSZ an Maturanten, **MR**: % Absolventen von REST an Maturanten, **BW**: % Studienanfänger an der WU von BHSZ, **RW**: % Studienanfänger an der WU von REST.

Ein Teil BM der betreffenden Bevölkerungskohorten (BEVMA) maturiert. Die Gruppe der Maturanten zerfällt in MB Prozent von Absolventen Berufsbildender Höherer Schulen (BHSZ) und in MR Prozent von Absolventen der unter REST zusammengefaßten Schultypen. Jeweils ein Teil der beiden letztgenannten Gruppen beginnt (als Erstimmatrikulant) ein ordentliches Studium an der WU.

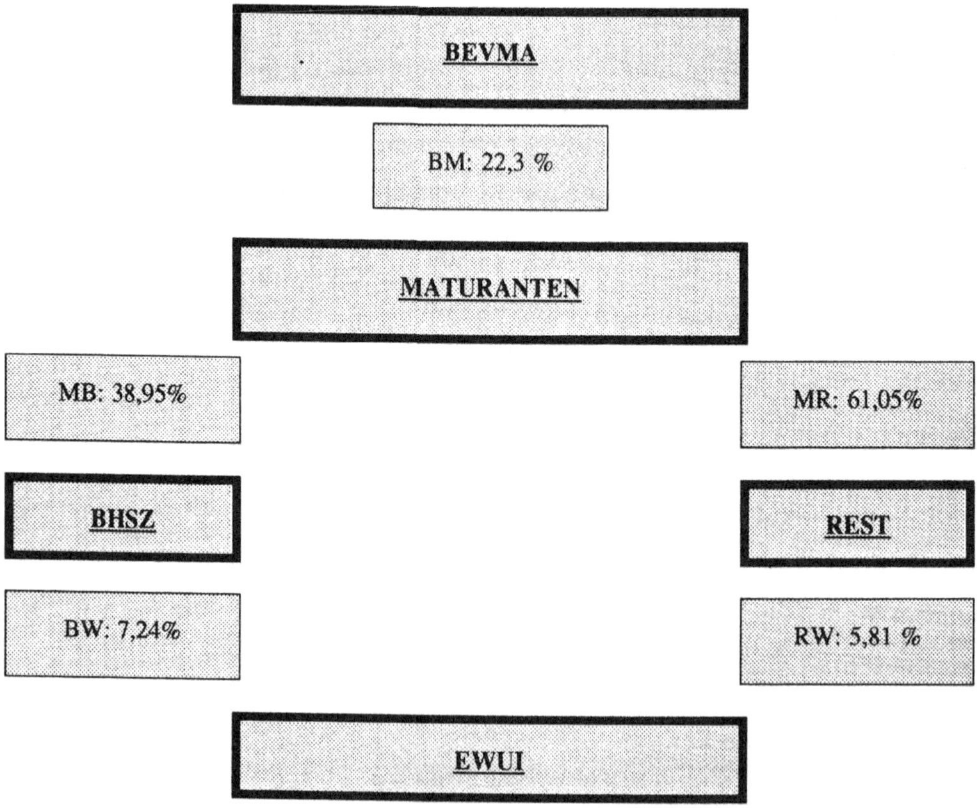

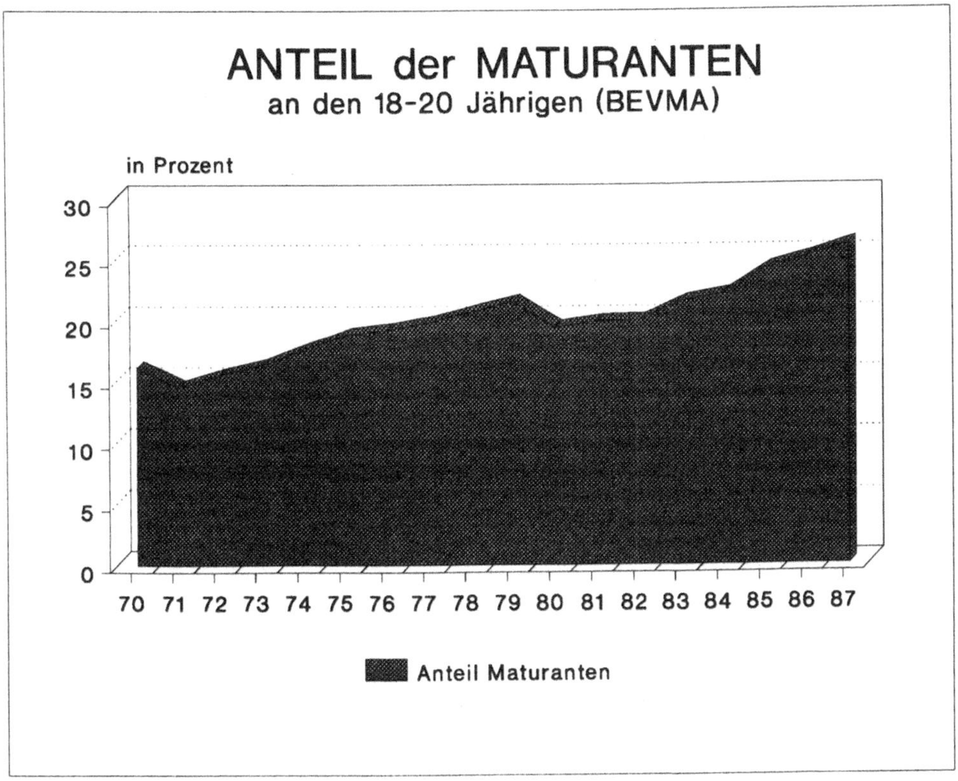

Mit den jeweiligen Mittelwerten der einzelnen Übertrittswahrscheinlichkeiten für die Periode 1980 bis 1987 läßt sich die oben dargestellte Modellstruktur entwerfen.

Vergleicht man die Übertrittswahrscheinlichkeiten mit jenen zu Beginn der Siebzigerjahre, so zeigt sich erstens der heute erhöhte Anteil von Maturanten an den entsprechenden Altersgruppen und zweitens der verstärkte Trend zu Berufsbildenden Höheren Schulen. So waren 1970 nur 16 Prozent der betreffenden Altersgruppe (BEVMA) Maturanten und davon wieder bloß 21 Prozent Absolventen einer Berufsbildenden Höheren Schule (BHSZ). Im Jahr 1987 haben bereits 26 Prozent der betreffenden Altersgruppe (BEVMA) maturiert, und 45 Prozent davon waren Absolventen Berufsbildender Höherer Schulen (BHSZ). Die Entwicklung dieser Größen wird in den folgenden Diagrammen dargestellt.

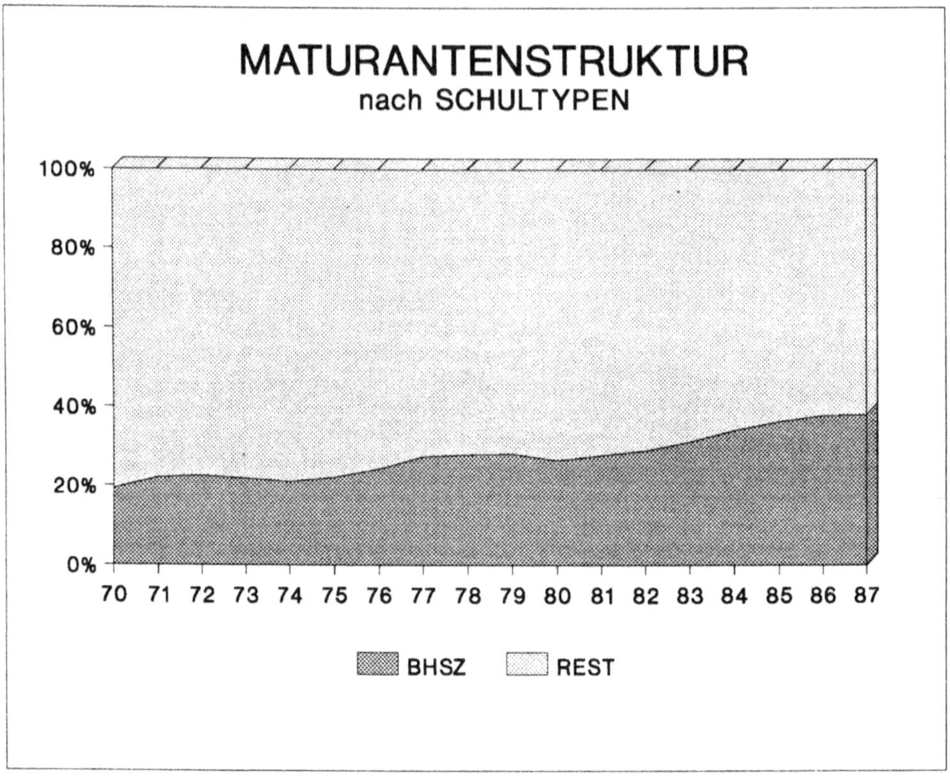

2.4.2.1 Modell I:

Im einfachsten Fall kann direkt der Anteil der Erstimmatrikulanten (EWUI) an BEVMA ermittelt werden. Ausgehend von der jeweiligen Bevölkerung im entsprechenden Alter ergibt sich somit für jede Periode die Übertrittswahrscheinlichkeit für einen Zutritt als Erstimmatrikulant an die WU (EWUI) als folgende Quote:

$$QUOTE_t = (BM_t * MB_t * BW_t) + (BM_t * MR_t * RW_t)$$

Dieser Anteil kann nun zum Beispiel mit Methoden der klassischen Zeitreihenanalyse als Funktion der Zeit geschätzt werden (Beobachtungszeitraum 1981-1988):

$$QUOTE_t = 0{,}0074 + 0{,}0015 * Trend_t$$

$R^2 = 99{,}19$
DW = 2,8
Trend = 1,...,8

Mit diesen Werten lassen sich auf Grund der Bevölkerungsprognose zukünftige Anfängerzahlen ermitteln:

$$EWUI_t = QUOTE_t * BEVMA_t$$

Daraus wiederum ist mit multipler Regression die Entwicklung der Hörer ableitbar:

$$HWUI_t = 2{,}06 * EWUI_t + 0{,}75 * HWUI_{t-1} \qquad R^2 = 99{,}64 \quad DW = 1{,}5$$

Die Hörer jeder Periode setzen sich somit einerseits aus den verbleibenden Hörern der Vorperiode ($HWUI_{t-1}$) und andererseits aus den gesamten Neuzugängen zusammen. Diese sind ein Vielfaches der EWUI, da jener Größe noch die im Sommersemester erstmals an einer Universität inskribierenden WU-Anfänger, die Doppelstudenten und alle jene Studenten hinzuzurechnen sind, die zwar neu an der WU beginnen, jedoch bereits früher an einer anderen Universität einmal immatrikuliert haben.

Die einzelnen Koeffizienten dieser Schätzgleichungen sind statistisch signifikant auf dem 2,5 Prozent Niveau. Somit ist die Nullhypothese, daß ein bestimmter Koeffizient gleich Null ist, mit 2,5 Prozent Irrtumswahrscheinlichkeit für den Fehler erster Art zu verwerfen.
Eine dynamische Simulation im Rahmen dieses Modells generiert für das Jahr 2000 bereits 3.723 Erstimmatrikulanten und 26.660 inländische, ordentliche Hörer.

2.4.2.2 Modell II:

Alternativ zu obiger Vorgangsweise können in einem etwas komplexeren Modell die einzelnen Übertrittswahrscheinlichkeiten jeweils für sich getrennt, als Funktion der Zeit geschätzt und mit diesen Schätzwerten die einzelnen Variablen des Systems errechnet werden. Ein derartiges Modell mit Schätzungen für den Zeitraum von 1980 bis 1987 weist folgende Struktur auf:

$$BM_t = 0{,}18 + 0{,}01 * Trend_t \qquad R^2 = 95{,}16 \quad DW = 1{,}4 \quad Trend = 1,...,8$$

$$MB_t = 0{,}3 + 0{,}02 * Trend_t \qquad R^2 = 99{,}0 \quad DW = 1{,}9$$

$MR_t = 0{,}7 - 0{,}02 * Trend_t$ $R^2 = 99{,}0$
$DW = 1{,}9$

$BW_t = 0{,}065 + 0{,}0017 * Trend_t$ $R^2 = 35{,}79$
$DW = 1{,}8$

$RW_t = 0{,}035 + 0{,}005 * Trend_t$ $R^2 = 97{,}50$
$DW = 3{,}2$

$HWUI_t = 2{,}06 * EWUI_t + 0{,}75 * HWUI_{t-1}$ $R^2 = 99{,}64$
$DW = 1{,}5$

$MATURANTEN_t = BM_t * BEVMA_t$

$BHSZ_t = MB_t * MATURANTEN_t$

$REST_t = MR_t * MATURANTEN_t$

$BHWU_t = BW_t * BHSZ_t$

$REWU_t = RW_t * REST_t$

$EWUI_t = BHWU_t + REWU_t$

Auch hier sind die Koeffizienten in den einzelnen Schätzgleichungen auf dem 2,5 Prozent Niveau statistisch signifikant, lediglich der Koeffizient von Trend in der Gleichung für BW ist auf dem 5 Prozent Niveau signifikant.

Dieses Modell prognostiziert für die Jahrtausendwende knapp unter 37.000 Maturanten, wobei die Abschlüsse der relevanten Berufsbildenden Höheren Schulen (BHSZ) auf schwache 27.000 anwachsen würden. Für die Erstimmatrikulanten werden 4.093 und für die inländischen, ordentlichen Hörer 28.938 vorhergesagt.

Der prognostizierte Verlauf von EWUI und HWUI ist in den Diagrammen: Erstimmatrikulanten an der WU: Prognose 1989 - 2000, Inländische Hörer an der WU: Prognose 1989 - 2000, Ordentliche Hörer an der WU: Prognose 1989 - 2000, grafisch dargestellt.

Bezogen auf die gemittelten Bevölkerungskohorten (BEVMA) ergibt sich für das Jahr 1987 ein Anteil von 26% Maturanten (BRD: 28,4%) und für das Prognosejahr 2000 ein erwarteter Anteil von 39% (BRD[2]: ab 1996 ca. 37%). Das Modell prognostiziert demnach für Österreich ein stärkeres Wachstum der Maturantenzahlen, als die Kultusministerkonferenz für die BRD. Selbst wenn man die Maturantenquote auf 37% nach oben limitiert, beeinflußt dies die weiteren Ergebnisse nur geringfügig.

Betrachtet man den Anteil der mit diesem Modell prognostizierten WU-Anfänger an den BEVMA, so steigt dieser von 7,6% im Jahr 1987 auf 11,84% im Jahr 2000. Diese große Verschiebung des Anteils der WU-Anfänger an der gemittelten Bevölkerungskohorte erscheint zu hoch. Sie ist in der Linearität dieses einfachen Quotenmodells begründet. Wegen der Linearität können keine Sättigungseffekte abgebildet werden. Darüberhinaus sind aus den Daten zur Zeit noch keine Sättigungseffekte, vor allem für die Absolventen Berufsbildender Höherer Schulen, zu erkennen.

In diesem Zusammenhang ist weiters anzumerken, daß dieses Modell für die Anteile der Abgänger von Berufsbildenden Höheren Schulen (und damit auch für den Anteil der AHS-Absolventen) an den Maturanten extreme Ergebnisse liefert. So würde sich bis zum Jahr 2000 der Anteil der Berufsbildenden Höheren Schulen auf ca. 72% erhöhen und der Anteil der AHS-Abgänger dementsprechend sinken. Dieses Ergebnis ist nicht nur unplausibel, sondern es widerspricht auch den derzeit geltenden bildungspolitischen Zielsetzungen, die ungefähr gleiche Anteile für beide Schultypen vorsehen.

Der für das Jahr 2000 prognostizierte Prozentsatz der Abgänger von AHS (und anderen quantitativ unbedeutenden Schultypen), der ein Studium an der WU beginnt, ist jedoch höher, als derselbe Anteil bei den Abgängern der Berufsbildenden Höheren Schulen. Eine Revision der Prognose mit etwa gleichen Anteilen der AHS und der Berufsbildenden Höheren Schulen an den Maturantenzahlen führt daher sogar zu einer geringfügigen Erhöhung der für die WU zu erwartenden Studentenzahlen. Alle in diesem Abschnitt durchgeführten Überlegungen beziehen zwar im Gegensatz zur reinen Fortschreibung der Wachstumsraten der Vergangenheit bereits die zukünftige Entwicklung der zukünftigen Bevölkerungsstruktur und die Maturantenstruktur ein, sehen aber von weiterreichenden Einflußfaktoren ab.

---

[2] Vgl. Statistische Veröffentlichungen der Kultusministerkonferenz, Prognose der Studienanfänger, Studenten und Hochschulabsolventen bis 2010, Bonn 1989, S.47

2.4.3 Strukturmodell:

Es soll nun unter Berücksichtigung von Arbeitsmarkt- beziehungsweise von Einkommensvariablen und unter Beachtung einiger Spezifika der Studiensituation an der Wirtschaftuniversität ein etwas komplexeres Modell entwickelt werden.

2.4.3.1 Grundmodell:

Den Ausgangspunkt bildet die Schätzung des Anteils der Absolventen der Berufsbildenden Höheren Schulen (BHSZ) an den relevanten Bevölkerungskohorten. Dieser Anteil sei folgendermaßen definiert:

$$BHSZPB_t = BHSZ_t / BEVMA_t$$

Dadurch ist die Bevölkerungsentwicklung bereits bei der Formulierung der abhängigen Variablen inkludiert. Als erklärende Größe für die Entwicklung dieser Quote soll einmal das Einkommen der Eltern zur Finanzierung des Besuchs einer höheren Schule (Y_1) zur Zeit vor Schuleintritt herangezogen werden. Dies sei approximiert durch das gewichtete Mittel des realen Pro-Kopf-Bruttoinlandsproduktes (PCBIP) für den jeweiligen Zeitraum von fünf bis sechs Jahren vor dem betreffenden Maturatermin:

$$Y\_1_t = 0{,}4 * PCBIP_{t-6} + 0{,}6 * PCBIP_{t-5}$$

Dabei wird die Hypothese unterstellt, daß ein höheres Y_1_t zu größerer Bereitschaft, in die Ausbildung zu investieren, führt.

Weiters wird das für die Schüler im Fall eines vorzeitigen Schulaustrittes mögliche Einkommen (Y_2) als Indikator für die Absprungbereitschaft vor abgelegter Reifeprüfung einbezogen. Dieses wird approximiert durch das über die drei, zwei und eine Periode vor Reifeprüfungstermin vorherrschenden realen Pro-Kopf-Bruttoinlandsprodukte (PCBIP) gebildete, gewichtete Mittel:

$$Y\_2_t = 0{,}2 * PCBIP_{t-3} + 0{,}3 * PCBIP_{t-2} + 0{,}5 * PCBIP_{t-1}$$

Hier wird unterstellt, daß ein höheres Y_2_t zu einer Verringerung der Maturaabschlüsse führt.

Ferner wird angenommen, daß die Situation des Arbeitsmarktes zur Zeit um den Schuleintritt, welcher bei Berufsbildenden Höheren Schulen mit fünf Jahren vor dem Maturatermin angesetzt wird, als entsprechender Anreiz für junge Menschen zur Erreichung höherer Qualifikation gewertet werden kann. Höhere Arbeitslosigkeit bewirkt aus dieser Sicht vermehrte Fortbildung in Berufsbildenden Höheren Schulen. Als Indikator wird im Modell ein gewichtetes Mittel der Gesamtarbeitslosenrate (U) für den Zeitraum von einer Periode vor bis einer Periode nach Schulbeginn verwendet:

$$U\_MA_t = 0{,}3 * U_{t-6} + 0{,}4 * U_{t-5} + 0{,}3 * U_{t-4}$$

Die bei näherer Analyse offensichtlichen Unterschiede in den Erfassungsmethoden bei den Maturantenzahlen werden durch eine entsprechende Dummy-Variable (DUM_MAT), die bis 1979 auf Eins gesetzt wird, korrigiert.

Letztlich ergibt sich aus der Schätzung über den Zeitraum von 1970 bis 1987 folgende Strukturgleichung für die Erklärung des Anteils der Abschlüsse von Berufsbildenden Höheren Schulen an den entsprechenden Bevölkerungskohorten:

$$BHSZPB_t = - 0{,}12 + 0.0000033 * Y\_1_t - 0{,}0000014 * Y\_2_t + 0{,}014 * U\_MA_t + + 0{,}016 * DUM\_MAT_t$$

$$R^2 = 99{,}15$$
$$DW = 2{,}3$$

Die Koeffizienten sind statistisch signifikant auf dem 2,5 Prozentniveau und haben das erwartete Vorzeichen. So würde eine Erhöhung des Pro-Kopf-Eltern-Einkommens zum Zeitpunkt des Eintrittes in die Berufsbildende Höhere Schule um ÖS 1000.- eine Erhöhung der Maturantenquote an den Berufsbildenden Höheren Schulen um 3,3 Promille bewirken. Zusammen mit der Definitionsgleichung:

$$BHSZ_t = BHSZPB_t * BEVMA_t$$

wird die Entwicklung der Zahl der Absolventen Berufsbildender Höherer Schulen erklärt. Dabei zeigt sich, daß ein höheres Einkommen der Eltern zur Finanzierung des Schulbesuches auch einen verstärkten Schulzugang bedeutet. Analog dazu bewirkt eine schlechtere Arbeitsmarktsituation in erhöhtem Maß die Entscheidung, eine Berufsbildende Höhere Schule zu absolvieren. Im Gegensatz dazu führen bessere Einkommenschancen der Schüler während ihrer Schulzeit zu vermehrtem Übertritt in das Berufsleben schon vor Ablegung der Reifeprüfung und daher zu einer geringeren Abschlußquote.

Im nächsten Schritt werden aus diesen Abgängerzahlen die Erstimmatrikulanten an der WU (EWUI) abgeleitet. Da die Absolventen von Berufsbildenden Höheren Schulen (BHSZ) den Zugang auf die WU in sehr starkem Ausmaß steuern, wurden diese als zentrale Größe für die Erklärung der EWUI ausgewählt.

Unsere Untersuchung der Inskriptionsstatistik der WU legt den Schluß nahe, daß nicht alle WU-Anfänger unbedingt unmittelbar nach der Matura ihr Studium aufnehmen, sondern vorher den Präsenzdienst oder eine ein- bis zweijährige Berufspraxis absolvieren. Insbesondere zwischen den Absolventen eines drei Jahre zurückliegenden Jahrganges und den laufenden WU-Anfängern besteht ein starker Zusammenhang! Dies führt dazu, das folgende gewichtete Mittel der Absolventen Berufsbildender Höherer Schulen als die relevante Bezugsgröße zu definieren:

$$BHSZ\_MA_t = 0,5 * BHSZ_{t-3} + 0,05 * BHSZ_{t-2} + 0,05 * BHSZ_{t-1} + 0,4 * BHSZ_t$$

Neben dieser Bezugsgröße kann man annehmen, daß der WU-Zugang durch die jeweilige Arbeitsmarktsituation, repräsentiert durch die Arbeitslosenrate (U), beeinflußt wird. Dabei wird angenommen, daß eine ungünstige Arbeitsmarktsituation die Schulabgänger tendenziell dazu bewegt, sich zusätzliche Qualifikationen durch ein Studium an der WU zu verschaffen.

Auf Grund eines gewissen Substitutionsverhältnisses zwischen dem Studium der Rechtswissenschaften und jenem der Sozial- und Wirtschaftswissenschaften wird zur Berücksichtigung der geänderten Studiensituation bei den Juristen nach der Einführung der neuen Studienordnung für die Rechtswissenschaften im Jahr 1981 eine Dummy-Variable (DUM_JUS) eingeführt, welche ab 1981 auf Eins gesetzt wird.

Analog dazu soll der jüngsten Public Relation Kampagne des Rektors der Wirtschaftsuniversität bezüglich einer differenzierteren Studienwahl durch eine entsprechende Hilfsvariable (DUM_PR; für 1988 auf Eins gesetzt) Rechnung getragen werden.

Da zum Zeitpunkt der Analyse die entsprechenden Maturantenzahlen für das Jahr 1988 noch nicht verfügbar waren, wurde für die Größe BHSZ_MA die Annahme:

$$BHSZ\_MA_{1988} = BHSZ\_MA_{1987} * 1,1$$

getroffen, was trotz des Rückganges der Zahl der 18-Jährigen in etwa dem Wachstum dieser Größe in den letzten Jahren entspricht.Insgesamt ergibt sich aus der Schätzung für den Zeitraum von 1970 bis 1988 folgende Strukturgleichung zur Erklärung der Erstimmatrikulanten:

$$EWUI_t = -250 + 0,15 * BHSZ\_MA_t + 137 * U_t + 89 * DUM\_JUS_t - 525 * DUM\_PR_t$$

$$R^2 = 98,99$$
$$DW = 2,2$$

Die Koeffizienten in dieser Schätzgleichung sind statistisch signifikant auf dem 2,5 Prozentniveau. Eine Ausnahme bilden die Konstante (T=-1,36), die auf 10 Prozentniveau signifikant ist, und der Koeffizient von DUM_JUS (T=1,07), der auf dem 20 Prozentniveau statistisch signifikant ist. Beide Variable wurden jedoch in die Schätzung einbezogen, da sie eine wesentliche Verbesserung des Korrelationskoeffizienten bewirken.

Es zeigt sich, daß die Absolventen Berufsbildender Höherer Schulen den Zugang auf die WU steuern. Da die Variable BHSZ_MA ein gleitender Durchschnitt über drei Jahre ist, verteilt sich die Auswirkung dementsprechend auf drei Jahre.

Eine höhere Arbeitslosenrate zum Zeitpunkt des möglichen WU-Eintritts verstärkt diesen Zustrom. Die neue Studienordnung bei den Juristen bringt zusätzliche Hörer an die Wirtschaftsuniversität, während die Public Relation Kampagne des Rektors wieder einige Personen dazu bewegt, von einem Studium an der WU Abstand zu nehmen.

Untersuchungen mittels CHOW-Test haben ergeben, daß zwischen den Erstimmatrikulanten (EWUI) und der Größe REST (AHS und "Sonstige Schultypen") kein stabiler, signifikanter Zusammenhang abzuleiten ist.

Hingegen zeigt die Verwendung eines Kalman-Filters für die Abhängigkeit der Erstimmatrikulanten (EWUI) von den BHSZ_MA (HAK, HTL, HWB) nach Schwankungen des Koeffizienten in den Siebzigerjahren einen stabilen Zusammenhang für die Achtzigerjahre.

Analog zu oben ergibt sich die Zahl der inländischen, ordentlichen Hörer wieder aus dem Bestand der Vorperiode und den jeweiligen Neuzugängen. Die für 1971 bis 1988 resultierende Strukturform lautet:

$$HWUI_t = 1,9 * EWUI_t + 0,77 * HWUI_{t-1} \qquad R^2 = 99,71 \quad DW = 1,9$$

Jeweils 23 Prozent der Studenten des Vorjahres sind als Hörer von der WU abgegangen, sei es auf Grund eines erfolgreichen Abschlusses oder wegen vorzeitigen Studienabbruches. Daneben kommen die Erstimmatrikulanten und fast noch einmal soviele Doppelstudenten, etc. als Neuzugänge hinzu.

In einem nächsten Schritt soll auch eine Erklärung für die Anzahl der ausländischen, ordentlichen Hörer (HWUA) gegeben werden. Da der Zustrom von ausländischen Studienanfängern klarerweise nicht von der österreichischen Bevölkerungsentwicklung beziehungsweise von der inländischen Arbeitsmarkt- und Einkommenssituation gesteuert wird, sondern eher durch Zulassungsbestimmungen, soll er direkt aus der inländischen Hörerzahl abgeleitet werden. Eine Schätzung über die Jahre 1970 bis 1988 zeigt folgenden Zusammenhang:

$$HWUA_t = 0,02 * HWUI_t + 30,6 * Trend \qquad R^2 = 99,13 \quad DW = 1,1$$

Die ausländischen, ordentlichen Hörer stellen somit jeweils einen bestimmten Prozentsatz der inländischen Hörer dar, wobei sich dieser Anteil jedoch im Zeitablauf erhöht.

Unter Verwendung der Definitionsgleichung

$$HWUZ_t = HWUI_t + HWUA_t$$

läßt sich die Gesamtzahl der ordentlichen Hörer an der Wirtschaftsuniversität (HWUZ) ermitteln. Die außerordentlichen Hörer, Gasthörer und Mitbeleger sind im vorliegenden Modell nicht berücksichtigt, da jene Studenten einerseits nur eine unbedeutende Minderheit darstellen und andererseits systematische Bestimmungsfaktoren für deren WU-Zugang und auch deren Verbleib an der WU kaum zu finden sind.

Ebenso werden die Besucher der an der WU eingerichteten Universitätslehrgänge aus der Betrachtung ausgeklammert, weil sie erstens die für die in Anspruch genommenen Leistungen entstehenden Kosten direkt ersetzen und zweitens dem Hochschulbetrieb an der WU im engeren Sinn nicht zuzurechnen sind.

Sieht man also von diesen beiden Hörerkategorien ab, so liefert das vorliegende Modell die entsprechende Grundlage für eine Prognose der Erstimmatrikulanten, der inländischen Hörer und letztlich der ordentlichen Gesamtzahl der Hörer im Rahmen einer dynamischen Simulation.

Aufbauend auf der vom ÖSTZ erstellten, exogenen Bevölkerungsprognose werden die interessierenden Größen als endogene Variable durch das Modell generiert. Dabei stehen jedoch noch die beiden exogenen Größen Pro-Kopf-Bruttoinlandsprodukt und Arbeitslosenrate in Verwendung, für die aber keine Prognosen bis zum Jahr 2000 vorliegen. Es sind daher entsprechende Annahmen für deren zukünftige Entwicklung zu treffen. Um verschiedene mögliche Szenarien zu erfassen, sollen alternative Varianten des Modells durchgerechnet werden.

Bezüglich der weiteren Wirkung der jüngsten Public Relation Kampagne des Rektors der WU wird vorerst für alle Simulationsvarianten angenommen, daß diese einmalige Aktion jeweils im Ausmaß von 40 Prozent des Vorjahres grundsätzlich weiterwirkt ($DUM\_PR_t = DUM\_PR_{t-1} * 0{,}4$).

2.4.3.2 Variante I:

In der ersten Modellvariante wird für das reale Pro-Kopf-Bruttoinlandsprodukt (PCBIP) ein jährliches Wachstum von 3 Prozent angenommen, während bezüglich der Arbeitslosenrate (U) eine konstante Abnahme von jährlich einem Zehntel Prozentpunkt postuliert wird:

$$PCBIP_t = PCBIP_{t-1} * 1{,}03$$
$$U_t = U_{t-1} - 0{,}1$$

Unter diesen Voraussetzungen steigt die Zahl der Erstimmatrikulanten nach dem absoluten Rückgang im Jahr 1988 bis zum Jahr 1991 sehr rasch bis auf 2.978 an, senkt sich bis zum Jahr 1997 langsam auf 2.839, um dann bis zum Jahr 2000 wieder bis auf 3.012 weiterzuwachsen. Es kann somit für Mitte der Neunzigerjahre mit einem geringen Rückgang der Neuzugänge gerechnet werden, welcher allerdings zur Jahrtausendwende einem neuerlichen, aber geringfügigen Wachstum weichen dürfte. Daraus ergibt sich für die Anzahl der inländischen, ordentlichen Hörer ein anhaltendes Wachstum, das allerdings im kommenden Jahrzehnt stark abflacht und die Hörerzahl auf fast konstantem Niveau hält. So würden die inländischen Hörer von 22.383 im Jahr 1993 bloß bis auf 24.115 im Jahr 2000 steigen. Demgegenüber haben sich die Hörerzahlen von 1980 mit 7.262 bis 1987 mit 16.355 mehr als verdoppelt! Auf Grund der Prognose für die ausländischen Hörer von 1.739 im Jahr 2000 ergibt sich zur Jahrtausendwende eine Gesamthörerzahl von 25.854. Während die Erstimmatrikulanten von 1985 bis 2000 laut dieser Prognose um 40 Prozent wachsen werden, beträgt die Zunahme bei den inländischen Hörern für den gleichen Zeitraum 76 Prozent. Dies spiegelt die erhöhten Studiendauern, die lange Verweildauer eines großen Teils der Studienabbrecher und den großen Einfluß von Doppelstudenten wider. Die prognostizierte Entwicklung der Hörerzahlen ist in den Abbildungen: Erstimmatrikulanten an der WU: Prognose 1989 - 2000, Inländische Hörer an der WU: Prognose 1989 - 2000, Ordentliche Hörer an der WU: Prognose 1989 - 2000, grafisch dargestellt.

2.4.3.3 Variante II:

Im nächsten Schritt soll für das reale Pro-Kopf-Bruttoinlandsprodukt ein jährliches Wachstum von 5 Prozent angenommen werden. Die Arbeitslosenrate soll pro Jahr konstant um zwei Zehntel Prozentpunkte abnehmen.

$$PCBIP_t = PCBIP_{t-1} * 1{,}05$$
$$U_t = U_{t-1} - 0{,}2$$

Im Rahmen dieses Szenarios steigen die Zahlen der Erstimmatrikulanten vorerst weiter bis auf 2.881 im Jahre 1991, fallen bis 1996 wieder auf 2.600 und erreichen zur Jahrtausendwende abermals die Höhe von 2.898.

Daraus resultiert ein anfangs rasches Wachstum der inländischen Hörer auf 21.147 im Jahre 1992, welches sich im Zeitraum bis 1998 stark verlangsamt (1998: 22.011). Erst gegen Ende des Jahrzehntes erfolgt wieder ein stärkerer Höreranstieg auf 22.752 im Jahre 2000. Eine analoge Entwicklung zeigen die Gesamthörerzahlen, welche in 2000 bereits 24.462 erreichen.

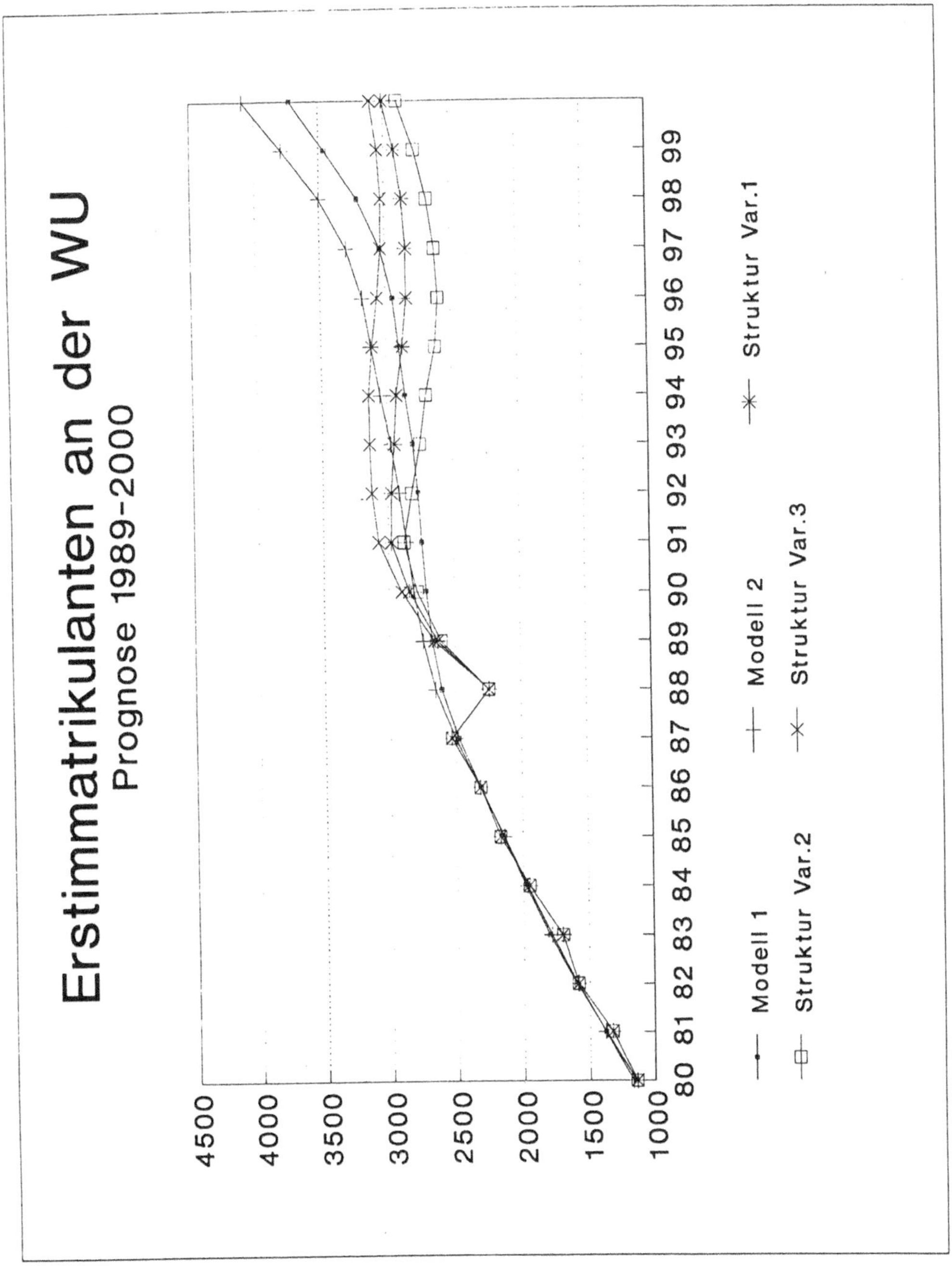
Erstimmatrikulanten an der WU
Prognose 1989-2000
4500
4000
3500
3000
2500
2000
1500
1000
80 81 82 83 84 85 86 87 88 89 90 91 92 93 94 95 96 97 98 99
Modell 1
Modell 2
Struktur Var.1
Struktur Var.2
Struktur Var.3

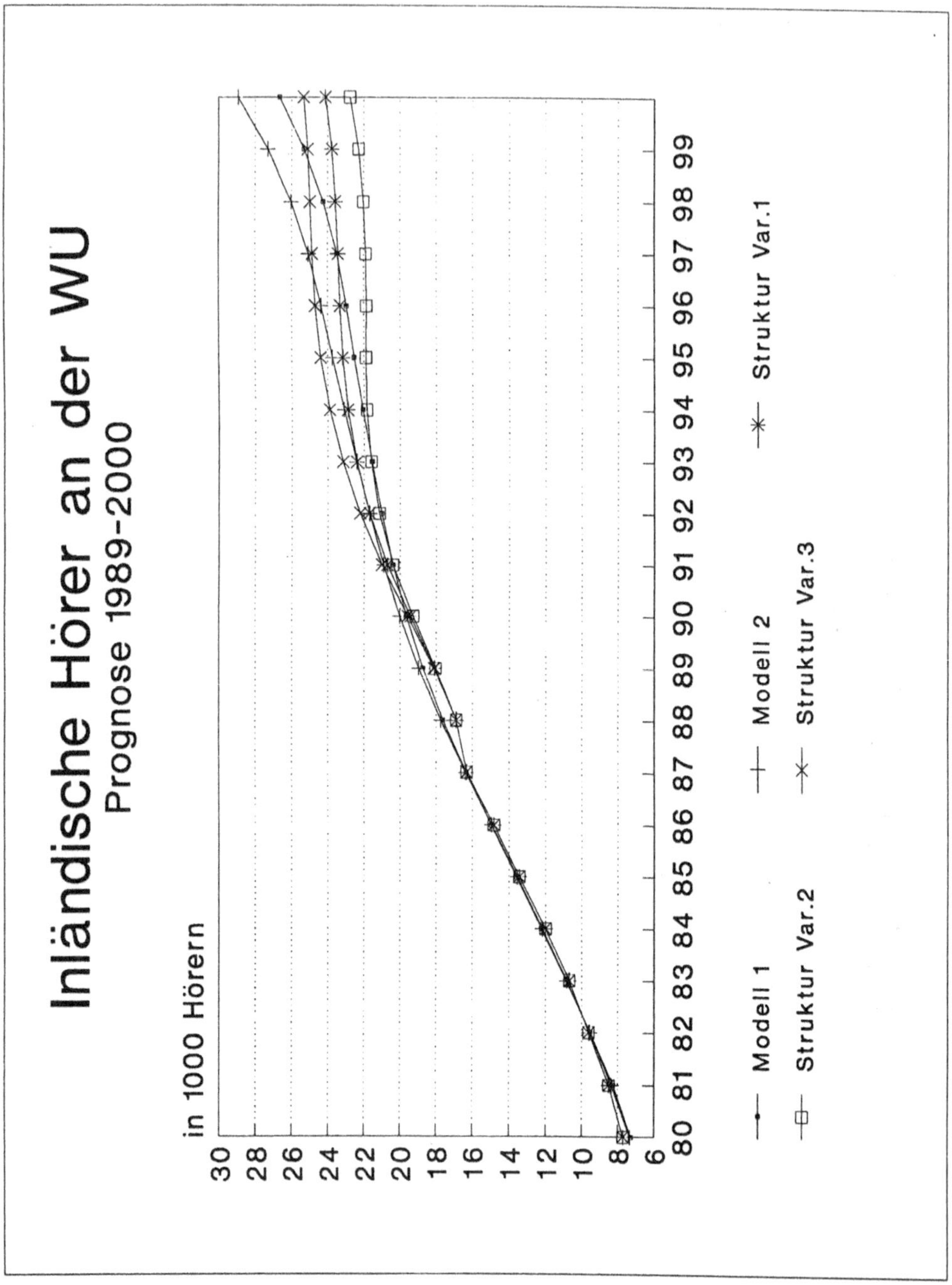

Inländische Hörer an der WU
Prognose 1989-2000
in 1000 Hörern
30
28
26
24
22
20
18
16
14
12
10
8
6
80 81 82 83 84 85 86 87 88 89 90 91 92 93 94 95 96 97 98 99
Modell 1
Modell 2
Struktur Var.1
Struktur Var.2
Struktur Var.3

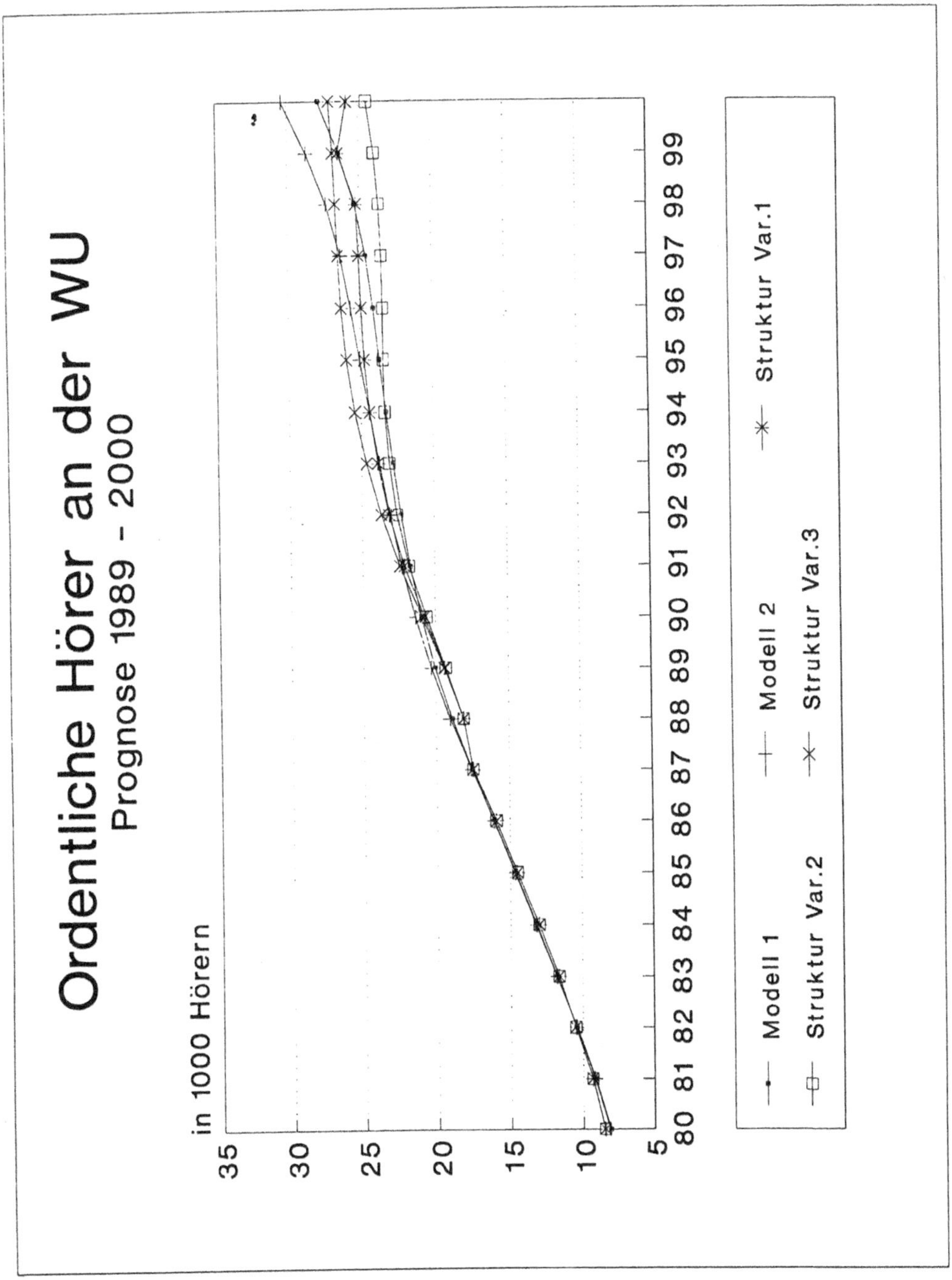
Ordentliche Hörer an der WU
Prognose 1989 - 2000
in 1000 Hörern
35
30
25
20
15
10
5
80
81
82
83
84
85
86
87
88
89
90
91
92
93
94
95
96
97
98
99
Modell 1
Modell 2
Struktur Var.1
Struktur Var.2
Struktur Var.3

2.4.3.4 Variante III:

Letztlich wird ein Szenario untersucht, bei dem das reale Pro-Kopf-Bruttoinlandsprodukt jährlich bloß um ein Prozent wächst und die Arbeitslosenrate konstant bleibt.

$$PCBIP_t = PCBIP_{t-1} * 1{,}01$$
$$U_t = U_{t-1}$$

Diese Variante läßt ein rasches Anwachsen der Erstimmatrikulanten bis 1994 auf 3.140, danach einen leichten Rückgang auf 3.027 im Jahr 1998 und letztlich wieder einen Anstieg auf 3.106 im Jahr 2000 erwarten. Die Zahl der inländischen Hörer wächst demgemäß auf 24.392 im Jahr 1995 und verbleibt danach auf fast konstantem Niveau. Sie erreichen zur Jahrtausendwende 25.323. Für die Zahl der ordentlichen Hörer ergibt sich daraus ein Wert von 27.088 für das Jahr 2000.

2.4.3.5 Alternativprognose:

Unterstellt man, daß die Public Relation Kampagne des Rektors der WU auch in den nächsten Jahren weitergeführt wird, beziehungsweise daß das Image der WU als Problemuniversität in der Öffentlichkeit weiterhin bestehen bleibt, so erscheint die Annahme gerechtfertigt, daß die Wirkungen der Public Relation Kampagne des Jahres 1988 auch in den Folgejahren in vollem Ausmaß weiterbestehen. In diesem Fall ist die Hilfsvariable DUM_PR während des gesamten Prognosezeitraumes konstant Eins. Unter dieser Annahme führt die Simulation der einzelnen, genannten Varianten zu folgenden Ergebnissen:

Jahr 1989:	EWUI	HWUI	HWUZ
Variante I	2.317	17.471	18.732
Variante II	2.292	17.422	18.681
Variante III	2.342	17.520	18.782

Jahr 2000:	EWUI	HWUI	HWUZ
Variante I	2.487	19.946	21.596
Variante II	2.373	18.583	20.204
Variante III	2.581	21.154	22.830

Es zeigen sich hier doch deutlich geringere Anfängerzahlen, die Hörerzahlen reduzieren sich dementsprechend.

2.5 Simulationsmodell:

Als Alternative zu den oben angeführten Prognosemodellen soll in diesem Abschnitt ein anderer Zugang zur Erklärung der zukünftigen Entwicklung der Hörerzahlen versucht werden. Die Grundidee besteht darin, aus den Anfängern des jeweiligen Jahres unter Verwendung von Daten über das Studierverhalten die verbleibenden Studenten in den einzelnen Folgejahren zu ermitteln und daraus die jeweilige Hörerzahl abzuleiten.

Ausgangsbasis bilden dabei einerseits die Prognosewerte für die Erstimmatrikulanten (EWUI) aus dem Strukturmodell - Variante I. Zu dieser Größe kommen jedoch noch die Doppelstudenten und die nicht erstmals an einer Universität inskribierenden Kollegen, sowie die im jeweiligen Sommersemester beginnenden Hörer als WU-Zugänge hinzu. Da entsprechende Daten über diese nur unzureichend vorhanden sind, wird die Annahme getroffen, daß dieser Kreis von Studenten in Summe jeweils 50 Prozent der Erstimmatrikulanten beträgt, was den Größenverhältnissen in den letzten Jahren entspricht. Daraus ergeben sich für jede Periode die an der Wirtschaftsuniversität neu hinzukommenden Studenten.

Die WU-internen Daten der Evidenzstelle liefern die entsprechenden Informationen für den Studienverlauf. Aus diesen läßt sich für die einzelnen Anfänger-Kohorten ab dem Jahr 1980 die jeweilige prozentuelle Verteilung nach Verweildauern - getrennt nach Erstimmatrikulanten und Doppelstudenten - über die einzelnen Folgejahre ermitteln. Werden diese Prozentsätze über die einzelnen Anfänger-Kohorten gemittelt, so ergeben sich Durchschnittssätze, die angeben, wieviel Prozent der Anfänger jeweils in den einzelnen darauffolgenden Jahren noch an der Wirtschaftsuniversität verweilen werden. Daraus leiten sich letztlich die in den einzelnen Folgejahren verbleibenden Hörer ab.

Die Summe der jeweiligen noch verbleibenden Reste der einzelnen Kohorten in einem bestimmten Jahr ergibt die Hörerzahl in der betreffenden Periode.

An dieser Stelle ist darauf hinzuweisen, daß die derart ermittelten Anteile nur sehr eingeschränkt Gültigkeit besitzen. Einerseits stellen die Daten der Evidenzstelle nur eine Stichprobe dar, da wie bereits oben angeführt, nicht alle Hörer enthalten sind, andererseits ist der beobachtete Zeitraum von 1980 bis 1988 beschränkt, weshalb über das entsprechende Verweilverhalten über diesen Zeitraum hinaus nur Annahmen getroffen werden können. Weiters ist festzuhalten, daß mit dieser Methode ein in der Realität zweifellos vorhandener Trend in den Studiendauern ausgemittelt wird.
Auf Grund der genannten Argumente ist klar, daß die auf diese Weise simulierten Studentenzahlen den tatsächlichen Werten nicht vollkommen entsprechen können und diese unterschätzen werden. Es sind jedoch die Größenordnungen und die grundsätzliche Entwicklung zu erkennen.

Die Analyse der Daten hat folgende prozentuelle Verteilung der Verweildauern der Erstimmatrikulanten (EWUI) und jener Doppelstudenten, deren Stammuniversität nicht die WU ist, ergeben, wobei die Zahlen in der folgenden Tabelle angeben, welcher Prozentsatz der ursprünglichen Anfänger im jeweiligen Jahr nach Studienbeginn noch an der WU studiert.

JAHRE	1	2	3	4	5	6	7	8	9
EWUI	92,7	79,4	71,3	64,3	53,3	39,6	21,4	15,0	5,0
DOPPEL	94,7	73,3	59,9	51,3	40,5	29,3	9,7	4,7	1,7

So sind von den Erstimmatrikulanten eines bestimmten Jahres beispielsweise nach fünf Jahren durchschnittlich noch 53,3 Prozent an der WU.

Implizit wird dabei die Annahme getroffen, daß nach neun Jahren alle Hörer eines bestimmten Anfänger-Jahrganges von der WU abgegangen sind, sei es als erfolgreicher Absolvent oder auch als Studienabbrecher. Diese starke Annahme trifft nur mehr eine geringe Anzahl von Studenten und ist daher aus dieser Sicht vertretbar.

Analog zu den oben angestellten Überlegungen können in gleicher Weise auch die über die einzelnen Anfänger-Kohorten gemittelte Studiendauer der Absolventen, die Verweildauer der Abbrecher im ersten Studienabschnitt und jene der Abbrecher im zweiten Abschnitt untersucht werden.

Die Anteile der Hörer, die im betreffenden Jahr nach Beginn das Studium erfolgreich absolviert haben, an den wie oben definierten jeweiligen Anfängern weisen folgende Struktur auf (in %):

JAHRE	1	2	3	4	5	6	7	8	9
EWUI	0,0	0,0	0,0	0,8	8,7	11,0	8,0	4,2	2,0
DOPPEL	0,0	0,0	0,0	0,4	6,0	5,1	4,3	0,9	1,0

Dies ist dahingehend zu verstehen, daß z.B. im Durchschnitt etwa 8,7 Prozent der Erstimmatrikulanten eines bestimmten Anfänger-Jahrganges im fünften Jahr nach Studienbeginn das Studium erfolgreich abgeschlossen haben.

Die durchschnittlichen Anteile der Studienabbrecher im ersten Abschnitt an den jeweiligen Neuzugängen, nach Verweildauer gegliedert, lauten in Prozent:

JAHRE	1	2	3	4	5	6	7	8	9
EWUI	7,3	13,3	7,4	5,6	3,9	4,1	11,6	1,8	0,0
DOPPEL	5,3	21,4	12,3	7,0	6,2	5,6	12,7	2,6	0,0

Dies bedeutet beispielsweise, daß 3,9 Prozent der Erstimmatrikulanten einer Anfänger-Kohorte nach fünf Jahren ohne Abschluß des ersten Studienabschnittes das Studium abbrechen.

In vollkommen identischer Weise ergeben sich die entsprechenden Prozentsätze für die Studienabbrecher im zweiten Abschnitt:

JAHRE	1	2	3	4	5	6	7	8	9
EWUI	0,0	0,0	0,8	0,6	0,5	0,4	0,4	0,4	0,6
DOPPEL	0,0	0,0	0,8	0,4	0,6	0,2	0,0	0,0	0,0

Aus diesen Daten ist sofort ersichtlich, daß das Gros der Studienabbrecher vor Abschluß des ersten Studienabschnittes von der WU abgeht. Hingegen beenden fast alle Absolventen des ersten Studienabschnittes auch ihr Studium erfolgreich. Für Doppelstudenten ergibt sich eine wesentliche höhere Drop-Out Quote. Inwieweit diese Doppelstudenten ihr Erststudium abschließen, läßt sich aus unseren Daten nicht rekonstruieren.

Die erste Kohorte von Studienanfängern, deren Daten für die vorliegende Analyse herangezogen werden können, ist jene des Jahres 1980. Somit können Studenten mit Studiendauern von über neun Jahren nicht mit einbezogen werden. Daneben stehen für die jeweilige Mittelwertbildung über die einzelnen Kohorten mit zunehmendem Zeithorizont naturgemäß immer weniger Kohorten zur Verfügung. Diese beiden Faktoren führen dazu, daß die Summen der entsprechenden Anteile geringfügig von 100 abweichen!

Das unter diesen Voraussetzungen durchgerechnete Modell zeigt für die Erstimmatrikulanten gemäß Variante I des Strukturansatzes folgenden Verlauf für die zukünftige Entwicklung der inländischen, ordentlichen Hörer (HWUI), der Absolventen (ABS), der Abbrecher im ersten Abschnitt (DROP-I) und der Studienabbrecher im zweiten Abschnitt (DROP-II):

JAHR	HWUI	ABS	DROP-I	DROP-II
1989	17.151	812	1.949	96
1990	18.505	906	2.136	101
1991	19.745	986	2.313	108
1992	20.684	1.029	2.436	116
1993	21.382	1.080	2.516	123
1994	21.886	1.155	2.538	128
1995	22.202	1.231	2.604	132
1996	22.308	1.285	2.640	133
1997	22.330	1.311	2.651	136
1998	22.327	1.321	2.644	137
1999	22.370	1.315	2.642	137
2000	22.533	1.303	2.658	136

Aus den jeweils nach der Verweildauer gegliederten, durchschnittlichen Anteilen der Studienabbrecher im ersten Studienabschnitt und den ebenfalls nach der Dauer geordneten Anteilen von erfolgreichen Abschlüssen des ersten Abschnittes lassen sich die in den einzelnen Jahren nach Studienbeginn im ersten Abschnitt noch verbleibenden Hörer in Prozent der jeweiligen Anfänger wie folgt ausdrücken:

JAHRE	1	2	3	4	5	6	7	8	9
EWUI	92,7	75,5	49,5	33,0	23,8	16,1	4,3	2,0	0,0
DOPPEL	92,4	68,4	47,5	33,1	23,0	15,0	0,0	0,0	0,0

Die Anteile der Absolventen des ersten Studienabschnittes an den ursprünglichen Anfängern stellen zugleich die Anteile der Eintritte in den zweiten Abschnitt dar. Vermindert um die jeweiligen Prozentsätze der Abbrecher im zweiten Studienabschnitt und um jene der Absolventen ergeben diese derart gebildeten Anteile kumuliert die jeweiligen Prozentsätze der Hörer im zweiten Abschnitt an den betreffenden Studienanfängern. Gegliedert nach Jahren ab WU-Eintritt ergibt sich folgende Struktur:

JAHRE	1	2	3	4	5	6	7	8	9
EWUI	0,0	3,9	21,8	31,4	27,5	19,7	12,5	8,2	6,7
DOPPEL	2,7	5,2	13,1	19,9	17,2	14,2	10,0	9,1	9,1

Über den Studienverlauf nach neun Jahren kann aus den oben genannten Gründen keine Aussage gemacht werden! Aus diesem "Studienabschnittsprofil" kann nun für die oben generierten zukünftigen Hörerzahlen (HWUI) die entsprechende Verteilung auf den ersten (I) und den zweiten Studienabschnitt (II) - unter den eben erwähnten Einschränkungen - abgeleitet werden.

JAHR	HWUI	I	%	II	%
1989	17.151	13.487	78,6	3.664	21,4
1990	18.505	14.523	78,5	3.982	21,5
1991	19.745	15.484	78,4	4.261	21,6
1992	20.684	16.125	78,0	4.559	22,0
1993	21.382	16.518	77,3	4.864	22,7
1994	21.886	16.763	76,6	5.123	23,4
1995	22.202	16.899	76,1	5.303	23,9
1996	22.308	16.896	75,7	5.412	24,3
1997	22.330	16.859	75,5	5.471	24,5
1998	22.327	16.829	75,4	5.498	24,6
1999	22.370	16.881	75,5	5.489	24,5
2000	22.533	17.061	75,7	5.472	24,3

Diese Aufstellungen sollen einen Einblick in die Struktur der zukünftigen Hörerbestände und deren Veränderungen geben. Dabei können klarerweise die einzelnen Zahlen nicht als zuverlässige Punktprognosen aufgefaßt werden, vielmehr sind sie als Richtwerte für zukünftige Entwicklungen zu sehen. Die Größenverhältnisse der einzelnen Variablen zueinander sind jedoch sehr wohl aussagekräftige Indikatoren für die Situation der Wirtschaftsuniversität in den Neunzigerjahren. Besonders auffällig ist das stabile Verhältnis zwischen Studenten im ersten Studienabschnitt und im zweiten Studienabschnitt. Grob ausgedrückt befinden sich immer 3/4 der Studenten im ersten Studienabschnitt während bloß 1/4 im zweiten Studienabschnitt studiert.

2.6 Zusammenfassung Hörerprognose:

Im Rahmen der vorliegenden Analyse wurde versucht, aufgrund der historischen Daten und vergangener Gegebenheiten, mehrere mögliche Szenarien für die Entwicklung der Hörersituation und somit für die Auslastung beziehungsweise Überlastung der Wirtschaftsuniversität Wien zu entwickeln. Dabei mußten naturgemäß verschiedenste nicht quantifizierbare Einflußfaktoren, wie etwa Image und Trends, vernachlässigt werden.

Die einzelnen Prognosevarianten generieren zwar sicherlich unterschiedliche Entwicklungspfade für Anfänger und Hörer, zeigen jedoch insgesamt jeweils die gleiche Struktur. Bezieht man die zukünftige Bevölkerungsentwicklung und den Trend zu Berufsbildenden Höheren Schulen in die Überlegungen mit ein, so scheint ziemlich sicher festzustehen, daß sowohl Erstimmatrikulanten als auch Hörer vorerst noch weiter zunehmen. **Mitte der Neunzigerjahre jedoch nehmen die Anfänger durch den entsprechenden Bevölkerungsrückgang wieder leicht ab**. **Die Hörerzahlen** werden zwar auf Grund der sich verlängernden Studiendauern nicht zurückgehen, **werden sich** aber **im nächsten Jahrzehnt auf fast konstantem Niveau bewegen**.

Es ist festzuhalten, daß alle hier getroffenen Aussagen natürlich nur Ceteris Paribus gelten und unter geänderten Rahmenbedingungen die Entwicklung vollkommen anders verlaufen könnte. So reagieren die betrachteten Größen sicherlich in heute unvorhersehbarer Weise auf verschiedenste Maßnahmen legistischer oder auch organisatorischer Natur, sei es im Bereich des Schulwesens, des Hochschulwesens oder auch im Bereich der Wirtschaftsuniversität selbst. Letzlich ist auch zu vermuten, daß die öffentliche Diskussion um die Notlage der WU ihre Spuren hinterlassen wird.

Andererseits weisen gerade die hier aufgezeigten Größen auf die dringende Notwendigkeit entsprechender Maßnahmen zur Bewältigung der zukünftigen Hörerzahlen hin. Dabei ergibt sich zum Beispiel bereits aus der vorliegenden Untersuchung die Tatsache einer überaus hohen Drop-Out-Rate im ersten Studienabschnitt, was letztlich einen Anknüpfungspunkt für den ersten Abschnitt betreffende Maßnahmen darstellt.

Bei der Formulierung der Entlastungsalternativen werden wir von zwei grundsätzlichen Varianten ausgehen. Einer Variante legen wir 3.000 Erstimmatrikulanten zugrunde. Dies entspricht etwa den Dimensionen der zu erwartenden Anfängerzahlen, wenn die Wirksamkeit der PR-Maßnahmen in der jüngsten Vergangenheit schnell abklingt. In der zweiten Variante setzen wir die Anfängerzahlen mit 2.400 fest, was den Ergebnissen der Alternativprognose entspricht.

3. ANFORDERUNGSPROFIL:

Im Rahmen der Prognose der Entwicklung der Hörerzahlen bis zum Jahr 2000 wurden der erwartete, künftige Zustrom von Hörern an die WU und die daraus resultierende Entwicklung der Absolventenzahlen analysiert und somit gewissermaßen die **ANGEBOTSSEITE** des Teilarbeitsmarktes für Absolventen der WU durchleuchtet.

In diesem Abschnitt soll nun die **NACHFRAGESEITE** dieses Teilarbeitsmarktes untersucht werden. Eine auf Zeitreihen basierende Prognose der Nachfrage nach WU-Absolventen ist aufgrund fehlender Daten für diesen spezifischen Teilarbeitsmarkt nicht möglich. Die Nachfrageseite kann daher nur indirekt, aus Querschnittsdaten dargestellt werden.

Eine umfassende Erhebung der von der Wirtschaft an die Absolventen der WU gestellten Anforderungen bildet die Grundlage für eine Analyse des **ANFORDERUNGSPROFILS** der WU-Absolventen. Dies repräsentiert den **qualitativen** Aspekt der Nachfrage.

Eine Hochrechnung der aus den Querschnittsdaten zu entnehmenden, geplanten Aufnahmen von WU-Absolventen stellt eine grobe Schätzung des Nachfragepotentials dar und bildet somit die **quantitative** Seite ab.

3.1 Datenbasis:

Grundsätzlich sind für die vorliegende Fragestellung aktuelle Angaben der für WU-Absolventen in Frage kommenden Dienstgeber heranzuziehen. Dabei geht es einerseits um Daten über geplante Aufnahmen sowohl in unmittelbarer Zukunft als auch mittelfristig, sowie über vorgesehene funktionale und regionale Einsatzbereiche. Andererseits handelt es sich um eine möglichst umfassende Bewertung der von WU-Absolventen geforderten, beziehungsweise erwarteten Eigenschaften, Fähigkeiten und Kenntnisse. Um ein exaktes Anforderungsprofil zu erhalten, haben sich diese Befragungen nicht nur auf die Ausbildung an der WU, sondern auch auf die Persönlichkeit und auf über das Studium hinausgehende Sachverhalte zu beziehen.

Die eben skizzierten, für die Studie notwendigen Informationen müssen nun prinzipiell zwei wesentliche Erfordernisse erfüllen. Erstens sind für eine geeignete Planung verschiedener Entlastungsvarianten aktuelle Daten notwendig, weshalb die einzelnen Angaben jüngsten Datums sein müssen. Zweitens haben sich die Informationen auf den ganz spezifischen Bereich der unmittelbaren WU-Absolventen zu beziehen. Dies bedeutet, daß Absolventen der Sozial- und Wirtschaftswissenschaften anderer Universitäten und auch ehemalige Absolventen der WU, die bereits über eine ausgedehnte Praxis verfügen, aus der Analyse herausfallen müssen.

Es liegt in der Natur der Sache, daß Sekundärdaten, welche beide genannten Kriterien hinreichend erfüllen, nicht zur Verfügung stehen. Das Projektteam hat sich daher entschlossen, eine **Primärerhebung** durchzuführen, welche grundsätzlich in der Form einer schriftlichen Befragung angelegt worden ist. Um jedoch eine optimale Gestaltung und Formulierung des Fragebogens zu erreichen und gleichzeitig mögliche Fehlinterpretationen einzelner Fragen zu vermeiden, wurde der eigentlichen Erhebung eine kurze Reihe persönlicher Interviews in Form einer Pilot-Befragung vorgeschaltet.

Bei der Zusammenstellung der einzelnen, in den Fragenkatalog aufzunehmenden Kriterien wurden als Orientierungshilfe folgende Quellen herangezogen:

* von Firmen zur Verfügung gestellte Bewerbungsformulare
* von Firmen zur Verfügung gestellte Bewerbungschecklisten
* von Firmen in Form von PR-Material ausgegebene Anforderungsprofile
* vom Zentrum für Berufsplanung entwickelte Firmenbefragungsbogen
* Vorlesungsverzeichnis der WU

Die ausgewählten Fragen wurden in die drei Bereiche PERSÖNLICHKEIT, AUSBILDUNG an der WU und SONSTIGES (vom Studium an der WU unabhängige Sachverhalte und Aktivitäten) gegliedert. Dabei wurde bei den die Ausbildung betreffenden Fragepunkten grundsätzlich auf Kenntnisse beziehungsweise Fähigkeiten abgestellt und nicht auf Studienfächer oder "Spezielle Betriebswirtschaftslehren".

Dahinter steht die Idee, daß die fachliche Eignung eines Bewerbers prinzipiell von seinem fachlichen Wissen abhängt, unabhängig davon, in welcher Lehrveranstaltung dieses Wissen erworben wurde.

Als Bewertungsmaßstab wurde eine vierstellige Ordinalskala zur Beurteilung der Wichtigkeit der abgefragten Eigenschaften, Kenntnisse und Fähigkeiten vorgegeben. Die Verwendung einer Skala ohne mittleren Wert sollte einer unbewußten Zentrierung der Antworten um den Mittelwert entgegenwirken.

Ansprechpartner der Befragung waren die Personalabteilungen beziehungsweise Geschäftsleitungen der befragten Unternehmungen.

3.1.1 Pilot-Befragung:

Als Vorstudie für die eigentliche Befragung wurden 25 persönliche Interviews durchgeführt. Alle interviewten Unternehmungen waren Teilnehmer an einer Firmenshow, die zur Rekrutierungvon WU - Absolventen gedacht war und die dem Projektteam Gelegenheit für eine entsprechende Kontaktaufnahme bot. Die quasi automatische Auswahl der zu interviewenden Firmen durch die Teilnahme auf der genannten Veranstaltung hatte den Vorteil, daß für die mündliche Befragung ein Sample von Unternehmungen, die an WU-Absolventen ein spezifisches Interesse aufweisen und zugleich auch den für WU-Absolventen typischen Branchen angehören, zur Verfügung stand.

An dieser Stelle ist festzuhalten, daß sowohl bei den ersten Gesprächen auf dieser Karriere-Messe als auch bei den Interviews selbst, stets äußerste Kooperationsbereitschaft seitens der Unternehmensvertreter vorgeherrscht hat und unserem Anliegen immer mit äußerster Freundlichkeit entsprochen wurde. So ist auch zu bemerken, daß alle Kontaktaufnahmen zu einem erfolgreichen Interview geführt haben.

Bis auf eine Befragung wurden alle Interviews in den Räumlichkeiten der jeweiligen Unternehmung durchgeführt. Die einzelnen Gespräche nahmen eine Zeitdauer zwischen 30 und 45 Minuten in Anspruch.

Die Interviews wurden anhand eines gemäß den oben angeführten Gesichtspunkten gestalteten Fragebogens durchgeführt. Da dieser bereits weitgehend dem für die schriftliche Befragung vorgesehenen Fragebogen entsprach, konnte bei der mündlichen Befragung gleichzeitig die Verständlichkeit und Klarheit der gewählten Erhebungsform geprüft werden.

Insgesamt ließ sich nach Durchführung der Pilot-Interviews feststellen, daß der Fragenkatalog sowohl hinsichtlich Inhalt als auch im Hinblick auf Gestaltung und Erläuterungen im Wesentlichen geeignet erschien. Daher konnte er mit nur geringfügigen Veränderungen für die schriftliche Befragung eingesetzt werden.

Bezüglich einer genauen Darstellung des Inhaltes und der Form des Fragebogens wird daher auf Abschnitt 3.1.2.2 verwiesen!

Auffallend war, daß manchmal sehr unterschiedliche Vorstellungen über die Inhalte einzelner Wissensgebiete vorherrschen. So wird unter Volkswirtschaftstheorie häufig eher allgemeine Wirtschaftskunde und unter Finanzwissenschaft das Gebiet der Finanzierung verstanden. Ähnlich verhält es sich bei Grundkenntnissen der Mathematik und Statistik. Hier reichen die Vorstellungen von der Erstellung einfacher Tabellen bis zu modernsten Methoden der theoretischen Statistik. Die Ökonometrie, i.e. die Anwendung mathematisch-statistischer Methoden auf mathematisch-ökonomische Modelle, stellte für einige Interviewpartner einen vorerst unklaren Begriff dar.

Neben diesen Interpretationsproblemen kristallierte sich im Laufe der Interviews sehr bald ein Zuordnungsproblem heraus. Die Bewertung einzelner Kriterien fällt in ein und derselben Unternehmung für verschiedene Funktionsbereiche, in denen WU-Absolventen eingestellt werden sollen, sehr oft unterschiedlich aus. Es ergab sich daher die Notwendigkeit einer getrennten Erfassung einzelner Funktionsbereiche innerhalb der befragten Unternehmungen, was in dem bei der schriftlichen Befragung verwendeten Fragebogen letztlich auch realisiert wurde.

Bei den Interviews wurde dieses Problem vorerst dadurch gelöst, daß die Interviewpartner ersucht wurden, im Bedarfsfall für die Beurteilung ein gewichtetes Mittel über die Bewertungen in den einzelnen, zu besetzenden Funktionsbereichen zu verwenden. Dabei sollte der Anteil der im jeweiligen Funktionsbereich geplanten Neueinstellungen von WU-Absolventen an den Gesamteinstellungen von WU-Absolventen in der Firma als Gewicht herangezogen werden. Diese Vorgangsweise kann insofern als gerechtfertigt betrachtet werden, als durch die Gewichtung die quantitative Dimension miteinbezogen wird. Die Bewertung berücksichtigt somit auch, für **wieviele** Bewerber eine bestimmte Beurteilung eines Kriteriums zutrifft.

3.1.2 Schriftliche Befragung:

Im Anschluß an die Interviewserie wurde im Juni 1989 die schriftliche Befragung durchgeführt. Der ursprüngliche Fragebogen wurde dabei bis auf einige Verbesserungen in der sprachlichen Formulierung und die Aufteilung einiger Kriterien in engere Spezialfragen grundsätzlich übernommen.

Als wesentliche Innovation wurde jetzt eine Aufgliederung in einzelne Funktionsbereiche durchgeführt. Die einzelnen Kriterien waren nun für unterschiedliche Einsatzgebiete gesondert zu beurteilen.

Der derart modifizierte Fragebogen wurde mit entsprechenden Erläuterungen, die aus den Erfahrungen mit den Interviews resultierten, versehen und in Form einer 10-seitigen Broschüre im DIN A5 Format hergestellt sowie der Einband mit dem blauen WU-Emblem bedruckt.

Der Fragebogen wurde zusammen mit einem von Rektor Hansen und Projektleiter Prof. Otruba unterzeichneten Begleitschreiben versendet.

Um die Mitte Juli 1989 noch geringe Rücklaufquote zu erhöhen, wurde Ende Juli an alle Unternehmungen, die auf die ursprüngliche Befragung noch nicht geantwortet hatten, ein zweiter Brief mit der nochmaligen Bitte um Beantwortung des zugesandten Fragebogens versendet.

3.1.2.1 Stichprobenauswahl:

Adressaten der schriftlichen Befragung waren 600 österreichische Unternehmungen beziehungsweise öffentliche Stellen mit mehr als 50 Beschäftigten im gesamten Bundesgebiet. Die Auswahl erfolgte repräsentativ unter Heranziehung von Zufallszahlen. Dabei konnte eine Verteilung über Bundesländer, Branchen und Größenklassen erzielt werden, die mit der Verteilung der Grundgesamtheit (das ist die Gesamtheit der österreichischen Betriebe) einigermaßen übereinstimmt.

Die regionale Verteilung der ausgewählten Stichprobe lautet:

Burgenland	2 %
Kärnten	5 %
Niederösterreich	11 %
Oberösterreich	20 %
Salzburg	10 %
Steiermark	11 %
Tirol	7 %
Vorarlberg	5 %
Wien	29 %

Die Verteilung der ausgewählten Stichprobe nach Branchen (gemäß der Branchengliederung des ÖSTZ) ist wie folgt:

1	Energie- u. Wasserversorgung	1 %
2	Bergbau, Steine- u. Erdengewinnung	1 %
3/4/5	Verarbeitendes Gewerbe u. Industrie	45 %
6	Bauwesen	14 %
7A	Handel, Lagerung	21 %
7B	Beherbungs- u. Gaststättenwesen	2 %
8	Verkehr u. Nachrichtenübermittlung	5 %
9A	Geld- u. Kreditw., Privatversrg., Wirtschaftsdienste	10 %
9B	Pers., soziale u. öffentl. Dienste	1 %

Unternehmungen mit weniger als 50 Beschäftigten wurden nicht angeschrieben, da diese mit Ausnahme von Wirtschaftstreuhand- und Steuerberatungskanzleien kaum unmittelbare WU-Absolventen einstellen. Aus der Gruppe der Wirtschaftstreuhänder und Steuerberater wurde eine gesonderte Auswahl getroffen.

3.1.2.2 Inhalt des Fragebogens:

Der Fragebogen war grundsätzlich in folgende fünf Gruppen gegliedert:

UNTERNEHMENSDATEN
ANFORDERUNGSPROFIL: PERSÖNLICHKEIT
ANFORDERUNGSPROFIL: AUSBILDUNG AN DER WU
ANFORDERUNGSPROFIL: SONSTIGES
AUSBILDUNGSPRIORITÄTEN

Der Bereich der **Unternehmensdaten** hat einige Fragen enthalten, die bei der Auswertung der Daten eine entsprechende Klassenbildung ermöglichen sollten. Dabei handelte es sich um die Branche, die Exportquote, die Anzahl der Niederlassungen in Österreich und im Ausland, sowie um die Anzahl der Mitarbeiter insgesamt, der Angestellten und der beschäftigten Absolventen der WU. Zentraler Bereich dieser Fragengruppe waren Angaben über geplante Neueinstellungen von WU-Absolventen in den einzelnen Funktionsbereichen, sowohl innerhalb des nächsten Jahres als auch innerhalb der nächsten drei Jahre, verbunden mit Fragen über vorgesehene Einsatzgebiete und innerbetriebliche Ausbildung.

Der Bereich **Anforderungsprofil: Persönlichkeit** umfaßte folgende Kriterien:

* Eigeninitiative
* Selbständigkeit
* Dynamik
* Kreativität
* Flexibilität bezüglich Unternehmensumfeld
* Leistungsbereitschaft
* Begeisterungsfähigkeit
* Anpassungsfähigkeit
* Teamfähigkeit
* Analytische Fähigkeiten
* Organisatorisches Geschick
* Präzision
* Kundenorientiertes Denken
* Verhandlungsgeschick
* Verbaler Ausdruck
* Schriftlicher Ausdruck
* Unternehmerisches Denken
* Führungsqualitäten

Die recht umfassende Zusammenstellung der persönlichen Eigenschaften sollte einerseits dem Befragten die Möglichkeit bieten, Kriterien bewerten zu können, bei welchen unter Umständen Kompromisse notwendig sind. Andererseits sollten sich dadurch auch Gegensätze, wie sie etwa zwischen Präzision und Kreativität bestehen können, herauskristallisieren.

Der Kernbereich der Fragen betraf das **Anforderungsprofil: Ausbildung an der WU**. Hier wurde zu Beginn danach gefragt, welche Rolle einige, das Studium im Allgemeinen betreffende Sachverhalte bei einer Aufnahme spielen:

* Wahl der Studienrichtung
* Wahl von Spezialgebieten
* Thema der Diplomarbeit
* Prüfungserfolge (Noten)
* Studiendauer

Daran anschließend reihten sich die Fragen nach den entsprechenden fachlichen Fähigkeiten und Kenntnissen:

Betriebswirtschaft:

* Buchhaltung, Bilanzierung
* Bilanz- und Cash-flow-Analyse
* Steuerlehre
* Kostenrechnung
* Kosten - Nutzen - Analyse
* Investitionsplanung
* Finanzierung
* Marketing
* Werbung
* Marktforschung
* Außenwirtschaft, Export
* Logistik
* Produktionsplanung
* Lagerhaltung
* Organisation
* Projektmanagement

Volkswirtschaft:

* Volkswirtschaftstheorie
* Volkswirtschaftspolitik
* Finanzwissenschaft

Recht:

* Privatrecht
* Verfassungsrecht
* Verwaltungsrecht
* Finanzrecht
* Arbeitsrecht
* Sozialrecht

Mathematik, Statistik:

* Grundkenntnisse Mathematik
* Grundkenntnisse Statistik
* Ökonometrie
* Prognoseverfahren
* Optimierungstechniken
* Netzplantechnik

Informatik:

* EDV-Anwenderkenntnisse
* Programmierkenntnisse
* EDV-Projektorganisation
* EDV-Systemkenntnisse

Sprachen:

* Englisch
* Französisch
* Italienisch
* Spanisch
* Portugiesisch
* Russisch
* Slawische Sprachen
* Arabisch
* Japanisch
* Chinesisch

Die Auswahl der einzelnen Kriterien (insbesondere bei Recht und Sprachen) richtete sich danach, welche Kenntnisse in Lehrveranstaltungen an der WU erworben werden können.

Den Abschluß dieses Kriterienkomplexes bildeten Fragen nach Kombinationen von Fremdsprachen und nach zusätzlichen Fachgebieten, aus denen WU-Absolventen Kenntnisse besitzen sollten.

Der Bereich **Anforderungsprofil: Sonstiges** umfaßte Fragen, die über das Studium an der WU hinausgehende Aktivitäten beziehungsweise Sachverhalte betreffen und im Rahmen eines Anforderungsprofils das Umfeld der eigentlichen Ausbildung beleuchten sollen:

* Mitarbeit in der ÖH (Studentische Selbstverwaltung)
* Mitarbeit in sozialen Organisationen
* Mitarbeit in politischen Organisationen
* (Einschlägige) Ferialpraxis
* (Einschlägige) Nebenjobs
* Auslandsaufenthalte
* Einschlägige Auslandsstudien
* HTL - Matura
* Technisches Verständnis
* Zweitstudium
* Post - Graduate Ausbildung
* Familienstand
* Geschlecht

Im Kapitel **Ausbildungsprioritäten** wurde einerseits nach der Rangordnung der Bereiche Persönlichkeit, Ausbildung an der WU und Sonstiges gefragt und andererseits die Möglichkeit einer alternativen Ausbildung im Rahmen eines zweijährigen Bakkalaureates zusammen mit den damit verbundenen Konsequenzen zur Diskussion gestellt.

Jedes der oben explizit angeführten Kriterien war nach Funktionsbereichen differenziert zu bewerten, um unterschiedlichen Anforderungen an WU-Absolventen in verschiedenen Aufgabenbereichen Rechnung tragen zu können. Aus praktischen Gründen wurden die Funktionsbereiche zu vier Gruppen zusammengefaßt:

MANAGEMENT:	Unternehmensführung, Stabsfunktionen, Planung, Assistenz der Geschäftsleitung
ADMINISTRATION:	Buchhaltung, Kostenrechnung, Controlling, Personalwesen, Organisation, EDV
PRODUKTION:	Beschaffung, Lagerhaltung, Produktplanung
VERTRIEB:	Marketing, Werbung, Verkauf, Public Relation

Daraus ergab sich für den Fragebogen letztlich eine Matrixorganisation. Die einzelnen Zeilen beinhalteten die zu bewertenden Kriterien, während die vier Funktionsbereichsgruppen, für welche die Bewertung gesondert vorzunehmen war, die Spalten der Matrix repräsentierten. Die Bewertung selbst erfolgte nach der Bedeutung der einzelnen Kriterien für die Auswahl von WU-Absolventen als Mitarbeiter der befragten Unternehmung. Dabei fand eine vierstellige **Ordinalskala** - eine Skala, auf der die einzelnen Zahlen eine Rangordnung der Merkmalsausprägungen repräsentieren - mit folgendem Kodierungsschema Verwendung:

1 = minimale Bedeutung
2 = unterdurchschnittliche Bedeutung
3 = überdurchschnittliche Bedeutung
4 = maximale Bedeutung

Die entsprechende Bewertung war in das jeweilige, durch Kriterium und Funktionsbereichsgruppe spezifizierte Feld einzutragen. Zwischenwerte durften nicht vergeben werden.

Der Begriff des WU-Absolventen umfaßte alle Personen, die an der WU ein ordentliches Studium der Richtungen Betriebswirtschaft, Handelswissenschaften, Volkswirtschaft oder Wirtschaftspädagogik erfolgreich abgeschlossen haben und über keine, ein Jahr überschreitende, einschlägige Berufserfahrung verfügen.

3.1.2.3 Rücklauf:

Von den 600 angeschriebenen Unternehmungen beziehungsweise Öffentlichen Stellen kamen knapp unter 100 Antworten zurück. Darunter waren 77 korrekt ausgefüllte Fragebögen, was einer Rücklaufquote von 13% entspricht.

Daneben langten 17 Antworten ohne einen für die Auswertung verwertbaren Fragebogen ein. Diese lassen sich grundsätzlich in drei Gruppen gliedern. Ein Teil beinhaltete unkorrekt ausgefüllte und damit für die Studie nicht zu verwendende Fragebögen. Eine zweite Gruppe teilte mit, daß sie grundsätzlich keinen Bedarf an WU-Absolventen hat und daher von der Bewertung absieht. Schließlich wurde von Unternehmungen aus dem steirischen beziehungsweise oberösterreichischen Raum das Argument genannt, daß zwar ein Bedarf an Absolventen der Sozial-

und Wirtschaftswissenschaften besteht, der jedoch ausschließlich durch Absolventen der Grazer beziehungsweise Linzer Universität gedeckt wird.

Als Grund für den doch eher geringen Rücklauf können zwei Faktoren angeführt werden. Einerseits fiel die Befragung in die Urlaubszeit, in der tendenziell weniger Personal und damit auch weniger Zeit für derartige Anliegen zur Verfügung stehen.

Andererseits war der Umfang des Fragebogens relativ groß. Insgesamt beinhaltete er über 350 zu beantwortende Fragepunkte, wofür zwischen 45 Minuten und einer Stunde zu veranschlagen sind.

3.2 Auswertung:

Es stehen nun 77 Fragebögen der Schriftlichen Befragung und 25 Fragebögen aus den Interviews zur Verfügung. Somit sind für die statistische Auswertung 102 Fälle heranzuziehen.

Von diesen 102 Unternehmungen, beziehungsweise öffentlichen Stellen, gehören 41 Prozent der Branche: "Verarbeitendes Gewerbe und Industrie" (3/4/5 gemäß ÖSTZ), 25 Prozent der Branche: "Geld- u. Kreditwesen, Privatversicherung, Wirtschaftsdienste" (9A gemäß ÖSTZ) und 22 Prozent der Branche: "Handel" (7A gemäß ÖSTZ) an. Die restlichen 12 Prozent verteilen sich auf die übrigen Branchen!

53 Prozent der antwortenden Unternehmungen beziehungsweise öffentlichen Stellen haben ihren Sitz in Wien und 19 Prozent in Oberösterreich. Die verbleibenden 28 Prozent verteilen sich etwa gleichmäßig auf die restlichen Bundesländer!

Um die Daten aus den Interviews und jene aus der schriftlichen Befragung miteinander vergleichbar zu machen, werden die Interviewdaten jenen Funktionsbereichsgruppen zugeordnet, für die der größte Teil der Neueinstellungen von WU-Absolventen geplant ist. Diese Funktionsbereichsgruppen sind auch bei der Beurteilung der einzelnen Kriterien mit dem stärksten Gewicht eingegangen. Diese Vorgangsweise bringt zwar eine gewisse Verzerrung mit sich, ermöglicht jedoch die gemeinsame Analyse von Interviews und schriftlichen Befragungen!

3.2.1 Eckdaten:

Im ersten Schritt soll ein Überblick über die Bewertungsergebnisse der zu beurteilenden Kriterien gegeben werden. Es handelt sich dabei um 81 Variable (Vgl. Abschnitt 3.1.2.2) für jeweils vier Funktionsbereichsgruppen (Administration, Management, Produktion und Vertrieb).

Da nicht alle Unternehmungen für alle vorgegebenen Funktionsbereichsgruppen Einstellungen von WU-Absolventen planen, sind bei den ausgefüllten Fragebögen klarerweise auch nicht immer für alle Funktionsbereiche Bewertungen abgegeben worden. Dies bedeutet jedoch, daß für die einzelnen Funktionsbereichsgruppen unterschiedlich große Teilstichproben vorliegen.

Es sollen nun vorerst diese Teilstichproben zusammengefaßt werden, wodurch für die einzelnen Variablen jetzt mehr Werte vorliegen (235 Bewertungen pro Kriterium). Somit läßt sich eine Globalauswertung unabhängig vom jeweiligen Funktionsbereich durchführen, und das Auftreten einzelner Bewertungen insgesamt kann ausgezählt werden.

Die größte gesamte Anzahl von Bewertungen mit **4** (=maximale Bedeutung) liegt bei folgenden Kriterien vor:

Leistungsbereitschaft	177	(75,3%)
Englisch	153	(65,1%)
Unternehmerisches Denken	147	(62,6%)

Bei 75,3 Prozent aller Bewertungen wurde dem Kriterium "Leistungsbereitschaft" maximale Bedeutung beigemessen.

Die Kriterien mit der größten Gesamtzahl von Bewertungen mit **1** (=minimale Bedeutung) sind die Sprachen:

Chinesisch	224	(95,3%)
Arabisch	220	(93,6%)
Japanisch	209	(88,9%)

und die von den Sprachen verschiedenen Kriterien:

Familienstand	161	(68,5%)
Mitarbeit in polit. Org.	147	(62,6%)
Mitarbeit in der ÖH	142	(60,4%)

Eine getrennte Betrachtung der Gruppen Persönlichkeit, Ausbildung und Sonstiges weist folgende Struktur auf:

ANFORDERUNGSPROFIL: PERSÖNLICHKEIT:

Die Kriterien mit der größten Gesamtzahl von Bewertungen mit **4** (=maximale Bedeutung) sind:

Leistungsbereitschaft	177	(75,3%)
Unternehmerisches Denken	147	(62,6%)
Eigeninitiative	123	(52,3%)
Kundenorientiertes Denken	123	(52,3%)

Die Kriterien mit der größten Gesamtzahl von Bewertungen mit **1** (=minimale Bedeutung) sind:

Kundenorientiertes Denken	20	(8,5%)
Schriftlicher Ausdruck	17	(7,2%)
Verhandlungsgeschick	16	(6,8%)
Führungsqualitäten	16	(6,8%)

ANFORDERUNGSPROFIL: AUSBILDUNG:

Die Kriterien mit der größten Gesamtzahl von Bewertungen mit **4** (=maximale Bedeutung) sind:

Englisch	153	(65,1%)
EDV-Anwenderkenntnisse	117	(49,8%)
Kosten - Nutzen - Analyse	96	(40,9%)

Die Kriterien mit der größten Gesamtzahl von Bewertungen mit **1** (=minimale Bedeutung) sind bei den Sprachen zu finden:

Chinesisch	224	(95,3%)
Arabisch	220	(93,6%)
Japanisch	209	(88,9%)

Aber auch bei anderen Kriterien tritt die niedrigste Bewertung gehäuft auf:

Verfassungsrecht	131	(55,7%)
Verwaltungsrecht	107	(45,5%)
Volkswirtschaftstheorie	105	(44,7%)

ANFORDERUNGSPROFIL: SONSTIGES:

Die Kriterien mit der größten Gesamtzahl von Bewertungen mit **4** (=maximale Bedeutung) sind:

Ferialpraxis	52	(22,1%)
Auslandsaufenthalte	49	(20,9%)
Nebenjobs	37	(15,7%)

Die Kriterien mit der größten Gesamtzahl von Bewertungen mit **1** (=minimale Bedeutung) lauten:

Familienstand	161	(68,5%)
Mitarbeit in polit. Org.	147	(62,6%)
Mitarbeit in der ÖH	142	(60,4%)

Im nächsten Schritt sollen die Funktionsbereichsgruppen **Management, Administration, Produktion** und **Vertrieb** getrennt analysiert werden. Dabei werden die Auszählungen jedoch nur für die Kriterien des Bereiches "Anforderungsprofil: Ausbildung" durchgeführt, da naturgemäß hier die größten Bewertungsunterschiede zwischen den einzelnen Funktionsbereichsgruppen vorliegen. Darüberhinaus werden die Sprachen von der Analyse ausgeklammert, weil die asiatischen Sprachen in allen Funktionsbereichen sehr niedrig beurteilt werden.

MANAGEMENT:

Die Kriterien mit der größten Anzahl von Bewertungen mit **4** (=maximale Bedeutung) lauten:

Finanzierung	26	(48,2 %)
Kosten - Nutzen - Analyse	25	(46,3 %)
Bilanzanalyse	24	(44,4 %)

Die Kriterien mit der größten Anzahl von Bewertungen mit **1** (=minimale Bedeutung) lauten:

Verfassungsrecht	25	(46,3 %)
EDV - Systemkenntnisse	22	(40,7 %)
Diplomarbeitsthema	22	(40,7 %)

ADMINISTRATION:

Die Kriterien mit der größten Anzahl von Bewertungen mit **4** (=maximale Bedeutung) lauten:

EDV-Anwenderkenntnisse	52	(67,5 %)
Buchhaltung, Bilanzierung	48	(62,3 %)
Bilanzanalyse	48	(62,3 %)

Die Kriterien mit der größten Anzahl von Bewertungen mit **1** (=minimale Bedeutung) lauten:

Verfassungsrecht	42	(54,6 %)
Volkswirtschaftstheorie	40	(52,0 %)
Volkswirtschaftspolitik	35	(45,5 %)

PRODUKTION:

Die Kriterien mit der größten Anzahl von Bewertungen mit **4** (=maximale Bedeutung) lauten:

EDV-Anwenderkenntnisse	18	(48,7 %)
Produktionsplanung	16	(43,2 %)
Kosten - Nutzen - Analyse	14	(37,8 %)

Die Kriterien mit der größten Anzahl von Bewertungen mit **1** (=minimale Bedeutung) lauten:

Verfassungsrecht	24	(64,9 %)
Verwaltungsrecht	22	(59,5 %)
Finanzwissenschaft	18	(48,7 %)

VERTRIEB:

Die Kriterien mit der größten Anzahl von Bewertungen mit **4** (=maximale Bedeutung) lauten:

Marketing	52	(77,6 %)
Marktforschung	31	(46,3 %)
Werbung	30	(44,8 %)

Die Kriterien mit der größten Anzahl von Bewertungen mit **1** (=minimale Bedeutung) lauten:

Verfassungsrecht	40	(59,7 %)
Verwaltungsrecht	38	(56,7 %)
Volkswirtschaftstheorie	30	(44,8 %)

Bei dieser differenzierten Betrachtung zeigt sich, daß die in besonderem Maße geforderten Fähigkeiten und Kenntnisse sehr stark vom jeweiligen Funktionsbereich abhängen, während sich die Fähigkeiten und Kenntnisse, denen minimale Bedeutung beigemessen wird, zwischen den einzelnen Funktionsbereichsgruppen weniger stark unterscheiden.

3.2.2 Faktorenanalyse:

Grundsätzlich sind bei der Erstellung des Anforderungsprofils möglichst viele Variable in die Analyse einzubeziehen, um einerseits die gesamte Bandbreite der geforderten Qualifikationen und Eigenschaften erfassen zu können und andererseits durch feine Differenzierung Unterschiede entsprechend hervorzuheben. Diesen Vorteilen einer großen Zahl von Variablen steht jedoch das Problem der Unübersichtlichkeit bei der Auswertung entgegen. Entsprechende Kennzahlen lassen sich sinnvollerweise nur mehr für eine kleine, repräsentative Auswahl von Variablen angeben, da andernfalls aussagekräftige Schlußfolgerungen nur mehr schwer gezogen werden können. Eben diese Vorgangsweise wurde im vorigen Abschnitt gewählt. Dies bedeutet jedoch auch einen Informationsverlust, der letztlich zu Verzerrungen des Gesamtbildes führen kann. Eine statistische Methode zur Überwindung der genannten Problematik stellt die **Faktorenanalyse** dar.

3.2.2.1 Methodische Grundlagen der Faktorenanalyse:

Ziel dieser Analysemethode, einem Verfahren der multivariaten Statistik, ist die Reduktion der Vielzahl von Einflußfaktoren auf eine relativ geringe Zahl von wesentlichen Erklärungsgrößen[3]. Es sollen somit aus den oben genannten 81 Kriterien entscheidende, statistisch voneinander unabhängige, hypothetische Einflußgrößen (Faktoren) herausgefiltert werden, welche dann der weiteren Auswertung zuzuführen sind.

Ausgangspunkt einer derartigen Analyse ist der jeweilige Zusammenhang zwischen den einzelnen Variablen in Form des Korrelationskoeffizienten. Vor Ermittlung dieser Korrelationen wird die Ausgangsdatenmatrix standardisiert, indem von jedem Beobachtungswert jeder einzelnen Variablen der jeweilige Mittelwert abgezogen wird und die daraus resultierende Differenz durch die jeweilige Standardabweichung dividiert wird. Standardisierte Variable haben den Mittelwert Null und die Varianz Eins[4].

Der Korrelationskoeffizient liegt zwischen minus Eins und plus Eins. Bei stochastischer Unabhängigkeit ist der Korrelationskoeffizient Null. Je mehr sich der Wert plus Eins nähert, umso stärker ist der zugrundeliegende, positive lineare Zusammenhang, während ein Wert nahe minus Eins einen starken negativen, linearen Zusammenhang repräsentiert. Üblicherweise wird nun zwischen einigen Variablen ein stärkerer Zusammenhang, das heißt eine höhere Korrelation, und zwischen anderen Variablen ein schwächerer Zusammenhang, das heißt eine geringere Korrelation, bestehen.

Im Rahmen der Faktorenanalyse wird nun das Zustandekommen dieser Korrelationen dahingehend interpretiert, daß hinter den ursprünglichen Variablen einige wenige gemeinsame Faktoren stehen, die diese Zusammenhänge zwischen den jeweiligen Variablen bestimmen und die

[3] Vgl. K. Backhaus, B. Erichson, W. Plinke, Chr. Schuchard-Ficher, R. Weiber, Multivariate Analysemethoden, 4.Auflage, Springer Verlag 1987, S.67 f.

[4] Vgl. K. Backhaus et al., a.a.O. S. 71 ff.

voneinander unabhängig sind[5]. Diese Faktoren sind als hypothetische Variable, als hypothetische Einflußgrößen zu betrachten.

Im nächsten Schritt sind nun diese Faktoren zu bestimmen. Dabei wird die Hypothese unterstellt, daß jeder Wert der ursprünglichen Variablen eine Linearkombination dieser hypothetischen Faktoren darstellt. Das heißt, daß jeder Variablenwert im deterministischen Fall letztlich als gewichtete Summe der Werte der einzelnen Faktoren angeschrieben werden kann[6]:

(3.1) $$z_i = l_{i1} * f_1 + l_{i2} * f_2 + ... + l_{ij} * f_j + \quad ... \quad + l_{iq} * f_q$$

z_i ,	$i=1,...,n$	ist die i-te von insgesamt n ursprünglichen Variablen in standardisierter Form
f_j ,	$j=1,...,q$	ist der j-te Faktor von insgesamt $q<n$ hypothetischen Faktoren
l_{ij} ,	$j=1,...,q$	ist das Gewicht (=Faktorenladung), mit dem der j-te Faktor die i-te ursprüngliche Variable beeinflußt.

In Matrixschreibweise lautet dieser Zusammenhang:

(3.2) $$Z = L * F$$

Die Gewichte l_{ij} werden Faktorladungen genannt und geben die Stärke des jeweiligen Zusammenhanges zwischen den einzelnen Faktoren (den hypothetischen, künstlichen Variablen) und der betrachteten ursprünglichen Variablen an. Diese Faktorenladungen repräsentieren somit Korrelationen zwischen Faktoren und ursprünglichen Variablen und wären grundsätzlich gemäß dem Fundamentaltheorem der Faktorenanalyse aus den Korrelationen zwischen den ursprünglichen Variablen ableitbar.

Das **Fundamentaltheorem der Faktorenanalyse** beschreibt den Zusammenhang zwischen der Korrelationsmatrix der standardisierten Ausgangsdaten und den Faktoren und besagt, daß die

---

[5] Vgl. K. Backhaus et al., a.a.O. S. 74

[6] Vgl. K. Backhaus et al., a.a.O. S. 74 f.

standardisierte Korrelationsmatrix der Ausgangsdaten S durch die mit ihrer Transponierten multiplizierte Faktorenladungsmatrix L abgebildet werden kann[7]:

(3.3) $$S = L * L'$$

Es ist nun aber weiter zu fragen, welcher Anteil der gesamten Varianz einer Ausgangsvariablen durch die gemeinsamen Faktoren erklärt werden kann. Dieser Anteil wird **Kommunalität** genannt und errechnet sich als die Summe der Faktorenladungen aller Faktoren in Bezug auf die jeweilige ursprüngliche Variable. Üblicherweise liegen die Kommunalitäten unter Eins, da ein gewisser Teil der Varianz einer Variablen in der Regel auf die Spezifika dieser Variablen zurückzuführen ist und nicht durch dahinterstehende, gemeinsame Faktoren erklärt werden kann. Dies bedeutet jedoch, daß die einzelnen Faktorenladungen nicht mehr nur aus den ursprünglichen Korrelationen zwischen den jeweiligen Ausgangsvariablen hergeleitet werden können, sondern auch die Kommunalitäten in der Berechnung zu berücksichtigen sind[8]. Unter Einbeziehung der durch die Faktoren nicht erklärten Varianzanteile der ursprünglichen Variablen - der Einzelrestvarianzmatrix V - hat das Fundamentaltheorem jetzt folgende Gestalt[9]:

(3.4) $$\hat{S} = L * L' + V$$

Es stellt sich daher das Problem, diese Kommunalitäten a priori zu schätzen, da sie ja vor Kenntnis der Faktorenladungen nicht direkt ermittelt werden können.

In der vorliegenden Analyse wird als Schätzwert für die Kommunalitäten der jeweils höchste aller Korrelationskoeffizienten einer ursprünglichen Variablen mit allen anderen ursprünglichen Variablen herangezogen[10].

Sind die Kommunalitäten geschätzt und ist daher die Einzelrestvarianzmatrix V bestimmt, können die Faktorenladungen aus der Beziehung des modifizierten Fundamentaltheorems (3.4)

---

[7] Vgl. K. Backhaus et al., a.a.O. S. 76

[8] Vgl. K. Backhaus et al., a.a.O. S. 85 f.

[9] Vgl. K. Backhaus et al., a.a.O. S. 86

[10] Vgl. K. Backhaus et al., a.a.O. S. 87

durch Hauptachsentransformation an der reduzierten Korrelationsmatrix $\hat{S}_r = \hat{S} - V$ ermittelt werden. Dieses Verfahren der Bestimmung der Faktorenladungen wird **Hauptfaktorenanalyse** genannt[11].

Ein weiteres Problem ist die Anzahl und die Auswahl der Faktoren, die letztlich als Erklärungsgrößen herangezogen werden sollen. Als Entscheidungsgrundlage ist hier der sogenannte **Eigenwert** heranzuziehen, der sich als die Summe der quadrierten Faktorladungen über alle ursprünglichen Variablen in Bezug auf den jeweils betrachteten Faktor ergibt. Der Eigenwert eines Faktors gibt den Anteil an der Varianz aller ursprünglichen Variablen an, der durch diesen Faktor erklärt wird[12].

In der vorliegenden Analyse wird für die Auswahl der Faktoren das Kaiser-Kriterium verwendet, demgemäß jene Faktoren als Erklärungsgrößen heranzuziehen sind, deren Eigenwert größer als Eins ist[13].

Ist nun die Zahl der Faktoren festgelegt und sind die Faktorenladungen ermittelt, so stellt sich nun das Problem der Interpretation dieser hypothetischen Variablen, die vorerst rein abstrakte Größen sind. Da aber die Faktorladungen die Korrelation zwischen Faktor und ursprünglichen Variablen repräsentieren, kann daraus nicht nur die Stärke des Einflusses des Faktors auf die ursprünglichen Variablen abgeleitet werden, sondern auch umgekehrt der Einfluß der ursprünglichen Variablen auf den Faktor abgelesen werden. Die Faktorenladungen, die definitionsgemäß zwischen minus Eins und plus Eins liegen, zeigen an, aus welchen ursprünglichen Variablen sich der jeweilige Faktor im Wesentlichen zusammensetzt. Hohe positive Faktorenladungen bedeuten, daß die jeweiligen ursprünglichen Variablen einen starken Einfluß auf den Faktor haben, wobei häufig der Wert von 0,5 als Schwelle für die Zuordnung einer Variablen zu einem Faktor Verwendung findet[14].

---

[11] Vgl. F. Ost, Faktorenanalyse, in: L. Fahrmeier, A. Hamerle (Hrsg.), Multivariate statistische Verfahren, Walter de Gruyter 1984, S. 605 f.

[12] Vgl. K. Backhaus et al., a.a.O. S. 90 f.

[13] Vgl. K. Backhaus et al., a.a.O. S. 90

[14] Vgl. K. Backhaus et al., a.a.O. S. 92

Da die Betrachtung der einzelnen Faktorenladungen nicht immer zu klaren Schlußfolgerungen führt, ist es in vielen Fällen sinnvoll, eine Transformation der Faktorenladungen derart durchzuführen, daß einerseits die Aussage der Faktorenstruktur unverändert bleibt und andererseits jedoch die Trennschärfe zwischen Variablen, die stark und Variablen, die nur sehr schwach auf den jeweiligen Faktor wirken, erhöht wird. Derartige Vorgangsweisen entsprechen einer Drehung des Koordinatenkreuzes in einer zugrundeliegenden graphischen Darstellung und werden daher **Rotation** genannt[15]. Bleibt die Unabhängigkeit der einzelnen Faktoren erhalten, spricht man von einer orthogonalen Rotation. Die gebräuchlichste orthogonale Rotation ist die VARIMAX-Rotation, welche auch in der vorliegenden Studie zur Anwendung gelangt. Diese Rotationsmethode besteht in der Maximierung der Varianz der Faktorenladungsquadrate unter Beibehaltung der Unabhängigkeit der einzelnen Faktoren von jeweils allen anderen Faktoren[16].

Nachdem nun derart Faktoren abgeleitet und entsprechend interpretiert worden sind, kann der Sachverhalt, der zuerst durch eine Vielzahl von Variablen beschrieben worden ist, jetzt durch eine relativ geringere Zahl von künstlichen Variablen, eben den Faktoren, dargestellt werden. Für die weitere Analyse ist es jedoch darüberhinaus von Interesse, welche Werte diese neuen Variablen für die einzelnen Beobachtungen annehmen. Sind die einzelnen Faktorenladungen bekannt, können aus diesen und den Ausgangsdaten über die oben angeführte Linearkombination (3.2) prinzipiell die sogenannten **Faktorwerte** abgeleitet werden[17]:

(3.5) $$F = L^{-1} * Z$$

Es ist jedoch festzuhalten, daß bei diesem Analyseschritt bei nicht quadratischen Faktorenstrukturen spezielle Schätzverfahren - oft heuristischer Natur - anzuwenden sind[18]!

Damit ist schließlich die in den Ausgangsdaten enthaltene Information durch eine verringerte Zahl von Variablen, den Faktoren, und deren Ausprägungen für die einzelnen Beobachtungen,

---

[15] Vgl. K. Backhaus et al., a.a.O. S. 92

[16] Vgl. F. Ost, a.a.O. S. 613 f.

[17] Vgl. K. Backhaus et al., a.a.O. S. 93 f.

[18] Vgl. K. Backhaus et al., a.a.O. S. 95

den Faktorwerten, in verdichteter Form wiedergegeben. Diese Faktoren und deren Faktorwerte können nun wieder den üblichen Methoden der deskriptiven Statistik unterworfen werden.

3.2.2.2 Gemeinsame Faktoren des Anforderungsprofils:

Es sollen nun die 81 oben genannten Variablen des Anforderungsprofils im Rahmen einer Faktorenanalyse auf eine überschaubare Anzahl von Einflußgrößen reduziert werden. Zur Durchführung der Berechnungen wird die Prozedur FACTOR des Statistik - Programmpaketes SAS verwendet.

Erste Untersuchungen unseres Datenmaterials haben gezeigt, daß aufgrund des relativ geringen Stichprobenumfanges getrennte Analysen der einzelnen Funktionsbereichsgruppen zu keinen brauchbaren Ergebnissen führen. Deshalb war es notwendig, die Teilstichproben der Funktionsbereiche wiederum zusammenzufassen. Dies scheint insofern gerechtfertigt, als die Faktorenanalyse vorerst nach Zusammenhängen zwischen Variablen sucht und diese auch aus der Gesamtstichprobe ableitbar sind.

Verschiedene Versuche haben zu folgender Gruppierung der ursprünglichen Variablen geführt. Die Kriterien der Persönlichkeit werden mit den, das Studium im Allgemeinen betreffenden Kriterien zusammengefaßt. Die Variablen des Ausbildungsbereiches Betriebswirtschaft bilden eine eigene Gruppe, während die Variablen der Ausbildungsbereiche Volkswirtschaft, Recht, Mathematik und Statistik sowie Informatik wieder eine Gruppe bilden. Die Sprachen und die unter Sonstiges fallenden Kriterien bilden jeweils eine weitere eigene Gruppe. Die Faktorenanalyse wird somit für die fünf Gruppen von Variablen getrennt durchgeführt.

Die Schätzung der Kommunalitäten, die Festlegung der Zahl der zu extrahierenden Faktoren sowie die Rotationsmethode werden gemäß den Angaben im vorigen Abschnitt durchgeführt.

Die Analyse der ersten Gruppe von Variablen (Persönlichkeit und Studium im Allgemeinen) führt zu drei Faktoren. Der erste Faktor enthält die höchsten Faktorenladungen bei Verhandlungsgeschick, Verbalem Ausdruck, Kundenorientiertem Denken, Eigeninitiative, Dynamik, Kreativität, Begeisterungsfähigkeit, Selbständigkeit, Schriftlichem Ausdruck, Flexibilität und Unternehmerischem Denken. Er soll daher mit **Dispositionsfähigkeit** bezeichnet werden. Der zweite Faktor weist die höchsten Ladungen bei Organisatorischem Geschick, Analytischen

Fähigkeiten, Teamfähigkeit, Präzision, Führungsqualitäten, Unternehmerischem Denken und Leistungsbereitschaft auf und kann somit die **Sachmotivation** repräsentieren. Der dritte Faktor wird am Stärksten durch die Variablen Noten, Studiendauer, Diplomarbeitsthema, Spezialgebiete und Studienrichtung beeinflußt, weshalb er **Studium** genannt werden soll. Das gesamte rotierte Faktorenmuster zeigt folgendes Bild:

	Dispositions-fähigkeit	**Sach-motivation**	**Studium**
Eigeninitiative	**0,66**	0,24	0,03
Selbständigkeit	**0,54**	0,29	-0,04
Dynamik	**0,64**	0,21	0,04
Kreativität	**0,57**	0,19	0,06
Flexibilität	**0,51**	0,31	-0,11
Leistungsbereitschaft	0,34	**0,39**	0,15
Begeisterungsfähigkeit	**0,57**	0,30	0,11
Anpassungsfähigkeit	0,16	0,31	-0,08
Teamfähigkeit	0,19	**0,44**	0,08
Analytische Fähigkeiten	0,03	**0,55**	0,08
Organisator. Geschick	0,13	**0,60**	0,05
Präzision	-0,15	**0,43**	0,15
Kundenorientiert. Denken	**0,72**	-0,15	0,04
Verhandlungsgeschick	**0,80**	-0,05	0,06
Verbaler Ausdruck	**0,76**	-0,03	0,06
Schriftlicher Ausdruck	**0,51**	0,19	0,07
Unternehmerisch. Denken	**0,41**	**0,40**	-0,08
Führungsqualitäten	0,20	**0,42**	0,09
Studienrichtung	0,06	0,003	**0,36**
Spezialgebiete	0,07	0,09	**0,41**
Diplomarbeitsthema	-0,04	0,03	**0,49**
Noten	-0,002	0,09	**0,68**
Studiendauer	0,04	0,04	**0,57**

Die Analyse der Betriebswirtschaftskriterien ergibt ebenfalls drei Faktoren. Der erste Faktor weist die höchsten Ladungen bei den Variablen Bilanzanalyse, Buchhaltung, Steuerlehre, Finanzierung, Kostenrechnung, Kosten-Nutzen-Analyse und Investitionsplanung auf und soll daher **Rechnungswesen** genannt werden. Der zweite Faktor wird am Stärksten von den Variablen Werbung, Marketing, Marktforschung und Export beeinflußt. Dieser Faktor kann mit **Marketing** bezeichnet werden. Der dritte Faktor zeigt starken Zusammenhang mit den Kriterien Produktionsplanung, Lagerhaltung, Logistik und Organisation, weshalb er mit **Produktion** umschrieben werden kann. Die Variable "Projektmanagement" ist nicht eindeutig zuordenbar, da dieses Kriterium fast immer relativ hoch bewertet wurde und somit zu allen anderen Variablen ähnliche Korrelationen aufweist. Insgesamt sieht das rotierte Faktorenmuster folgendermaßen aus:

	Rechnungswesen	**Marketing**	**Produktion**
Buchhaltung	**0,80**	-0,18	-0,12
Bilanzanalyse	**0,86**	-0,06	-0,15
Steuerlehre	**0,79**	-0,17	-0,14
Kostenrechnung	**0,67**	-0,05	0,31
Kosten-Nutzen-Analyse	**0,66**	0,11	0,32
Investitionsplanung	**0,66**	-0,09	0,21
Finanzierung	**0,71**	-0,03	-0,05
Marketing	-0,03	**0,85**	-0,02
Werbung	-0,06	**0,87**	-0,01
Marktforschung	-0,11	**0,81**	0,16
Export	-0,09	**0,54**	-0,01
Logistik	0,09	0,12	**0,58**
Produktionsplanung	-0,14	-0,09	**0,74**
Lagerhaltung	-0,08	-0,07	**0,74**
Produktion	0,18	0,08	**0,53**
Projektmanagement	0,29	0,21	0,26

	Qu. Methoden	**Ökonomik**	**Recht**	**Informatik**
Volkswirtschaftstheorie	0,18	**0,83**	0,07	0,005
Volkswirtschaftspolitik	0,14	**0,87**	0,08	0,02
Finanzwissenschaft	0,07	**0,75**	0,29	0,13
Privatrecht	0,08	0,30	**0,47**	0,13
Verfassungsrecht	-0,12	0,48	**0,63**	0,11
Verwaltungsrecht	-0,003	0,40	**0,70**	0,12
Finanzrecht	0,26	0,10	**0,64**	0,14
Arbeitsrecht	0,24	-0,13	**0,66**	0,21
Sozialrecht	0,31	0,002	**0,67**	0,20
Mathematik	**0,67**	-0,13	0,22	0,02
Statistik	**0,80**	-0,02	0,11	0,04
Ökonometrie	**0,63**	0,21	0,15	0,09
Prognoseverfahren	**0,59**	0,14	0,14	0,08
Optimierungstechniken	**0,67**	0,13	0,03	0,16
Netzplantechnik	**0,53**	0,20	0,01	0,35
EDV-Anwenderkenntnisse	0,14	-0,04	0,12	**0,55**
Programmierkenntnisse	0,11	0,08	0,06	**0,74**
EDV-Projektorganisation	0,06	0,06	0,15	**0,83**
EDV-Systemkenntnisse	0,10	0,04	0,08	**0,86**

Die dritte Gruppe der Kriterien, welche die Formal- und Hilfswissenschaften umfaßt, führt im Rahmen der Faktorenanalyse zu vier Faktoren. Der erste Faktor weist die höchsten Faktorenladungen bei Statistik, Optimierungstechniken, Mathematik, Ökonometrie, Prognoseverfahren und Netzplantechnik auf. Er soll somit durch den Begriff **Quantitative Methoden** (im folgenden mit "Qu. Methoden" abgekürzt) charakterisiert werden. Der zweite Faktor zeigt hohe Faktorenladungen bei Volkswirtschaftspolitik, Volkswirtschaftstheorie und Finanzwissenschaft und kann **Ökonomik** genannt werden. Der dritte Faktor wird stark von den Variablen Verwaltungsrecht, Sozialrecht, Arbeitsrecht, Finanzrecht, Verfassungsrecht und Privatrecht beeinflußt, weshalb er mit **Recht** umschrieben werden soll. Die höchsten Faktorenladungen des vierten Faktors scheinen bei den Variablen EDV-Systemkenntnisse, EDV-Projektorganisation, Programmierkenntnisse, EDV-Anwenderkenntnisse und Netzplantechnik auf. Dieser Faktor kann daher mit **Informatik** bezeichnet werden.

Aus den Sprachen lassen sich zwei Faktoren ableiten. Der erste Faktor zeigt hohe Ladungen bei Italienisch, Französisch, Spanisch, Englisch und Portugiesisch. Er soll mit dem Begriff **Westsprachen** umschrieben werden. Der zweite Faktor wird stark von Russisch, Japanisch, den Slawischen Sprachen, Chinesisch und Arabisch beeinflußt, weshalb er mit **Ostsprachen** benannt werden soll. Das rotierte Faktorenmuster hat folgende Gestalt:

	West-sprachen	**Ost-sprachen**
Englisch	**0,54**	0,10
Französisch	**0,79**	0,04
Italienisch	**0,79**	0,23
Spanisch	**0,74**	0,33
Portugiesisch	**0,50**	0,34
Russisch	0,11	**0,80**
Slawische Sprachen	0,13	**0,63**
Arabisch	0,23	**0,46**
Japanisch	0,19	**0,63**
Chinesisch	0,12	**0,55**

Die letzte Gruppe von Kriterien, die als Sonstiges bezeichnet wird und Aktivitäten sowie Sachverhalte, die über das Studium an der WU hinausgehen, betrifft, führt zu drei Faktoren. Der erste Faktor zeigt hohe Ladungen bei Mitarbeit in sozialen Organisationen, Mitarbeit in der Österreichischen Hochschülerschaft, Mitarbeit in politischen Organisationen, Nebenjobs und Ferialpraxis, aus welchem Grund er **Erfahrung** genannt werden soll. Dieser Begriff umfaßt sowohl berufliche Erfahrung als auch Erfahrung in sozialen und politischen Organisationen. Der zweite Faktor wird stark beeinflußt von den Kriterien Post-Graduate-Ausbildung, Auslandsstudien, Zweitstudium und Auslandsaufenthalte. Er kann somit durch den Begriff **Zusatzqualifikation** charakterisiert werden. Der dritte Faktor hat bei den Variablen Technisches Verständnis, HTL-Matura, Geschlecht und Familienstand hohe Ladungen aufzuweisen. Dieser Faktor soll mit **Technikbezug** umschrieben werden. Es zeigt sich, daß technische Qualifikation einen starken Zusammenhang mit Geschlecht und Familienstand aufweist. Die Erfahrungen aus den Interviews deuten darauf hin, daß für technische Aufgabenbereiche männliche Absolventen, die familiär noch nicht gebunden sind, bevorzugt werden. Das gesamte Faktorenmuster nach Rotation sieht folgendermaßen aus:

	Erfahrung	**Zusatzqualifikation**	**Technikbezug**
Mitarbeit in der ÖH	**0,83**	0,14	-0,002
Mitarbeit in soz. Org.	**0,84**	0,10	-0,10
Mitarbeit in polit. Org.	**0,78**	0,03	-0,04
Ferialpraxis	**0,57**	0,32	0,10
Nebenjobs	**0,60**	0,29	0,11
Auslandsaufenthalte	0,41	**0,60**	0,25
Auslandsstudien	0,27	**0,75**	0,19
HTL-Matura	0,14	0,20	**0,74**
Technisches Verständnis	0,14	0,09	**0,78**
Zweitstudium	0,03	**0,74**	-0,002
Post-Graduate-Ausbildung	0,16	**0,78**	-0,05
Familienstand	-0,12	0,06	**0,57**
Geschlecht	-0,05	-0,09	**0,62**

Die 81 ursprünglichen Variablen konnten somit auf 15 hypothetische Variable reduziert werden, wodurch eine komprimiertere Darstellung der in den Ausgangsdaten enthaltenen Information erreicht worden ist.

3.2.2.3 Auswertung der Faktorwerte:

Die SAS-Prozedur FACTOR liefert für diese Faktoren auch die entsprechenden Faktorwerte, das heißt Ausprägungen der Faktoren für die einzelnen Beobachtungen. Da der von dieser Prozedur verwendete Algorithmus vor Ermittlung der einzelnen Faktoren die Ausgangsdatenmatrix standardisiert, sind auch die aus der oben angeführten Linearkombination abgeleiteten Faktorwerte standardisiert. Dies bedeutet, daß die Verteilung jeder dieser hypothetischen Variablen in

Abhängigkeit von der jeweiligen Streuung (repräsentiert durch die Standardabweichung) skaliert wird. Eine direkte Transformation der Faktorwerte in Größen, die den Ausprägungen der ursprünglichen Variablen entsprechen, das heißt Werte von **1**, **2**, **3** oder **4** annehmen, ist daher nicht möglich.

Da die Standardisierung jedoch eine lineare Transformation darstellt, welche die Rangordnung der einzelnen Variablenausprägungen unverändert läßt, bietet sich folgende Vorgangsweise an. Für jeden einzelnen Faktor kann der **Bereich** (dies ist die Differenz zwischen dem jeweiligen Maximalwert und dem jeweiligen Minimalwert) gebildet und in Analogie zur ursprünglichen Skala in vier gleich große Teilbereiche geteilt werden. Diese Bereiche repräsentieren nun in aufsteigender Reihenfolge die vier ursprünglichen Bewertungsmöglichkeiten **1**, **2**, **3** und **4**. Jedem einzelnen Faktorwert ist sodann entsprechend dem Bereich, in dem er liegt, die jeweilige Bewertung der ursprünglichen Skala zuzuordnen. Dies bedeutet, daß allen Faktorwerten im untersten Bereich des Ranges des jeweiligen Faktors der Wert **1**, allen Faktorwerten im zweiten Bereich der Wert **2**, allen im dritten Bereich liegenden Faktorwerten der Wert **3** und allen Faktorwerten des obersten Bereiches der Wert **4** zugeordnet wird.

Die durch diese Zuordnung gewonnenen, neuen Ausprägungen der Faktoren können nun analog zu den Werten der ursprünglichen Variablen interpretiert werden. Es ist somit in weiterer Folge auch möglich, die Verteilungen der einzelnen Faktoren, das heißt der hypothetischen, neu generierten Variablen, mit den üblichen statistischen Methoden zu analysieren und im Rahmen des ursprünglichen Bewertungsschemas darzustellen.

Im Folgenden sollen die Verteilungen der Faktoren vorerst über alle Funktionsbereichsgruppen zusammen, das heißt über die Zusammenfassung der genannten Teilstichproben, präsentiert werden. Dabei ist nochmals zu beachten, daß die Faktoren abstrakte Variable sind, deren Ausprägungen aus den Werten einer Vielzahl von ursprünglichen Kriterien resultieren. Die einzelnen Bewertungen sind daher künstliche Größen, welche die ursprüngliche, in den Antworten enthaltene Information in verdichteter Form darstellen.

Die folgende Tabelle enthält für die einzelnen Faktoren den Mittelwert, den Rang der einzelnen Faktoren nach der Höhe des Mittelwertes, die Standardabweichung und den Modus (den häufigsten Wert der Verteilung):

	Mittel-wert	Rang	Standard-abweichung	Modus
Dispositionsfähigkeit	3,33	1	0,81	4
Sachmotivation	3,33	1	0,65	3
Studium	2,47	8	0,82	3
Rechnungswesen	2,98	3	0,92	4
Marketing	2,63	4	1,04	3
Produktion	2,49	7	0,86	2
Qu. Methoden	2,60	5	0,85	3
Ökonomik	1,91	13	0,77	2
Recht	2,52	6	0,81	2
Informatik	2,38	9	0,99	2
Westsprachen	2,04	12	1,02	1
Ostsprachen	1,32	15	0,72	1
Erfahrung	1,66	14	0,81	1
Zusatzqualifikation	2,19	11	0,91	2
Technikbezug	2,27	10	1,01	2

Es zeigen sich sehr deutliche Trends: die höchsten Faktorwerte haben die persönlichkeitsbezogenen Faktoren, dann folgen typische betriebswirtschaftliche Fähigkeiten (Rechnungswesen, Marketing), Quantitative Methoden und Recht. Die geringsten Faktorwerte weisen die Faktoren Ostsprachen, Erfahrung und Ökonomik auf.

Im nächsten Schritt ist es von Interesse, diese Ergebnisse der Faktorenanalyse nun für die Funktionsbereichsgruppen Management, Administration, Produktion und Vertrieb getrennt zu analysieren. Auch für die, nach Funktionsbereichsgruppen getrennte Darstellung, werden der jeweilige Mittelwert, die Standardabweichung und der jeweilige Modus (der häufigste Wert der Verteilung), jedoch nicht der Rang, angegeben:

Transformierte Faktorwerte nach Funktionsbereichen:
Mittelwert, Standardabweichung und Modus

Dispositionsfähigkeit:	Mittelwert	Standardabweichung	Modus
Management	3,57	0,57	4
Administration	2,97	0,76	3
Produktion	2,81	1,05	4
Vertrieb	3,82	0,42	4

Sachmotivation:	Mittelwert	Standardabweichung	Modus
Management	3,33	0,61	3
Administration	3,57	0,52	4
Produktion	3,30	0,81	4
Vertrieb	3,07	0,64	3

Studium:	Mittelwert	Standardabweichung	Modus
Management	2,43	0,86	3
Administration	2,48	0,82	3
Produktion	2,54	0,80	3
Vertrieb	2,46	0,82	3

Rechnungswesen:	Mittelwert	Standardabweichung	Modus
Management	3,39	0,66	4
Administration	3,42	0,77	4
Produktion	2,54	0,90	3
Vertrieb	2,40	0,84	2

Marketing:	Mittelwert	Standardabweichung	Modus
Management	3,02	0,76	3
Administration	1,94	0,83	2
Produktion	2,08	0,92	2
Vertrieb	3,43	0,76	4

Produktion:	**Mittelwert**	**Standardabweichung**	**Modus**
Management	2,41	0,74	2
Administration	2,34	0,77	2
Produktion	3,03	1,01	4
Vertrieb	2,43	0,86	2

Qu. Methoden:	**Mittelwert**	**Standardabweichung**	**Modus**
Management	2,72	0,88	3
Administration	2,64	0,86	3
Produktion	2,68	0,91	3
Vertrieb	2,43	0,76	2

Ökonomik:	**Mittelwert**	**Standardabweichung**	**Modus**
Management	2,07	0,84	2
Administration	1,78	0,72	2
Produktion	1,92	0,83	2
Vertrieb	1,93	0,72	2

Recht:	**Mittelwert**	**Standardabweichung**	**Modus**
Management	2,07	0,74	3
Administration	2,86	0,76	3
Produktion	2,16	0,83	2
Vertrieb	2,19	0,72	2

Informatik:	**Mittelwert**	**Standardabweichung**	**Modus**
Management	2,24	1,03	2
Administration	2,77	0,89	2
Produktion	2,41	0,96	2
Vertrieb	2,03	0,97	2

Westsprachen:	**Mittelwert**	**Standardabweichung**	**Modus**
Management	2,19	0,97	2
Administration	1,74	0,88	1
Produktion	1,89	1,07	1
Vertrieb	2,36	1,07	3

Ostsprachen:	**Mittelwert**	**Standardabweichung**	**Modus**
Management	1,43	0,90	1
Administration	1,21	0,55	1
Produktion	1,16	0,50	1
Vertrieb	1,46	0,80	1

Erfahrung:	**Mittelwert**	**Standardabweichung**	**Modus**
Management	1,59	0,81	1
Administration	1,65	0,85	1
Produktion	1,57	0,69	1
Vertrieb	1,76	0,82	1

Zusatzqualifikation:	**Mittelwert**	**Standardabweichung**	**Modus**
Management	2,37	0,92	2
Administration	2,05	0,92	2
Produktion	2,16	0,87	2
Vertrieb	2,21	0,93	2

Technikbezug:	**Mittelwert**	**Standardabweichung**	**Modus**
Management	2,30	1,08	1
Administration	2,08	0,94	2
Produktion	2,46	1,07	2
Vertrieb	2,37	0,97	2

Es zeigt sich, daß bei der Persönlichkeit sowie bei den über das Studium hinausgehenden Aktivitäten und Sachverhalten wesentlich geringere Unterschiede zwischen den einzelnen Funktionsbereichsgruppen vorherrschen, als bei den Faktoren, welche die Ausbildung an der WU direkt betreffen. Eine Auszählung der Antworten auf die Frage nach der Wichtigkeit der Bereiche Persönlichkeit, Ausbildung an der WU und Sonstiges, das heißt nach den generellen Anforderungsprioritäten, ergibt eine den oben dargestellten Ergebnissen entsprechende Rangordnung:

Persönlichkeit - Ausbildung - Sonstiges	78 %
Ausbildung - Persönlichkeit - Sonstiges	14 %
Persönlichkeit - Sonstiges - Ausbildung	8 %

3.2.2.4 Erstellung und Interpretation des Anforderungsprofils:

Im nächsten Schritt sind die Ergebnisse der Auswertung der Befragung zu einem möglichst klaren Anforderungsprofil zusammenzufassen. Hier bietet sich an, die einzelnen Faktoren nach der Höhe des Mittelwertes über die jeweiligen Ausprägungen absteigend zu ordnen. Diese Rangordnung, an deren oberster Stelle der Faktor mit dem größten Mittelwert und daher mit der durchschnittlich höchsten Bedeutung steht, ist für jede der oben genannten Funktionsbereichsgruppen getrennt zu erstellen. Dadurch wird erreicht, daß einerseits die relative Wichtigkeit der einzelnen Fähigkeiten und Kenntnisse - jetzt in komprimierter Form durch die Faktoren dargestellt - aufgezeigt und andererseits die Unterschiede zwischen den einzelnen Funktionsbereichsgruppen herausgearbeitet werden können. Das **aus der Befragung abgeleitete ANFORDERUNGSPROFIL** hat somit folgende Gestalt:

	Management	**Administration**	**Produktion**	**Vertrieb**
1	Dispositionsfgkt.	Sachmotivation	Sachmotivation	Dispositionsfgkt.
2	Rechnungswesen	Rechnungswesen	Produktion	Marketing
3	Sachmotivation	Dispositionsfgkt.	Dispositionsfgkt.	Sachmotivation
4	Marketing	Recht	Qu. Methoden	Studium
5	Qu. Methoden	Informatik	Studium	Produktion
6	Studium	Qu. Methoden	Rechnungswesen	Qu. Methoden
7	Produktion	Studium	Technikbezug	Rechnungswesen
8	Zusatzqualifikation	Produktion	Informatik	Technikbezug
9	Technikbezug	Technikbezug	Recht	Westsprachen
10	Informatik	Zusatzqualifikation	Zusatzqualifikation	Zusatzqualifikation
11	Westsprachen	Marketing	Marketing	Recht
12	Ökonomik	Ökonomik	Ökonomik	Informatik
13	Recht	Westsprachen	Westsprachen	Ökonomik
14	Erfahrung	Erfahrung	Erfahrung	Erfahrung
15	Ostsprachen	Ostsprachen	Ostsprachen	Ostsprachen

Faßt man die Faktoren Dispositionsfähigkeit, Sachmotivation und Studium zur Gruppe **Persönlichkeit**, die Faktoren Rechnungswesen, Marketing und Produktion zur Gruppe **Betriebswirtschaft**, die Faktoren Qu. Methoden, Ökonomik, Recht, Informatik, Westsprachen und Ostsprachen zur Gruppe **Ergänzende Fähigkeiten** und die Faktoren Erfahrung, Zusatzqualifikation und Technikbezug zur Gruppe **Sonstiges** zusammen, so ergibt sich folgende, komprimierte Darstellung:

	Management	**Administration**	**Produktion**	**Vertrieb**
1	Persönlichkeit	Persönlichkeit	Persönlichkeit	Persönlichkeit
2	Betriebswirtschaft	Betriebswirtschaft	Betriebswirtschaft	Betriebswirtschaft
3	Persönlichkeit	Persönlichkeit	Persönlichkeit	Persönlichkeit
4	Betriebswirtschaft	Ergänzende F.	Ergänzende F.	Persönlichkeit
5	Ergänzende F.	Ergänzende F.	Persönlichkeit	Betriebswirtschaft
6	Persönlichkeit	Ergänzende F.	Betriebswirtschaft	Ergänzende F.
7	Betriebswirtschaft	Persönlichkeit	Sonstiges	Betriebswirtschaft
8	Sonstiges	Betriebswirtschaft	Ergänzende F.	Sonstiges
9	Sonstiges	Sonstiges	Ergänzende F.	Ergänzende F.
10	Ergänzende F.	Sonstiges	Sonstiges	Sonstiges
11	Ergänzende F.	Betriebswirtschaft	Betriebswirtschaft	Ergänzende F.
12	Ergänzende F.	Ergänzende F.	Ergänzende F.	Ergänzende F.
13	Ergänzende F.	Ergänzende F.	Ergänzende F.	Ergänzende F.
14	Sonstiges	Sonstiges	Sonstiges	Sonstiges
15	Ergänzende F.	Ergänzende F.	Ergänzende F.	Ergänzende F.

Eine kritische Betrachtung dieses Anforderungsprofiles zeigt einmal, daß in allen Funktionsbereichsgruppen jeweils alle drei "Persönlichkeits-Faktoren" in der oberen Hälfte der Rangordnung stehen. Dabei steht in allen Funktionsbereichsgruppen ein "Persönlichkeits-Faktor" an erster Stelle! Innerhalb der ersten fünf Ränge befinden sich bei Management und Administration jeweils zwei "Persönlichkeits-Faktoren", bei Produktion und Vertrieb sogar alle drei "Persönlichkeits-Faktoren". Dies zeigt klar, daß die Persönlichkeit in den von der Wirtschaft an WU-Absolventen gestellten Anforderungen höchste Priorität einnimmt.

Den zweiten Rang nehmen in allen Funktionsbereichsgruppen "Betriebswirtschafts-Faktoren" ein, wobei im Marketing und im Vertrieb jeweils alle drei "Betriebswirtschafts-Faktoren" im obersten Drittel rangieren. Die insgesamt höchste Reihung dieser Faktoren zeigt sich im Management!

Von den, die ergänzenden Fähigkeiten beschreibenden Faktoren Qu. Methoden, Ökonomik, Recht und Informatik befinden sich in der Administration drei in der oberen Hälfte der Rangordnung, in allen anderen Funktionsbereichsgruppen jeweils nur ein Faktor. Insgesamt nehmen diese Faktoren die niedrigste Stellung im Vertrieb ein.

Die Sprachen werden durchwegs eher niedrig bewertet und befinden sich mit Ausnahme der Klassischen Sprachen im Vertrieb immer im untersten Drittel der Rangordnung. Die Ostsprachen nehmen in allen Funktionsbereichsgruppen den letzten Platz ein.

Die unter "Sonstiges" zusammengefaßten Faktoren rangieren in allen Funktionsbereichsgruppen in der unteren Hälfte der Rangordnung. Lediglich der Faktor "Technikbezug" in der Produktion kann eindeutig der oberen Hälfte zugeordnet werden. Der Faktor "Erfahrung" belegt in allen Funktionsbereichsgruppen den vorletzten Platz. Diese relativ geringe Bewertung kommt durch die Tatsache zustande, daß die Kriterien "Ferialpraxis" und "Nebenjobs" zwar fast durchwegs hoch bewertet, die Mitarbeit in der ÖH, sowie Mitarbeit in sozialen und politischen Organisationen jedoch sehr häufig niedrig beurteilt wurden. Da alle fünf dieser Kriterien - wie oben dargestellt - starken Einfluß auf diesen Faktor haben, ergeben sich insgesamt nur geringe Faktorwerte.

Betrachtet man in diesem Anforderungsprofil das oberste Drittel der Rangordnung, welches sicherlich die <u>Anforderungsprioritäten</u> darstellt, so zeigt sich im Management die breiteste Streuung von Fachwissen. In den anderen Funktionsbereichsgruppen sind die Anforderungen an das Fachwissen eher enger auf das jeweilige Tätigkeitsfeld ausgerichtet, wobei in der Administration ergänzende Fähigkeiten und Kenntnisse den Schwerpunkt bilden.

3.2.3 Vorschläge für Ausbildungsalternativen:

Im Rahmen der Erhebung des Anforderungsprofils wurden neben den eigentlich zur Bewertung vorgegebenen Kriterien auch einige offene Fragen gestellt, die den befragten Personen die Möglichkeit geben sollten, eigene Vorschläge beziehungsweise Alternativen zur derzeitigen Ausbildung zu diskutieren. Als notwendig erachtete **Kombinationen von Fremdsprachen** werden genannt:

Englisch - Französisch
Englisch - Italienisch
Englisch - Spanisch
Englisch - Slawische Sprachen
Englisch - Französisch - Italienisch
Englisch - Französisch - Spanisch
Englisch - Französisch - Russisch
Englisch - Französisch - Slawische Sprachen
Englisch - Französisch - Japanisch
Englisch - Spanisch - Italienisch
Englisch - Spanisch - Portugiesisch
Englisch - Spanisch - Slawische Sprachen
Englisch - Italienisch - Slawische Sprachen
Englisch - Russisch - Ungarisch
Englisch - Russisch - Japanisch
Französisch - Italienisch - Spanisch

Dabei sind folgende Sprachkombinationen, eventuell erweitert um eine dritte Sprache besonders häufig vertreten:

Englisch und Französisch	67 %
Englisch und Italienisch	37 %
Englisch und Spanisch	30 %
Englisch und Slawische Sprachen	24 %

Dies bedeutet zum Beispiel, daß 67 Prozent aller geforderten Sprachkombinationen sowohl Englisch als auch Französisch jedenfalls enthalten und fallweise auch noch eine andere, dritte Fremdsprache.

Die Angaben über **zusätzliche Fachgebiete**, aus denen WU-Absolventen Kenntnisse besitzen sollten, umspannen einen relativ weiten Bogen. Bloß demonstrativ sollen hier die wesentlichsten Antworten angeführt werden:

Psychologie, Philosophie, Logik, Politologie, Bürokratietheorie, Rhetorik, Ökologie, Verkehrsgeographie, Verkehrsrecht, Warenkunde, Chemie, Elektrotechnik, und einige weitere.

Für den Fall, daß die geforderten Qualifikationen auch durch ein **anderes Studium oder eine andere Ausbildung** erreicht werden können, werden unter anderem folgende Alternativen genannt:

Studium der Rechtswissenschaften, Studium an einer Technischen Universität, Studium an der Universität für Bodenkultur, Publizistikstudium, Berufsbildende Höhere Schulen, Kurzstudien, Fachspezifische Kurse, Training on the Job.

3.2.3.1 Bakkalaureat:

Die Frage, inwieweit ein **zweijähriges Bakkalaureat** an der WU, ein neu einzuführendes, praxisorientiertes Kurzstudium, die notwendige Ausbildung bieten könnte, führt zu nachstehendem Ergebnis:

Prinzipiell möglich	45 %
Bedingt möglich	36 %
Nicht möglich	19 %

Die Angaben über den Prozentsatz der in den nächsten drei Jahren geplanten Neuaufnahmen, für den auch eine Qualifikation, wie sie ein derartiges Bakkalaureat bietet, ausreicht, reichen von Null bis zu 100 Prozent. Dabei würde bei 32 Prozent der befragten Unternehmungen beziehungsweise Öffentlichen Stellen für 50 oder mehr Prozent der geplanten Neuaufnahmen eine Ausbildung im Rahmen eines derartigen Kurzstudiums ausreichen!

An Fähigkeiten, die in besonderem Maße im Rahmen dieses Bakkalaureates erworben werden sollten, werden neben betriebswirtschaftlichen Grundkenntnissen

Marketing, Werbung, Marktforschung, Verkaufsverhalten, Analytik, Kaufmännisches Rechnen, Finanzierung, Forschungsmanagement, Buchhaltung und Bilanzierung, Projektmanagement, Abstraktionsvermögen und Sprachkenntnisse

genannt.

Sehr oft wird dabei gefordert, daß diese Kenntnisse und Fähigkeiten innerhalb von praxisorientierten Fallstudien erworben werden sollten!

29 Prozent der Befragten würden neben den geplanten Neuaufnahmen von Magistern der WU **zusätzlich** auch noch Absolventen eines derartigen Bakkalaureates aufnehmen. Knapp 9 Prozent geben sogar an, mehr als zwei zusätzliche Absolventen eines solchen Kurzstudiums aufzunehmen.

3.3 Nachfragepotential:

In diesem Abschnitt soll versucht werden, die Nachfrage nach WU-Absolventen abzuschätzen. Grundlage für diese Hochrechnung bilden die Angaben der befragten Unternehmungen über die geplanten Neuaufnahmen von WU-Absolventen. Da einige der Befragten innerhalb des nächsten Jahres keine Einstellungen von WU-Absolventen planen, jedoch aber innerhalb der nächsten drei Jahre, werden die für diese längere Periode geplanten Neuaufnahmen für die Analyse herangezogen.

Im nächsten Schritt wird die Hypothese aufgestellt, daß die Nachfrage nach WU-Absolventen grundsätzlich von der Zahl der unselbständig in der befragten Unternehmung Beschäftigten abhängt. Dabei wird ein linearer Zusammenhang zwischen der Nachfrage einerseits und der Zahl der **unselbständig Beschäftigten** und dem **Quadrat der unselbständig Beschäftigten** andererseits formuliert. Dahinter steht die Vorstellung, daß die Nachfrage nach WU-Absolventen mit steigender Beschäftigtenzahl zunimmt, jedoch mit abnehmenden Zuwachsraten (degressives Wachstum der Nachfrage in Abhängigkeit von der Zahl der unselbständig Beschäftigten). Ein höherer Beschäftigtenstand erfordert eine größere Zahl entsprechend qualifizierter Mitarbeiter für Leitungs-, Planungs-, Verwaltungs- und Vertriebsaufgaben. Es kann jedoch bei steigender Mitarbeiterzahl von positiven Skalenerträgen der eingesetzten WU-Absolventen ausgegangen werden, wodurch der jeweils zusätzliche Bedarf an WU-Absolventen abnimmt. Bei Zugrundelegung dieser Überlegungen sind die Vorzeichen der Koeffizienten der beiden Erklärungsgrößen bereits a priori festgelegt. Der Koeffizient der Variablen "unselbständig Beschäftigte" muß demnach positiv sein, während der Koeffizient der quadrierten Anzahl unselbständig Beschäftigter negativ und im Betrag relativ klein sein muß. Die derart spezifizierte Funktionsform kann als grobe Approximation für die tatsächliche Nachfrage in dem für Österreich relevanten Unternehmensgrößenbereich aufgefaßt werden.

Mit linearer, multipler Regression ist nun die konkrete Form dieses linearen Zusammenhanges zwischen der zu erklärenden Variablen "Nachfrage nach WU-Absolventen" einerseits und den erklärenden Variablen "unselbständig Beschäftigte" und "Quadrat der unselbständig Beschäftigten" andererseits zu ermitteln.

Grundsätzlich ist davon auszugehen, daß die Nachfrage nach WU-Absolventen darüberhinaus in starkem Ausmaß von der jeweiligen Branche abhängt. Aufgrund des relativ geringen Stichprobenumfanges hat sich jedoch eine direkte Berücksichtigung der einzelnen Branchen in der Schätzgleichung als nicht zielführend erwiesen. Die Schätzung muß für jede Branche getrennt durchgeführt werden. Dies ist aber wegen der geringen Datenmenge nur für die beiden Branchen **Verarbeitendes Gewerbe und Industrie** (3/4/5 gemaß ÖSTZ) und **Geld- u. Kreditwesen, Privatversicherung, Wirtschaftsdienste** (9A gemäß ÖSTZ) sinnvoll durchzuführen. Demgemäß ergeben sich nachstehende Zusammenhänge, wobei folgende Notation gilt:

N	...	geplante Nachfrage nach WU-Absolventen (nächste 3 Jahre)
U	...	Anzahl der unselbständig Beschäftigten
D	...	Quadrat der Zahl der unselbständig Beschäftigten ($D = U^2$)

Branche **Verarbeitendes Gewerbe und Industrie**:

$N = 0{,}0046 * U - 0{,}00000014 * D$ $\qquad R^2 = 0{,}82$

F-Wert = 90,0

t-Wert für U = +6,3

t-Wert für D = -2,5

Der Koeffizient von U in dieser Schätzgleichung ist statistisch signifikant auf dem 0,01 Prozent Niveau. Dies bedeutet, daß die Nullhypothese, daß der Koeffizient gleich Null ist, mit 0,01 Prozent Irrtumswahrscheinlichkeit für den Fehler erster Art zu verwerfen ist. Der Koeffizient von D ist statistisch signifikant auf dem 1,8 Prozent Niveau.

Branche **Geld- u. Kreditwesen, Privatversicherung, Wirtschaftsdienste**:

$$N = 0{,}036 * U - 0{,}0000038 * D$$

$R^2 = 0{,}80$

F-Wert = 41,0

t-Wert für A = +5,5

t-Wert für V = -3,3

Der Koeffizient von U hier ist statistisch signifikant auf dem 0,01 Prozent Niveau, und der Koeffizient von D ist statistisch signifikant auf dem 0,4 Prozent Niveau.

Ein Vergleich dieser beiden Schätzergebnisse zeigt, daß die Nachfrage nach WU-Absolventen in der Branche "Geld- u. Kreditwesen, Privatversicherung, Wirtschaftsdienste" einen wesentlich höheren Anteil an den unselbständig Beschäftigten als in der Branche "Verarbeitendes Gewerbe und Industrie" darstellt, jedoch auch die Abnahme der Anzahl zusätzlich nachgefragter WU-Absolventen bei steigender Beschäftigtenzahl größer ist.

Diese aus der Stichprobe gewonnenen Parameterschätzungen können nun zur Hochrechnung der insgesamten Nachfrage nach WU-Absolventen in diesen beiden Branchen herangezogen werden. Dabei sind aber zwei Aspekte zu beachten. Einerseits sind bei der Schätzung durch die zugrundeliegende Hypothese auch die einzelnen Unternehmensgrößen - gemessen an der Beschäftigtenzahl der in der Stichprobe enthaltenen Unternehmungen - berücksichtigt worden. Andererseits entspricht die regionale Zusammensetzung der Stichprobe nicht der regionalen Verteilung der österreichischen Betriebe insgesamt, da - wie auch die Stichprobe zeigt - in den Einzugsgebieten anderer Universitäten mit wirtschaftswissenschaftlichen Studienrichtungen naturgemäß die Nachfrage nach Wirtschaftsakademikern durch Absolventen dieser Universitäten zum größten Teil abgedeckt wird.

Nach adäquater Berücksichtigung der Unternehmensgröße[19] der Regionalstruktur ergibt sich folgendes Bild für die durchschnittliche jährliche Nachfrage nach WU-Absolventen:

Verarbeitendes Gewerbe und Industrie	290
Geld- u. Kreditwesen, Privatversicherung, Wirtschaftsdienste	503

Geht man von den Ergebnissen der Analyse einer Befragung des WU-Absolventenjahrganges 1983 aus, so sind 64 Prozent der Absolventen dieses Jahrganges in den beiden genannten Branchen[20] beschäftigt. Die restlichen 36 Prozent verteilen sich auf die übrigen Branchen.

Die Zugrundelegung dieser Prozentsätze führt zu weiteren 446 WU-Absolventen, die insgesamt in allen übrigen Branchen nachgefragt werden. Dies bedeutet, daß in den nächsten Jahren mit einer durchschnittlichen, jährlichen Gesamtnachfrage nach WU-Absolventen von **1.239** gerechnet werden kann.

Es ist jedoch ausdrücklich darauf hinzuweisen, daß dieser Wert ausschließlich als Maßstab für die Größenordnung und keinesfalls als exakter Prognosewert betrachtet werden darf!

Geht man davon aus, daß grundsätzlich - wenn auch in geringem Ausmaß - Absolventen der WU auch in Kleinbetrieben und auch in Bundesländern, die über eigene wirtschaftswissenschaftliche Ausbildungsstätten verfügen, nachgefragt werden, so ist dieser Wert der Hochrechnung eher als untere Grenze für die Nachfrage anzusehen. Verstärkt wird dieses Argument noch durch die Tatsache, daß einige der befragten Unternehmungen angeben, in den nächsten drei Jahren sogar bis zu 200 Prozent der jetzt bereits insgesamt angestellten WU-Absolventen zusätzlich aufnehmen zu wollen!

Da die im Rahmen der Befragung erbetenen Angaben über die geplanten Neuaufnahmen von WU-Absolventen nach den oben genannten Funktionsbereichsgruppen getrennt zu erfolgen hatten, kann auch die ungefähre, relative Verteilung der geplanten Nachfragen auf die einzelnen Funktionsbereichsgruppen ermittelt werden:

---

[19] ÖSTZ, Statistik der gewerblichen Wirtschaft, Hauptergebnisse der Nichtlandwirtschaftlichen Betriebszählung 1983, Teil 1, Wien 1983

[20] Quelle: ZBP-Studie 1988,WU 1983: Portrait eines Absolventenjahrganges,Wien 1986

Management	16 %
Administration	31 %
Produktion	14 %
Vertrieb	39 %

Aufgrund der geringen Stichprobengröße können auch diese Zahlen nur als grobe Richtwerte aufgefaßt werden!

4. MEINUNGSBILD INNERHALB DER WU:

4.1 Einleitung:

Jede dramatische Veränderung der räumlichen, finanziellen und personellen Ressourcen der Wirtschaftsuniversität Wien verändert in einschneidender Weise nicht nur die Studienbedingungen sondern auch die Arbeitsbedingungen für das wissenschaftliche und nichtwissenschaftliche Personal der WU. Es ist nur natürlich, einen Versuch zu unternehmen, die Akzeptanz der Entlastungsvarianten bei den unmittelbar Betroffenen vorweg zu überprüfen. Im Mittelpunkt dieses Abschnittes steht daher die Frage, ob überhaupt und in welcher Form den Betroffenen eine Entlastung der WU z.B. durch Neubauten auf den Donaugründen akzeptabel erscheint.

Um diese Frage einigermaßen seriös in Angriff zu nehmen, war es vorerst notwendig, bei den Betroffenen entsprechende Daten zu sammeln. Die Details über die Stichprobenauswahl, Erhebungsmethode und Kodierung sind im Abschnitt 4.2 ausführlich dokumentiert. Abschnitt 4.3 befaßt sich mit der Akzeptanz der wichtigsten Entlastungsalternativen. Dabei kommen vorerst einfache Auszählungen zum Einsatz, um einen Eindruck von der Vielschichtigkeit und Komplexität der Fragestellung zu vermitteln. In einem weiteren Abschnitt wird die Clusteranalyse dazu verwendet, die Mehrheitsfähigkeit der einzelnen Entlastungsalternativen zu untersuchen.

4.2 Erhebung des Meinungsbildes:

4.2.1 Stichprobenauswahl:

Nach einer längeren Beratungsphase entschloß sich das Projektteam, die für das Meinungsbild innerhalb der WU erforderlichen Daten im Rahmen einer Befragung einer größeren Anzahl von WU-Angehörigen aus dem Kreise der Professoren/innen, des Mittelbaus und von Spitzen der Universitätsverwaltung zu erheben. Zu diesem Zweck wurden alle Professoren/innen, 10 Mittelbauvertreter/innen und sechs führende Verwaltungsbeamte/innen um einen Gesprächstermin gebeten. Gründe für das hohe Gewicht der Professorenkurie waren vor allem:

* die bekannt große Meinungsvielfalt in dieser Kurie

* die Tatsache, daß alle wichtigen Funktionen der akademischen Selbstverwaltung von Professoren/innen auszuüben sind
* die überproportionale Vertretung der Professorenkurie in den meisten Entscheidungsgremien der WU
* die Stellung der Professoren/innen als dauernde Angehörige der WU.

Bei der Auswahl der Interviewpartner aus dem Mittelbau wurde auf eine breite Streuung über die Fachgruppen Wert gelegt, ebenso auf Funktionen in der Mittelbauvertretung.

Die Nichtaufnahme der studentischen Kurie hat nichts mit irgendeiner Form von Geringschätzung der studentischen Meinung zu tun, sondern hat ausschließlich pragmatische Gründe. Um eine Zufallsauswahl zu vermeiden, hätten die Spitzenfunktionäre der studentischen Gruppen interviewt werden müssen. Zum Zeitpunkt der Planung und Durchführung der Interviewserie lief jedoch gerade der Wahlkampf für die Wahlen zu den studentischen Vertretungskörpern und es war zu diesem Zeitpunkt keineswegs klar, wer nach den Wahlen die Geschicke der studentischen Kurie lenken würde, d.h. wer die geeigneten Gesprächspartner sein würden. Deshalb wurde vorläufig von der Befragung der Studentenkurie bzw. ihrer Vertreter Abstand genommen. Der Vollständigkeit halber ist zu erwähnen, daß kurz nach Semesterende ein ausführliches Interview mit den studentischen Mitgliedern der Studienkommission Volkswirtschaft durchgeführt wurde.

Die Gesamtzahl der schließlich durchgeführten Interviews beläuft sich auf 56, davon entfielen 40 Interviews auf Professoren/innen, 10 auf Assistenten/innen, 5 auf Angehörige der Universitätsverwaltung und eines auf eine Gruppe von Studentenvertretern. Wegen Tonbandfehlern konnte davon 1 Interview nicht und ein Interview nur teilweise ausgewertet werden, ein Interview wurde nach der Übertragung auf Datenträger wegen Inhaltslosigkeit ausgeschieden. Somit stehen als gesamte **Datenbasis:**

39 Interviews mit Professoren/innen
9 Interviews mit Angehörigen des Mittelbaus
5 Interviews mit Angehörigen der Universitätsverwaltung
1 Interview mit Studenten,

also 54 Interviews, von denen eines nur teilweise auswertbar ist, zur Verfügung.

4.2.2 Interviewtechnik:

Die Interviews wurden in Form eines themenzentrierten Gespräches anhand eines flexiblen Gesprächsszenarios ("Tiefeninterview") geführt. Die Wahl fiel auf diese Interviewtechnik, da einerseits den Gesprächspartnern ein Interview anhand eines starren Fragenschemas unzumutbar erschien und andererseits die Interviewserie explorativen Charakter haben sollte. Es kam also weniger darauf an, von allen Interviewpartnern zu allen, dem Projektteam wichtig erscheinenden Fragen, entsprechende Antworten zu erhalten, sondern diejenigen Fragen- bzw Problemkreise zu eruieren, die den Interviewten wichtig und dringlich sind. Daher bot sich als einzige seriöse Alternative ein themenzentriertes Gespräch mit flexiblem Szenario an. Dabei erfolgte auch eine intensive Abwägung der zu erwartenden Art der Daten und ihrer Qualität im Hinblick auf Kodierbarkeit und Auswertung. Bei der gewählten Erhebungsform ist vorwiegend mit nominalskalierten Variablen, seltener mit ordinal-oder intervallskalierten Daten zu rechnen. Daraus ergaben sich bereits für die Kodierung der Daten einige Probleme, die größeren Probleme traten aber bei der Auswahl und Anwendung geeigneter Auswertungsverfahren auf. Auf diese Probleme wird in den Abschnitten über die Auswertungen jeweils hingewiesen.

Das erste, einleitende Thema des Gesprächs richtete sich auf die besondere Problemlage des Interviewpartners im Forschungs- und Lehrbetrieb im Hinblick auf organisatorische Probleme und Ressourcenprobleme. Nach einer kurzen Einleitung des Interviewers begannen die Interviews regelmäßig mit Sätzen wie: "Was sind aus Ihrer Sicht die dringendsten Probleme in Forschung, Lehre und Organisation an der WU?"

In dieser Gesprächsphase verhielt sich der Interviewer weitgehend passiv, um Zeit für das Zentralthema des Interviews zu sparen. In einigen Fällen unterblieb sogar diese Frage, weil der Interviewpartner den Wunsch äußerte, direkt in das Hauptthema einzusteigen. In fast allen Fällen gelang es dann, dem Interviewszenario entsprechend, aus der Diskussion der Problemsituation weitgehend reibungslos zum Hauptthema des Interviews, den Entlastungsvarianten für die WU durch Neubauten, überzuleiten. In wenigen Gesprächen war es notwendig, die durch den Ankündigungsbrief bzw. durch eine Mitteilung im WU-MEMO[21], (d.i. das interne Mitteilungsblatt des Rektors der WU) gegebene Vorinformation durch eine kurze Erläuterung des Donaugründeprojekts zu ergänzen. In dieser Phase des Interviews sah das Szenario eine aktivere Rolle

[21] WU-MEMO Nr. 10, Oktober 1988, S. 20

des Interviewers vor, um vom Interviewpartner Stellungnahmen zu den wichtigsten Entlastungsalternativen zu erhalten. Dies gelang, mit einer Ausnahme, in der gewünschten Form. Die Interviews nahmen im Durchschnitt ca 25 Minuten in Anspruch.

Insgesamt liefen, aus der Sicht der Interviewer, alle Interviews in einer angenehmen und entspannten Atmosphäre, ohne irgendeinen Zwischenfall ab. Die Interviews wurden im Zeitraum vom 27.2.1989 bis 3.3.1989 von Mag. Dr. Hochreiner und Prof. Otruba zu etwa gleichen Teilen durchgeführt.

4.2.3 Kodierung:

Der erste Schritt der Kodierung bestand in einem ersten Abhören der auf Tonband aufgenommenen Interviews mit dem Ziel, die wichtigsten Themen, Probleme, Lösungsansätze etc. zu erheben. Aufgrund der dabei erstellten Liste wurde eine Kodierungstabelle konzipiert, die alle von den Interviewpartnern genannten Problemkreise und die zugehörigen Lösungsansätze und Meinungen enthält. Im nächsten Schritt wurden probeweise einige Interviews anhand dieser Kodierungstabelle kodiert. Die dabei auftauchenden Mängel der ersten Version der Kodierungstabelle wurden daraufhin beseitigt. Die Transkription sowie die endgültige Kodierung der Interviews und die Übertragung auf elektronische Datenträger anhand der Tonbänder erfolgte im Anschluß daran. Es soll dabei nochmals auf die damit verbundenen Probleme hingewiesen werden. Eine Kodierungstabelle stellt letztlich eine Abbildungsvorschrift dar, anhand derer verbale Äußerungen der Interviewpartner in Kategorien abgebildet werden. Dies impliziert einerseits Festlegungen durch die Auswertenden hinsichtlich der vorkommenden Kategorien, andererseits Zuordnungen durch die Auswertenden, also eine Interpretation der Äußerungen der Interviewpartner. Dabei tritt immer ein Informationsverlust ein und es besteht die Gefahr der Verfälschung der von den Interviewpartnern geäußerten Meinungen. Das Projektteam bemühte sich nach besten Kräften diese Fehlerquellen zu vermeiden, gänzlich ausgeschlossen können sie jedoch nicht werden. Als Maß für unser redliches Bemühen mag der Zeitaufwand von ca. zwei Mann/Fraumonaten für die Kodierung und die Übertragung auf elektronische Datenträger dienen.

4.3 Entlastungsalternativen und ihre Akzeptanz:

Da bei der statistischen Analyse der angesprochenen Problemkreise keine überraschenden Ergebnisse zu Tage traten und die Diskussion der aktuellen WU-Probleme im Interview nur die Rolle eines Einstieges bildete, kann man auf eine Wiedergabe der statistischen Ergebnisse in diesem Zusammenhang verzichten und sofort in die Analyse der Entlastungsalternativen einsteigen.

Bereits bei der Vorbereitung der Befragung liefen in verschiedenen Gremien und Personengruppen innerhalb der WU heftige Diskussionen, in welcher Form die WU durch Neubauten entlastet werden könnte. Bei diesen Gesprächen kristallisierten sich vier prinzipielle Möglichkeiten für eine Entlastung der WU heraus:

* Gründung einer großen sozial- und wirtschaftswissenschaftlichen Ausbildungsstätte in Wien ("Neue Universität")
* Erweiterung der WU durch Einbeziehung naheliegender Gebäude ("umliegende Gebäude")
* Teilung der WU nach Studienabschnitten ("Horizontalteilung")
* Teilung der WU nach Studienrichtungen ("Vertikalteilung")

In Verbindung mit Variante "Horizontalteilung" steht auch die Frage nach der Realisierung eines Kurzstudiums, mit den Varianten "Neue Universität" und "Vertikalteilung" steht die Gestaltung der neuen Universität bzw. die Frage, welche Studienrichtungen auszulagern wären, in enger Beziehung.

Die Befragung versuchte zunächst die Akzeptanz der einzelnen Lösungen zu klären und in weiterer Folge Pro- und Kontraargumente sowie Gestaltungsvorschläge zu sammeln.

Die Ergebnisse dieses Teils der Befragung werden vorerst in einfachen **Auszählungen** präsentiert und in weiterer Folge einer **Clusteranalyse** unterzogen.

4.3.1 Auszählungsergebnisse: Akzeptanz und Präferenzen:

Die Akzeptanz der verschiedenen Entlastungsvarianten läßt sich auf verschiedene Art überprüfen. Die Tabelle 4.1: **Akzeptanz verschiedener Entlastungsalternativen** gibt Auskunft darüber, inwieweit die Befragten den einzelnen Alternativen zustimmen würden. Die weitaus größte Akzeptanz in diesem Sinne weist die Alternative "Neue Universität" auf. Sieht man von der Erweiterung auf umliegende Gebäude ab, so stößt sie auch auf die geringste Ablehnung. Mit deutlichen Abstand in der Akzeptanz folgt die Variante "Horizontalteilung" und mit einem weiteren Respektabstand die Variante "Vertikalteilung". Die Variante "umliegende Gebäude" hat keinerlei Bedeutung. Betrachtet man die Korrelation zwischen den Akzeptanzvariablen, so sieht man einen starken negativen Zusammenhang zwischen der Akzeptanz der Varianten "Neue Universität" und "Horizontalteilung", die stark darauf hindeutet, daß hier eine deutliche Gruppenbildung in Vertreter einer "Neuen Universität" und Vertreter einer "Horizontalteilung" vorliegt.

Tabelle 4.1: **Akzeptanz verschiedener Entlastungsalternativen**

NEUE UNIVERSITÄT	
Nein	15
unentschieden	9
Ja	30
UMLIEGENDE GEBÄUDE	
nein	1
unentschieden	49
ja	3
HORIZONTALTEILUNG	
Nein	20
unentschieden	16
Ja	17
VERTIKALTEILUNG	
Nein	17
unentschieden	26
Ja	9

Bei der Auswertung wurde weiters versucht für jeden Interviewten eine Präferenzordnung (vgl. Tabelle 4.2: Rangordnung der Entlastungsalternativen) über die vier Alternativen zu rekonstruieren. Die größte Anzahl erster Plätze vereinigt die Variante "Neue Universität" vor der Variante "Horizontalteilung" auf sich. Betrachtet man die (hier nicht wiedergegebene) Korrelation zwischen den Rängen und der Akzeptanz, so zeigt sich auch hier eine hohe innere Konsistenz der Bewertungen.

Tabelle 4.2: **Rangordnung der Entlastungsalternativen**

Rang 1:	
NEUE UNIVERSITÄT	31
UMLIEGENDE GEBÄUDE	
HORIZONTALTEILUNG	14
VERTIKALTEILUNG	4
Rang 2:	
NEUE UNIVERSITÄT	4
UMLIEGENDE GEBÄUDE	3
HORIZONTALTEILUNG	14
VERTIKALTEILUNG	13
Rang 3:	
NEUE UNIVERSITÄT	5
UMLIEGENDE GEBÄUDE	
HORIZONTALTEILUNG	20
VERTIKALTEILUNG	12
Rang 4:	
NEUE UNIVERSITÄT	9
UMLIEGENDE GEBÄUDE	1
HORIZONTALTEILUNG	4
VERTIKALTEILUNG	12

Im nächsten Schritt wurde die Argumentationsbasis für und wider die einzelnen Entlastungsalternativen geprüft. Die folgenden sechs Tabellen geben einen Überblick über die **Anzahl** der Argumente, die für bzw. gegen die einzelnen Entlastungsalternativen genannt werden. Die Tabellierung erfolgte in Form von Kreuztabellen, bei denen die von den Interviewpartnern genannten Argumente gezählt und die sich daraus ergebende Anzahl nach der Akzeptanz der betrachteten Entlastungsalternative aufgesplittert wurde.

Tabelle 4.3: **Anzahl Proargumente "Neue Universität"**

	Nein	unent-schieden	Ja	Gesamt
kein Argument	15	9	17	41
ein Argument			11	11
zwei Argumente			1	1
drei Argumente			1	1
Gesamt (Prozent)	15 27.8	9 16.7	30 55.6	54 100.0

Tabelle 4.4: **Anzahl Gegenargumente "Neue Universität"**

	Nein	unent-schieden	Ja	Gesamt
kein Argument	10	6	25	41
ein Argument	5	2	5	12
zwei Argumente		1		1
Gesamt (Prozent)	15 27.8	9 16.7	30 55.6	54 100.0

Tabelle 4.5: **Anzahl Proargumente "Horizontalteilung"**

	Nein	unent-schieden	Ja	Gesamt
kein Argument	20	15	7	42
ein Argument		1	5	6
zwei Argumente			3	3
drei Argumente			2	2
Gesamt (Prozent)	20 37.7	16 30.2	17 32.1	53 100.0

Tabelle 4.6: **Anzahl Gegenargumente "Horizontalteilung"**

	Nein	unent-schieden	Ja	Gesamt
kein Argument	1	10	12	23
ein Argument	4	3	4	11
zwei Argumente	9	2	1	12
drei Argumente	6	1		7
Gesamt (Prozent)	20 37.7	16 30.2	17 32.1	53 100.0

Tabelle 4.7: **Anzahl Proargumente "Vertikalteilung"**

	Nein	unent-schieden	Ja	Gesamt
kein Argument	17	25	6	48
ein Argument		1	3	4
Gesamt (Prozent)	17 32.7	26 50.0	9 17.3	52 100.0

Tabelle 4.8: **Anzahl Gegenargumente "Vertikalteilung"**

	Nein	unent-schieden	Ja	Gesamt
kein Argument	4	17	5	26
ein Argument	8	8	4	20
zwei Argumente	4	1		5
drei Argumente	1			1
Gesamt (Prozent)	17 32.7	26 50.0	9 17.3	52 100.0

Generell fällt auf, daß die Befragten allgemein zu einer "kritischen" Haltung, auch gegenüber den von ihnen akzeptierten Varianten neigen. Zumindest erweckt die im Vergleich zur Anzahl der Proargumente durchwegs hohe Zahl der Gegenargumente diesen Eindruck. Weiters scheint die Variante "Neue Universität" weniger für atmosphärische Spannungen zu sorgen, als die beiden Teilungsalternativen.

4.3.2 Auszählungsergebnisse: Pro & Kontra, Gestaltung "Neue Universität":

Ein etwas differenzierteres Bild liefert eine Auszählung der einzelnen Argumente, die in den Gesprächen gefallen sind. Für die Variante "Neue Universität" werden vier Argumente genannt, das häufigste ist "optimale Betriebsgröße überschritten", neben Hinweisen auf den günstigen Einfluß von Konkurrenz und auf den Wegfall von Transportproblemen, wird die große Nachfrage nach traditionell ausgebildeten Wirtschaftswissenschaftern genannt. Die Liste der Argumente gegen die Variante "Neue Universität" ist mit sechs Argumenten deutlich länger. Die Argumente reichen von (begründeten?) Zweifeln am Willen der Politiker, über Zweifel an der Entlastung der WU durch eine "Neue Universität" (Wie teilt man, alle Studenten verbleiben an WU), zu Fragen der Entwicklungsfähigkeit der alten WU, Ängsten vor einer Konkurrenzsituation, bis zur Ansicht, daß die Entlastung der WU nur durch eine Reduktion der Studentenzahlen erreichbar ist.

Sieht dieser Überblick über die Pro-und Kontraargumente zur Alternative "Neue Universität" etwas mager aus, so wird der möglicherweise entstandene Eindruck mangelnden Problembewußtseins durch die Vielzahl von Gestaltungsideen für diese "Neue Universität" widerlegt.

Tabelle 4.9: **Argumente für eine neue Universität**

	Stellung an WU			
PROARGUMENTE F. NEUE UNI	Assistenten	Professoren	Studenten	Verwaltung
OPT. BETRIEBSGRÖßE ÜBERSCHR.	1	9		
KONKURRENZ TUT GUT		2		
NIEMAND MUß PENDELN		2		
GROßE NACHFRAGE NACH TRAD. AUSBILDUNG		1	1	
TOTAL	1	11	1	

Tabelle 4.10: **Argumente gegen eine neue Universität**

	Stellung an WU			
GEGENARGUMENTE NEUE UNI	Assistenten	Professoren	Studenten	Verwaltung
WIE TEILT MAN WU?	1			
MINISTERIUM ZAHLT NICHT	2	3		1
RED. DER STUDENTENZAHLEN BESSER	1			
KONKURRENZ UNANGENEHM	1	2		
ALLE STUDENTEN GEHEN AN ALTE WU		2		
NEUERUNGEN NUR AN NEUER UNI		1		
TOTAL	5	7		1

Tabelle 4.11: **Gestaltungsideen für eine neue Universität**

	Stellung an WU			
GESTALTUNG DER NEUEN UNI	Assistenten	Professoren	Studenten	Verwaltung
HW AN NEUE UNI	-	4	-	-
WIRTSCHAFT&RECHT AN NEUE UNI	-	3	-	-
WIRTSCHAFT U. INFORMATIK AN NEUE UNI	1	2	-	-
ALS KONKURRENZ ZUR WU	5	16	1	-
KEINE SONDERSTUDIENRICHTUNGEN	1	-	-	-
NICHT ALS KONKURRENZ ZUR WU	1	1	-	-
WU UND SOWI-FAKULTÄT	-	5	-	-
NEUE STUDIENRICHTUNGEN INTERNATIONAL	1	3	1	-
KEINE GEBURTSHILFE DURCH WU	-	1	-	-
PRODUKTDIFFERENZIERUNG ERHÖHT QUALITÄT	-	1	-	-
TOTAL	6	21	1	-

Insgesamt scheint diese Variante für eine große Zahl von Befragten am ehesten akzeptabel zu sein. Die am häufigsten genannte Gestaltungsidee zielt auf die Gründung einer Konkurrenzuniversität zur WU ab (22 Nennungen), also auf die Errichtung einer zweiten wirtschaftswissenschaftlichen Ausbildungsstätte mit allen an der WU eingerichteten Studienrichtungen. Weniger häufig werden spezielle Fächer bzw. Fächerkombinationen als Aufgabengebiet der "Neuen Universität" genannt, ebenso wünscht nur eine Minderheit keine Konkurrenzierung der WU. Bei der Frage, wer diese Universität errichten und betreiben soll, wird von einigen auf die sozial- und wirtschaftswissenschaftliche Fakultät der Universität Wien verwiesen, ein Interviewter wünscht, daß die WU den Aufbau dieser Universität nicht unterstützt.

4.3.3 Auszählungsergebnisse: Pro & Kontra, Gestaltung "Umliegende Gebäude":

Die Erweiterung der WU in benachbarte Gebäude scheint langfristig keine Alternative zu sein, knappe drei Wortmeldungen zu diesem Thema zeigen das mangelnde Interesse an dieser Lösung.

Tabelle 4.12: **Erweiterung der WU in benachbarten Gebäuden**

	Stellung an WU			
PROARGUMENTE ERWEITERUNG	Assistenten	Professoren	Studenten	Verwaltung
AUSSENSTELLEN SCHLECHT	-	1	-	-
POLIZEIGEBÄUDE,UZA II BESETZEN	-	2	-	-
TOTAL	-	3	-	-

4.3.4 Auszählungsergebnisse: Pro & Kontra, Gestaltung "Horizontalteilung":

Wesentlich umstrittener erscheint die Variante "Horizontalteilung". Die meisten Diskussionspartner gingen von folgender Vorstellung über die Horizontalteilung der WU aus:

* Die Ausbildung im ersten Studienabschnitt soll von der Ausbildung im zweiten Studienabschnitt räumlich getrennt sein.
* Die Ausbildung im ersten Abschnitt wird auf die Donaugründe ausgelagert.

Die Vorteile einer derartigen Lösung werden vor allem in einer homogeneren Ausbildung der Studenten und einer besseren Nutzbarkeit der Raumstruktur der jetzigen WU gesehen. Ebenso werden Hinweise auf eine höhere Mobilität der akademischen Lehrer (im Vergleich mit den Studenten) und eine höhere Praktikabilität dieser Variante zur Unterstützung der Horizontalteilungsalternative herangezogen.

Tabelle 4.13: **Argumente für eine Horizontalteilung der WU**

	Stellung an WU			
PROARGUMENTE HORIZONTALTEILUNG	Assistenten	Professoren	Studenten	Verwaltung
INSTITUTE NICHT VERSTREUT	-	1	-	-
RÄUME ENTSPRECHEND GEPLANT	-	1	-	-
TEILUNG SO LEICHTER	-	1	-	-
PERSONAL MOBILER ALS STUDENTEN	1	1	-	-
AUSBILDUNG EINHEITLICHER	-	3	-	-
TOTAL	1	6	-	-

Gleichzeitig aber wird massiv gegen die Horizontalteilung argumentiert. Drei Gruppen von Argumenten müssen hervorgehoben werden. Einmal wird auf die organisatorischen Probleme einer Zwei-Standorte-Universität hingewiesen: Transportprobleme, Betriebsgröße, Bibliothek, Organisation. Zum anderen werden Probleme der Lehre, insbesondere des Massenunterrichts als Gegenargumente massiv vorgebracht: Wer soll betreuen, L1-Lehrer Problem (Bei L1-Lehrern handelt es sich um Universtiätslehrer mit hoher Lehrverpflichtung und ohne Forschungsaufgaben). Schließlich kommt auch die soziologische Komponente nicht zu kurz. Unter "Entfremdung Personal" wurde eine Reihe von kritischen Anmerkungen über Stellung, Motivation etc. eines Kaders von Universitätslehrern, deren Hauptaufgabe der Anfängerunterricht ist, zusammengefaßt.

Ebenso verstecken sich hinter "Behindert Forschung und Lehre" Argumente, die auf die Gefahr einer sozialen Diskriminierung und Chancenminderung derjenigen Hochschullehrer hinweisen, die vorwiegend mit dem Massenunterricht im ersten Studienabschnitt beschäftigt sind. Insgesamt haben sich 33 Interviewte, teilweise mit mehreren Argumenten kritisch gegen die Variante Horizontalteilung geäußert.

Tabelle 4.14: **Argumente gegen eine Horizontalteilung der WU**

GEGENARGUMENTE HORIZONTALTEILUNG	Stellung an WU			
	Assistenten	Professoren	Studenten	Verwaltung
BETREUUNG DES 1.ABSCHNITTS UNZUMUTBAR	2	3	-	-
L1 LEHRER KATASTROPHAL	1	2	-	-
KEINE FREIWILLIGEN FÜR BETREUUNG 1.ABSCHNITT	2	9	1	-
ORGANISATION AN ZWEI STANDORTEN PROBLEMATISCH	2	6	-	1
ENTFREMDUNG PERSONAL	1	5	1	-
TRANSPORTPROBLEME	3	13	-	-
INTERNATIONAL NICHT VERTRETBAR	-	3	1	-
BEHINDERT LEHRE UND FORSCHUNG	1	4	-	-
OPT. BETRIEBSGRÖSSE BEREITS ÜBERSCHRITTEN	-	2	-	-
SCHON EINMAL GESCHEITERT	-	1	-	-
FÜR BIBLIOTHEK PROBLEMATISCH	-	-	-	1
TOTAL	6	24	1	2

Tabelle 4.15: **Gestaltungsideen für eine Horizontalteilung der WU**

GESTALTUNG HORIZONTALTEILUNG	Stellung an WU			
	Assistenten	Professoren	Studenten	Verwaltung
1.ABSCHNITT AUSLAGERN	-	3	-	1
MASSENVERANSTALTUNGEN AUSLAGERN	-	5	-	1
L1 LEHRER FÜR ANFÄNGERUNTERRICHT EINSETZEN	1	1	-	-
KEINE L1 LEHRER	-	2	-	1
ABWECHSELNDER UNTERRICHT IM 1.ABSCHNITT	1	1	-	-
MAXIMAL 2 STANDORTE ERREICHBAR	1	-	-	-
KONTROLLE DURCH WU MÖGLICH	1	2	-	-
KOMMUNIKATION DURCH ELEKTRONISCHE POST	-	-	-	1
EINHEITLICHE VERWALTUNG	-	-	-	1
TOTAL	3	9	-	4

Die Gestaltungsideen für die Variante Horizontalteilung beziehen sich

* auf prinzipielle Fragen, welche Aktivitäten auszulagern wären,
* den Personenkreis, der diese Aufgaben übernehmen soll,
* auf organisatorische Probleme.

Die Interviewpartner sind sich, soweit sie hier Gestaltungsideen geäußert haben, einig, daß Massenveranstaltungen, bzw. der gesamte erste Studienabschnitt mit dem damit verbundenen Massenbetrieb in die Erweiterungsbauten übersiedeln sollten.

Weniger Harmonie herrscht bei der Frage, welcher Personenkreis diese Massenlehrveranstaltungen betreuen soll. Dem zweifachen Ruf nach L1-Lehrern steht eine dreifache Ablehnung der L1-Lehrer und der zweifache Wunsch nach Personalrotation entgegen. Die Gestaltungsvorschläge in organisatorischer Hinsicht sind: die Kommunikation soll durch elektronische Post erleichtert werden, die WU soll versuchen mit diesen zwei Standorten, die noch administrierbar seien, das Auslangen zu finden.

4.3.5 Auszählungsergebnisse: Pro & Kontra, Gestaltung "Vertikalteilung":

Die dritte Variante - Vertikalteilung der WU - wurde von den Gesprächspartner mit der inhaltlichen Vorstellung, eine oder mehrere Studienrichtungen würden an den Standort auf den Donaugründen verlegt, verbunden. Letzlich geht es bei den Gestaltungsideen um eine Liste von Studienrichtungen, die übersiedeln sollten. Handelswissenschaften und neue Studienrichtungen stehen hier hoch in der Gunst. Allerdings lehnt ein Teil der Interviewpartner die Einrichtung neuer Studienrichtungen ab. Begründet wird dieser Wunsch nach Auslagerung von neuen Studienrichtungen mit dem Hinweis auf gute Marktchancen für die Abgänger und mit einer allgemeinen Feststellung, daß Konkurrenz gut wäre.

Tabelle 4.16: **Proargumente für eine Vertikalteilung der WU**

PROARGUMENTE VERTIKALTEILUNG	Stellung an WU			
	Assistenten	Professoren	Studenten	Verwaltung
MARKT FÜR SONDERSTUDIENRICHT: GUT	1	1	-	-
KONKURRENZ IST GUT	1	1	-	-
TOTAL	2	2	-	-

Tabelle 4.17: **Argumente gegen eine Vertikalteilung der WU**

GEGENARGUMENTE VERTIKALTEILUNG	Stellung an WU			
	Assistenten	Professoren	Studenten	Verwaltung
SPEZIALISTENTUM WIRD GEFÖRDERT	-	1	-	1
TRANSPORTPROBLEME	2	9	-	-
STUDIENRICHTUNGEN ZU VERFLOCHTEN, GEHT NICHT	1	6	-	-
ZUS. ORGANISATIONSAUFWAND	1	5	-	1
VERRINGERUNG DER PERS. KONTAKTE	-	2	1	-
OPT. BETRIEBSGRÖSSE BEREITS ÜBERSCHRITTEN	-	3	-	-
SCHON EINMAL GESCHEITERT	-	1	-	-
LANGFR. FÜHRT DIES ZU NEUER UNIVERSITÄT	-	-	-	1
TOTAL	3	21	1	3

Tabelle 4.18: **Gestaltungsideen für eine Vertikalteilung der WU**

GESTALTUNG VERTIKALTEILUNG	Stellung an WU			
	Assistenten	Professoren	Studenten	Verwaltung
GESTALTUNG VERTIKALTEILUNG				
SONDERSTUDIENRICHTUNGEN VERWIRKLICHEN	1	1	1	1
KEINE SONDERSTUDIENRICHTUNGEN	2	1	-	-
HANDELSWISSENSCHAFTEN IN NEUES GEBÄUDE	-	2	1	-
EINHEITLICHE VERWALTUNG	-	-	-	1
TOTAL	3	4	1	2

Wie bereits bei der Alternative Horizontalteilung, liegen auch hier eine große Anzahl von Gegenmeinungen vor, die von einer beträchtlichen Anzahl von Interviewpartnern vorgebracht wurden. Die Gegenargumente konzentrieren sich vor allem auf die organisatorischen Probleme (Transportprobleme, Entflechtung nicht möglich, Organisationsaufwand, Betriebsgrößenproblem etc.), jedoch werden auch die Furcht vor einer Vergrößerung der Distanz zu allen anderen WU-Angehörigen und das Problem der zu starken Spezialisierung durch die neuen Studienrichtungen genannt. Insgesamt haben 4 Personen vier Proargumente, 10 Personen elf Gestaltungsideen und 28 Personen 35 Gegenargumente geäußert. Auch hier überwiegen zahlenmäßig die Gegenargumente.

4.3.6 Auszählungsergebnisse: Pro & Kontra, Gestaltung "Kurzstudium":

In engem Zusammenhang mit der Horizontalteilung der WU steht das Problem der Einführung eines Kurzstudiums an der WU. Als Argumente für die Unterstützung der Einführung eines solchen werden lediglich genannt: Es wäre ein Markt für Absolventen von Kurzstudien vorhanden und ein Kurzstudium würde einen Studienabbruch legitimieren. Insgesamt wurden diese beiden Argumente sieben mal vorgebracht.

Tabelle 4.19: **Proargumente für ein Kurzstudium an der WU**

PROARGUMENTE KURZSTUDIUM	Stellung an WU			
	Assistenten	Professoren	Studenten	Verwaltung
MARKT FÜR ABSOLV. VON KURZSTUDIEN VORHANDEN	-	6	-	-
LEGITIMIERT STUDIENABBRUCH	-	-	-	1
TOTAL	-	6	-	1

Tabelle 4.20: **Argumente gegen ein Kurzstudium an der WU**

GEGENARGUMENTE KURZSTUDIUM	Stellung an WU			
	Assistenten	Professoren	Studenten	Verwaltung
MEHRERE KLASSEN VON WU-ABSOLVENTEN	-	1	-	1
KEIN MARKT FÜR ABSOLV. VON KURZSTUDIEN	5	10	1	-
ZUS. BELASTUNGEN DURCH NEUE STUDENTEN	1	8	1	-
HAK ABSOLVENTEN MÜSSEN STUDIEREN	1	3	1	-
TRANSPORTPROBLEME	2	1	-	-
WIFI KURSE DECKEN DAS AB	2	-	-	-
STUDIENABBRUCH BELOHNT	2	-	-	-
NICHT AUFGABE DER WU	1	1	-	-
KEIN PERSONAL VORHANDEN	1	-	1	-
UNIVERSITÄTSINTERNE SCHWIERIGKEITEN	-	1	-	-
TOTAL	7	15	1	1

Tabelle 4.21: **Gestaltungsideen für ein Kurzstudium an der WU**

GESTALTUNG KURZSTUDIUM	Stellung an WU			
	Assistenten	Professoren	Studenten	Verwaltung
VORBILD FACHHOCHSCHULE	-	6	-	-
NICHT FACHHOCHSCHULE	-	3	-	-
KLEINER DKFM	-	1	-	-
ALS HOCHSCHULLEHRGANG	-	3	-	-
NICHT WIE 1.ABSCHNITT	1	7	-	-
4 SEMESTER	-	2	-	-
AUCH FÜR BERUFSTÄTIGE	-	2	-	-
L1 LEHRER EINSETZEN	-	2	-	-
KEINE L1 LEHRER	1	3	-	-
NUR WISSENSCH. PERSONAL	-	5	-	-
LEKTOREN AUS DER PRAXIS	-	2	-	-
EDV-GEST. UNTERRICHT	-	1	-	-
PRAXISORIENTIERT	-	8	-	-
AUßERHALB DER WU	-	3	-	-
TOTAL	2	21	-	-

Im Gegensatz dazu häufen sich die Argumente gegen ein Kurzstudium. Das am meisten genannte Argument behauptet, daß es keinen Markt für Absolventen von Kurzstudien gäbe, fast ebenso häufig wird geäußert, daß das Kurzstudium neue Belastungen für die WU bringen würde. Zur Unterstützung dieses Arguments wird angeführt, daß HAK-Absolventen bei Bestehen eines Kurzstudiums dieses durchführen müssen, um Arbeitsmarktchancen zu haben. Eine Gruppe von Argumenten betont, daß die Durchführung von Kurzstudien nicht Sache der WU wäre, befürchtet eine Klassenbildung bei den WU-Absolventen sowie Transportprobleme und weist auf Personalmangel sowie auf universitätsinterne Schwierigkeiten hin. Das Argument, daß ein Kurzstudium den Studienabbruch legitimiert, wird ebenfalls als Gegenargument verwendet. Insgesamt haben 23 Personen diese Argumente 45 mal vorgebracht.

In ähnlicher Weise wie bei der "Horizontalteilung" gibt es eine große Anzahl von Gestaltungsideen für ein Kurzstudium. Eine Gruppe von Professoren wünscht ein Kurzstudium nach dem Vorbild deutscher Fachhochschulen. Eine kleinere Gruppe lehnt dies ab. Eine ebenso kleine Gruppe wünscht das Kurzstudium in Form eines Hochschullehrgangs, eine Gruppe von acht Personen ist der Meinung, daß dies nicht mit dem ersten Abschnitt ident sein soll. Es besteht auch hier eine Auseinandersetzung über die L1-Lehrer. Die größere Anzahl von Äußerung zielt darauf ab, eher wissenschaftliches Personal als L1-Lehrer hier einzusetzen, zwei Meinungen zielen auf Lektoren aus der Praxis bzw. 8 Nennungen auf praxisorientierten Unterricht ab. Als Unterrichtsmethode wird einmal computerunterstützter Unterricht genannt. Drei Professoren sind der Meinung, daß das Kurzstudium außerhalb der Universität abgewickelt werden sollte. Insgesamt wurden von 23 Interviewten diese Argumente 50 mal vorgebracht.

4.3.7 Zusammenfassung der Auszählungsergebnisse:

Faßt man diese Auszählungen zusammen, so erwecken sie den Eindruck, daß die **Gründung einer neuen wirtschaftswissenschaftlichen Ausbildungsstätte in Wien** für die meisten Befragten eine **akzeptierbare und gleichzeitig die am wenigsten umstrittene Lösung** darstellt. **Beide Teilungsalternativen sind wesentlich stärker umstritten.** Hier überwiegt immer die Anzahl der Gegenargumente die Anzahl der Proargumente, die Gestaltungsideen sind teilweise widersprüchlich. Die Variante "Erweiterung in umliegenden Gebäuden" wird tatsächlich von keinem der Interviewpartner als ernstzunehmende Lösung der Probleme der WU gesehen. Die geringe Akzeptanz wird sicherlich auch durch die - für alle Befragten unverständliche - Entscheidung des zuständigen Bundesministeriums, einen in unmittelbarer Nachbarschaft neu zu errichtenden Universitätsbau nur in ganz geringem Ausmaß der WU zu widmen, verursacht. Im nächsten Abschnitt wird versucht, die Mehrheitsfähigkeit von drei Alternativen, nämlich "Neue Universität", "Horizontalteilung" und "Vertikalteilung" durch eine Clusteranalyse zu studieren.

4.4 Clusteranalyse der drei wichtigsten Entlastungsvarianten:

4.4.1 Methodische Grundlagen der Clusteranalyse:

Die Clusteranalyse[22] stellt eine Gruppe von multivariaten, statistischen Verfahren dar, mit denen Beobachtungen zu möglichst homogenen Gruppen zusammengefaßt werden. Grundsätzlich unterscheidet man hierarchische und nicht-hierarchische (disjunkte) Verfahren. Für das vorliegende Problem - die Mehrheitsfähigkeit der einzelnen Entlastungsvarianten - bieten sich die nicht-hierarchischen Methoden an. Als Distanzmaß wird die quadrierte Euklidische Distanz verwendet, als Clusterungsmethode das Varianzkriterium eingesetzt. Diese Methode erlaubt eine optimale **Partitionierung** der Menge der Beobachtungen in der Form, daß für jedes Element einer Klasse die quadrierte Euklidische Distanz zum eigenen Klassenmittelpunkt höchstens gleich der quadrierten Euklidischen Distanz zu den übrigen Klassenmittelpunkten ist. Als Computerprogramm kam das Programm Quick-Cluster des Statistikpaketes SPSS zum Einsatz. Die Wahl fiel unter anderem auch auf diese Prozedur, weil sie eine für die vorliegenden Daten geeignete Behandlung von fehlenden Werten zuläßt. Beobachtungen mit fehlenden Werten einzelner Variablen werden im Unterschied zu anderen Computerprogrammen nicht gestrichen. Quick-Cluster berücksichtigt vielmehr diese Beobachtungen in jenem Teilraum, für den Variablenwerte vorliegen.

Das Ziel dieser Clusteranalyse ist es, Auskünfte über die Mehrheitsfähigkeit der vorgeschlagenen Alternativen im Universitätskollegium zu erhalten. Zu diesem Zweck wird auf die Summe der Stimmen der Professoren- und der Mittelbaukurie im Universitätskollegium, dem obersten Entscheidungsgremium der WU (UK) hochgerechnet. Das Interview mit den Studentenvertretern wird in diesem Verfahren ausgeschlossen, da es nicht als repräsentativ angesehen werden kann.

---

22 Vgl. H. Kaufmann, H. Pape, Clusteranalyse in: L. Fahrmeir, A. Hamerle, Multivariate statistische Verfahren, Walter de Gruyter, Berlin, NY 1984, pp 371

4.4.2 Vorgangsweise:

Die Clusteranalyse wurde nach folgendem Schema vorgenommen:

* Anzahl der Cluster:

  Es wurden Lösungen mit zwei, drei und vier Clustern berechnet.

* Clustervarianten:

  Für jede der drei genannten Lösungen wurden je 3 Varianten gerechnet, die sich durch die verwendeten Variablen unterscheiden.

Variante 1: Akzeptanzvariable für die Alternative "Neue Universität" (L1A)
Akzeptanzvariable für die Alternative "Horizontalteilung" (L3A)
Akzeptanzvariable für die Alternative "Vertikalteilung" (L5A)
Die Akzeptanzvariablen sind nominal skaliert:
(0 ... nein, 1 ... unentschlossen, 2 ... ja)

Variante 2: Alle genannten Akzeptanzvariablen und zusätzlich die Rangzahlen für die einzelnen Alternativen, welche die Positionen der Alternativen in den Präferenzen der Interviewten wiedergeben,

L1P ... Rang der Alternativen "Neue Universität",
L3P ... Rang der Alternativen "Horizontalteilung",
L5P ... Rang der Alternativen "Vertikalteilung",

werden zur Clusterbildung verwendet.

Variante 3: Alle in Variante 2 verwendeten Variablen und zusätzlich Zählvariable für die Anzahl der vom Interviewten genannten Pro- beziehungsweise Kontra-argumente für die einzelnen Alternativen (z.B.: L1PRO ... Anzahl der Pro-Argumente für die Alternative "Neue Universität", etc.) werden zur Clusterbildung verwendet.

Insgesamt ergeben sich aus diesem Schema 9 unterschiedliche Clusteranalysen, die in der Folge genauer diskutiert werden.

Zur statistischen Absicherung der Ergebnisse der Clusteranalysen wurde die Gruppenbildung bei allen Varianten einer weiteren Überprüfung mittels Diskriminanzanalyse unterzogen. Als vorweggenommenes Ergebnis ist festzuhalten, daß die Diskriminanzanalyse die Gruppenbildung mit 95% bis 97% prognostizieren konnte. Wegen der Eindeutigkeit der Ergebnisse kann eine detaillierte Darstellung der Einzelergebnisse der Diskriminanzanalyse unterbleiben.

4.4.3 Ergebnisse der Clusteranalyse:

4.4.3.1 Zwei-Cluster-Lösungen:

Die Zwei-Cluster-Lösung geht davon aus, daß nur zwei verschiedene Entlastungsvarianten vorliegen. Die Clusteranalyse soll klären, ob die Menge der Befragten in zwei sinnvolle, d.h. durch inhaltliche Kennzeichen unterscheidbare Gruppen partitioniert werden kann. Die Clusteranalyse ergab, daß sich die einzelnen Interviews, weitgehend unabhängig von den verwendeten Variablen, in zwei nahezu stabile Gruppen aufteilen lassen.

Tabelle 4.22: **Gruppenmittelwerte: Zwei-Cluster-Lösungen**

Variante 1

Cluster	L1A	L3A	L5A
1	1.7924	.4506	.8983
2	.4631	1.8291	.6911

Variante 2

Cluster	L1A	L3A	L5A	L1P
1	1.9431	.5425	.7975	1.0263
2	.2741	1.5029	.9380	2.8328

Cluster	L3P	L5P
1	2.4435	2.6895
2	1.3733	1.8461

Variante 3

Cluster	L1A	L3A	L5A	L1P
1	1.7789	.5171	.8630	1.2291
2	.3378	1.8137	.7718	2.6627

Cluster	L3P	L5P	L1PRO	L1CON
1	2.4421	2.5615	.3602	.2947
2	1.1139	2.0143	0.0	.4345

Cluster	L3PRO	L3CON	L5PRO	L5CON
1	.0281	1.4583	.1423	.7500
2	.9982	.1861	.0664	.3890

Die Betrachtung der Gruppenmittelwerte der zur Clusterbildung herangezogenen Variablen legt dabei folgende Interpretation nahe: Die Gruppe 1 ist dadurch charakterisiert, daß ihre Mitglieder die Gründung einer neuen Universität wünschen. Die Gruppenmittelwerte für L1A (Akzeptanzvariable für die Alternative "Neue Universität") liegen mit 1,78 - 1,94 nahe bei 2, also bei der Bejahung dieser Alternative. Sie hat die Alternative "Neue Universität" ganz oben in ihrer Rangskala (L1P zwischen 1,03 und 1,23), die Anzahl der Pro- und Kontraargumente für die "Neue Universität" und die beiden Teilungsalternativen verhalten sich konform. Dies wiederum bedeutet, daß die Anzahl der Proargumente für eine Neugründung einer Universität die Anzahl der Gegenargumente überwiegt und gleichzeitig die Anzahl der Proargumente für eine Horizontalteilung bei der zweiten Gruppe die Anzahl der Gegenargumente gegen eine Horizontalteilung deutlich übersteigt. Das zweite Cluster enthält Vertreter der Alternative "Horizontalteilung". Dies drückt sich in hohen Gruppenmitteln für L3A (1,50 - 1,83), niedrigen Gruppenmitteln für L3P (Ränge zwischen 1,1 und 1,3) und den entsprechenden Gruppenmitteln der Variablen L1PRO, L1CON, L3PRO und L3CON aus.

Tabelle 4.23: **Clusterstärken gewichtet (ungewichtet)**

Cluster	Variante 1	Variante 2	Variante 3[23]
1	53(33)	51(31)	55(34)
2	23(20)	25(22)	20(19)

Die Cluster sind bei den einzelnen Varianten weitgehend stabil, lediglich fünf Fälle werden anders zugeordnet. Hochgerechnet auf das UK (nur Professoren und Mittelbauvertreter berücksichtigt) ergibt sich eine Mehrheit von 51-55 Stimmen für eine "Neue Universität" gegenüber 20-25 gegen eine "Neue Universität", d.h. für eine Horizontalteilung der WU.

4.4.3.2 Drei-Cluster-Lösungen:

Bei den drei Varianten der Drei-Cluster-Lösungen sieht man sehr schnell, daß die Clusterbildung ziemlich unabhängig von den gewählten Variablen ist. Das erste Cluster besteht wiederum aus

[23] Hier tritt ein Rundungsfehler bei der Hochrechnung auf.

Vertretern der Gründung einer "Neuen Universität", das zweite Cluster besteht aus Vertretern einer "Horizontalteilung", das dritte Cluster besteht aus Vertretern einer "Vertikalteilung".

Tabelle 4.24: **Gruppenmittelwerte: Drei-Cluster-Lösung**

Variante 1:

Cluster	L1A	L3A	L5A
1	1.9685	.5572	.7651
2	.3437	1.9161	.6991
3	.2516	.3998	1.7150

Variante 2:

Cluster	L1A	L3A	L5A	L1P
1	1.9685	.5572	.7651	1.0000
2	.3032	1.8588	.6991	2.6627
3	.3325	.3033	1.7150	3.1109

Cluster	L3P	L5P
1	2.4281	2.7456
2	1.0647	2.1093
3	2.4750	1.2850

Variante 3:

Cluster	L1A	L3A	L5A	L1P
1	1.9685	.5572	.7651	1.0000
2	.3378	1.8137	.7718	2.6627
3	.2215	.1875	1.6676	3.1109

Cluster	L3P	L5P	L1PRO	L1CON
1	2.4281	2.7456	.4040	.2631
2	1.1139	2.0143	0.0	.4345
3	2.5539	1.3324	0.0	.5539

Cluster	L3PRO	L3CON	L5PRO	L5CON
1	.0315	1.2976	.1281	.7061
2	.9982	.1861	.0664	.3890
3	0.0	2.7785	.2586	1.1109

Der Gruppenmittelwert bei Cluster 1 für die Akzeptanzvariable L1A hat in allen Varianten den Wert 1,97, die Mitglieder dieser Gruppe reihen die Alternative "Neue Universität" immer an die erste Stelle, haben wenige Gegenargumente gegen die von ihnen gewählte Alternative, wohl aber gegen die anderen Alternativen. Cluster 1 enthält in allen Varianten die gleichen Fälle. Analog dazu gelten diese Aussagen, wenn auch in abgeschwächter Form auch für die beiden anderen Gruppen.

Vergleicht man die Zwei- mit den Drei-Cluster-Lösungen, so zeigt sich eine interessante Tatsache. Unabhängig von der gewählten Variante, bleibt die Gruppe der Vertreter einer "Neuen Universität" weitgehend stabil, mit Ausnahme von 1-5 Fällen. Diese Fälle wandern in die Gruppe derjenigen ab, die primär eine Vertikalteilung der Wirtschaftsuniversität wünschen. Das Cluster der Vertreter einer Vertikalteilung rekrutiert sich etwa im gleichen Ausmaß aus beiden Clustern der Zwei-Cluster-Lösung.

Tabelle 4.25: **Clusterstärken gewichtet (ungewichtet)**

Cluster	Variante 1	Variante 2	Variante 3
1	50(30)	50(30)	50(30)
2	17(16)	19(18)	20(19)
3	9(7)	7(5)	6(4)

Insgesamt ergibt sich hier eine Mehrheit von 50 Stimmen für die Gründung einer "Neuen Universität", diese Mehrheit ist bei allen Varianten stabil gegenüber 17-20 Stimmen für eine Horizontalteilung und 6-9 Stimmen für eine Vertikalteilung der WU. Es zeigte sich also, daß eine Partitionierung in zwei Cluster nicht geeignet ist, die Variabilität in der Akzeptanz, den Präferenzen und in der Anzahl der Argumente, Pro- und Contra der einzelnen Lösungen, richtig wiederzugeben. Dies äußert sich in der Wanderung der genannten Fälle zur Gruppe der Vertreter einer "Vertikalteilung". Ebenso zeigt sich, daß das bloße Verwenden von Akzeptanzvariablen für eine stabile Clusterung nicht ausreichend ist. Durch das Hinzufügen der Rangvariablen bzw. der Pro- und Kontraargumente verändern sich die Cluster noch geringfügig.

4.4.3.3 Vier-Cluster-Lösungen:

Schließlich ergibt sich bei der Vier-Cluster-Lösung ein weiteres, interessantes Phänomen. Die Gruppe der Vertreter einer Neugründung einer Universität zerfällt bei der Vier-Cluster-Lösung in zwei Untergruppen. Die erste Untergruppe (Cluster 1) kann als ein Personenkreis definiert werden, der sich **ausschließlich** für eine "Neue Universität" erwärmen kann (L1A immer exakt bei 2, L5A sehr klein, L1P genau 1). Die zweite Untergruppe (Cluster 2) ist vor allem für eine "Neue Universität", kann sich aber auch mit einer "Vertikalteilung" der Wirtschaftsuniversität anfreunden. Cluster 3 beinhaltet wiederum die Vertreter einer "Horizontalteilung", während

Cluster 4 sich aus den Vertretern einer "Vertikalteilung" der WU zusammensetzt. Die anderen Gruppenmittelwerte sind mit dieser Charakterisierung der genannten Cluster konsistent.

Tabelle 4.26: **Vier-Cluster-Lösungen: Gruppenmittelwerte**

Variante 1:

Cluster	L1A	L3A	L5A
1	2.0000	.3273	.2766
2	1.8831	.8780	1.4601
3	.3437	1.9161	.6991
4	.1611	.3157	1.6676

Variante 2:

Cluster	L1A	L3A	L5A	L1P
1	2.0000	.8193	.3634	1.0000
2	1.9267	.2093	1.2982	1.0000
3	.3222	1.8588	.6991	2.6627
4	.2864	.3033	1.7150	3.1109

Cluster	L3P	L5P
1	2.1150	3.1220
2	2.8271	2.0912
3	1.0647	2.1093
4	2.4750	1.2850

Variante 3

Cluster	L1A	L3A	L5A	L1P
1	2.0000	.5649	.4280	1.0000
2	1.7512	.5201	1.7287	1.0911
3	.3032	1.8588	.6991	2.6627
4	0.0	.2408	1.5730	3.4270

Cluster	L3P	L5P	L1PRO	L1CON
1	2.2786	3.0132	.5527	.1354
2	2.8237	1.8198	0.0	.6043
3	1.0647	2.1093	0.0	.4572
4	2.4270	1.4270	0.0	.4270

Cluster	L3PRO	L3CON	L5PRO	L5CON
1	.0431	1.4814	0.0	.8906
2	0.0	.8496	.4052	.1742
3	1.0503	.1958	.0699	.4093
4	0.0	3.0000	.3322	1.4270

Die Mehrheitsverhältnisse verschieben sich auf folgende Art:

Tabelle 4.27: **Clusterstärken gewichtet (ungewichtet)**

Cluster	Variante 1	Variante 2	Variante 3
1	29(18)	28(17)	36(23)
2	22(13)	21(13)	16(9)
3	17(16)	18(17)	19(18)
4	8(6)	8(6)	5(3)

Die Vertreter einer "Neuen Universität", als ausschließliche Lösung der WU-Probleme haben zwischen 28 und 36 Stimmen, der Zuwachs in Variante 3 rekrutiert sich aus Befragten, deren Argumentation (ausgedrückt in den Zählvariablen L1PRO etc.) sie eher der Gruppe der Vertreter einer "Neuen Universität" als dem Cluster 2 zuordnet. Die zweite Untergruppe, das sind jene Personen, die sich sowohl für eine "Neue Universität" als auch für eine "Vertikalteilung" anfreunden könnten, verfügen über ein Stimmpotential von 16 bis 22 Stimmen, die Vertreter einer Horizontalgliederung der WU haben je nach verwendeten Variablen 18 - 20 Stimmen, zwischen 5 und 8 Stimmen wollen vor allem eine Vertikalteilung der Universität. Interessant an der Vier-Cluster-Lösung im Vergleich zur Drei-Cluster-Lösung ist, daß sich nur ein Fall zwischen der Horizontalteilung und der Vertikalteilungsgruppe bewegt.

4.4.3.4 Zusammenfassung der Clusteranalysen:

Es besteht kein Zweifel darüber, daß sich die große Mehrheit der Befragten (hochgerechnet auf die Abstimmungsverhältnisse im UK) für die Neugründung einer Universität aussprach. Erweitert man die Wahlmöglichkeiten auf drei oder vier Varianten, so nimmt der Anteil dieser Personen erst bei der Vier-Cluster-Lösung entscheidend ab. Diese Mehrheit spaltet sich dann in eine Gruppe, die nur die "Neue Universität" wünscht und in eine Gruppe, die sich auch, wenn auch mit schwächerer Intensität, mit einer Vertikalteilung der WU abfinden könnte. Die "Horizontalteilung" hat in keiner der untersuchten Fälle eine entsprechende Mehrheit.

Trotz dieser, doch deutlichen, Ergebnisse ist jedoch bei ihrer Interpretation große Vorsicht geboten. Die hier vorgenommene Clusteranalyse kann natürlich nicht das tatsächliche Abstimmungsverhalten prognostizieren. Einerseits geht die Clusteranalyse vom Wissenstand und vom Stand der Willensbildung zum Zeitpunkt der Befragung aus und enthält keine abstimmungsreife Ausformulierung der einzelnen Varianten. Die der Meinungsäußerung der Befragten zugrundeliegende Information ist also unvollständig und unpräzise. Andererseits ignoriert die Clusteranalyse alle möglichen Varianten strategischen Abstimmungsverhaltens, wie sie aus der

Theorie der Kollektiventscheidung bekannt sind[24]. Bei Vorliegen von strategischen Abstimmungsverhalten kann die Existenz eines allgemein anreizverträglichen Abstimmungsverfahrens verneint werden.

Die Ergebnisse der Clusteranalyse sollen nur als das gedeutet werden, was sie wirklich sind: als starker Hinweis darauf, daß die **Alternative "Neue Universität" größere Akzeptanz hat, als die Teilungsalternativen**. Sie liefert in Unterstützung der einfachen Auszählungen des vorangegangenen Abschnitts entscheidende Hinweise, welche Entlastungsalternativen weiter zu analysieren sind.

---

[24] Vgl. A. Gibbard, Social Decision, Strategic Behavior and Best Outcomes, in: W. Gottinger, W. Leinfellner (Hrsg.), Decision Theory and Social Ethics, Boston 1978, pp 153-168

5. ENTLASTUNGSALTERNATIVEN:

5.1. Einleitung:

Seit Jahren stöhnen wissenschaftliches Personal wie Studenten/innen gleichermaßen über die enormen Belastungen, welche der Massenbetrieb an der WU bei gleichzeitiger, krasser Unterversorgung mit personellen, räumlichen und sachlichen Ressourcen mit sich bringt. Um von der abstrakten Argumentationsweise bezüglich der negativen Auswirkungen dieses Zustandes (Verschulung der Universität, Vernachlässigung der Forschungsaufgaben, Verschlechterung der Ausbildungsqualität etc.) wegzukommen, da sie offensichtlich von den politischen Entscheidungsträgern und der Öffentlichkeit nicht ernst genommen (nicht verstanden?) werden, seien einige internationale Richtwerte genannt, um die völlig unzureichende personelle und materielle Ausstattung der WU griffig zu dokumentieren.

Die vom Planungsausschuß nach dem Hochschulbauförderungsgesetz[25] in der BRD beschlossenen Flächenricht- bzw. Orientierungswerte (Hauptnutzfläche je Studienplatz) betragen für wirtschafts- und gesellschaftswissenschaftliche Fächer an Universitäten 4,0 - 4,5 m². Der Begriff Hauptnutzfläche ist ein Begriff aus der deutschen Industrienorm (DIN) und umfaßt jene Fläche, welche unabhängig von der letztlich gewählten Erschließungsvariante unbedingt benötigt wird (also inklusive WC's und dgl.), jedoch ohne sämtliche erschließungsabhängige Flächen (Gänge etc.). Inklusive aller Notlösungen in Form von Anmietungen und Mitbenützung anderer Universitätsgebäude beträgt die der WU derzeit zur Vefügung stehende Fläche 30.053 m², was gemäß der oben genannten Orientierungswerte einer Kapazität von 6.700-7.500 Studenten/innen entspricht. Dem steht eine Studenten/innenzahl im Studienjahr 1988/89 von 18.000 gegenüber. Unter Berücksichtigung von zur Zeit geplanten Erweiterungen der WU ergibt sich nach diesen Orientierungswerten ab 1994 eine Aufnahmekapazität von 9.725-10.940 Studenten/innen, zu einem Zeitpunkt in dem jedoch mit bis zu 24.000 Studenten/innen gerechnet werden muß[26]. Diese kosmetischen Korrekturen am Raumangebot sind folglich nicht im geringsten in der Lage, eine nachhaltige Entschärfung der gegenwärtigen Situation mit sich zu bringen.

---

[25] Empfehlungen und Stellungnahmen des Deutschen Wissenschaftsrates 1977, Tübingen 1978, S.137

[26] Vgl. Kapitel 2 dieser Studie.

Noch drastischer stellt sich der personelle Soll-Ist-Vergleich der WU dar. In den Empfehlungen und Stellungnahmen des Wissenschaftsrates der Bundesrepublik Deutschland wird ein Verhältnis von Studienanfängern pro Jahr zu wissenschaftlichen Stellen (Professoren, Assistenten, akademische Lehrer) von 4,2 gefordert[27]. Mit dem im laufenden Studienjahr[28] an der WU vorhandenen Personalstand (60 Professoren; 173,5 Assistenten; 17 wissenschaftliche Beamte und L1-Lehrer) wären lediglich 1.065 Studienanfänger zu verkraften, eine Zahl, die bereits 1979 überschritten wurde und heuer bereits zum fünften Mal in Folge (!) um mehr als das Doppelte überschritten wird. Bezieht man die große Zahl der Doppelstudenten an der WU mit ein, ergibt sich eine noch viel drastischere Situation.

Selbst unter Zugrundelegung der in der Deutschen Kapazitätsverordnung festgelegten Höchstlastwerte zeigt sich die enorme Personalknappheit. Laut Deutschem Bundesverfassungsgericht darf eine solche Extremauslastung nur von vorübergehender Natur sein; bei Überschreitung dieses Wertes sind bereits "numerus clausus-Maßnahmen" vorzusehen. Diese auf Curricularnormwerten basierenden Höchstlastwerte sehen 5,3 Studienanfänger je wissenschaftlicher Stelle vor[29], was eine Kapazität der derzeitigen WU von 1.345 jährlichen Studienanfängern bedeutet. Bei 2.500 zu erwartenden Erstimmatrikulanten im laufenden Jahr wird dieser Wert um fast 100% überschritten. Der BRD-Wissenschaftsrat befürchtet bei so hohen Studentenzahlen bereits umfassende Beeinträchtigungen der Fähigkeit der Hochschulen, neue Stoffgebiete in Forschung und Lehre aufzugreifen, das Studienangebot zu differenzieren, neue Vermittlungsformen zu entwickeln und zu erproben[30]. Die WU "fährt", gemessen an diesen Werten, mit 200%iger Kapazitätsauslastung!

Eine solche Situation wäre in der Bundesrepublik Deutschland absolut undenkbar, da sie keine Gewähr für Studienbedingungen bietet, bei der möglichst viele Studienanfänger einen qualifizier-

---

[27] Empfehlungen und Stellungnahmen des Wissenschaftsrates 1977, Tübingen 1978, S. 21.

[28] vgl. Kenndaten der WU Wien, Wien 1989

[29] Handbuch der Zentralstelle für die Vergabe von Studienplätzen (ZVS), Dortmund, November 1988, Anhang.

[30] Vgl. Empfehlungen und Stellungnahmen des Deutschen Wissenschaftsrates, a.a.O., S. 1322

ten Abschluß erreichen können[31]. Die Entscheidung über eine etwaige Einführung des numerus clausus-Systems in Österreich muß selbstverständlich den politischen Entscheidungsträgern überlassen werden. Unter Beibehaltung der bisher praktizierten Wissenschaftspolitik eines freien Universitätszuganges, muß jedoch auch eine entsprechende Versorgung mit Ressourcen vorgesehen werden.

Eine sehr bedenklich stimmende Studie von Daniere und Mechling (1970)[32] befaßt sich mit der Qualität universitärer Ausbildung. Danach ist eine Universität, welche im Studienjahr 1963/64(!) unter 1.000 US-$ per Student/in ausgegeben hat, in die unterste Qualitätsstufe einzureihen. Absolventen/innen dieser Universitäten hatten im weiteren Verlauf ihrer Berufslaufbahn mit deutlich geringerem Einkommen zu rechnen, als ihre Kollegen aus Universitäten in höheren Qualitätsstufen. Wo die WU nach Maßgabe dieses Kriteriums derzeit steht, läßt sich daran ermessen, daß im Jahr 1989 nur rund 17.200 ÖS pro Student/in aufgewendet wurden. Auf Grund der dominierenden Stellung der WU im Bereich der Wirtschaftsakademikerausbildung in Österreich, können hier zwar keine Einkommensverluste konstatiert werden, der volkswirtschaftliche Schaden ist nichtsdestotrotz in vollem Ausmaß gegeben.

Ein Grund dafür ist der, daß die Produktivität der WU-Absolventen/innen wahrscheinlich nicht dem entspricht, was von akademisch ausgebildeten Wirtschaftswissenschaftern erwartet werden kann. Weiters sind die enormen Kosten in Ansatz zu bringen, welche den Firmen bzw. den Absolventen/innen selbst aus Nachschulung erwachsen, die zumindest teilweise durch eine qualitativ höherwertige Universitätsausbildung eingespart werden könnten. Unter Berücksichtigung dieser Umstände stellt der aktuelle Zustand der WU auch die Ursache für eine enorme Ressourcenvergeudung dar, da mit der vorhandenen unzureichenden Mittelausstattung das Ausbildungsziel, die Wirtschaft mit potentiellen Führungskräften zu versorgen, um im internationalen Konkurrenzkampf bestehen zu können, nicht im gewünschten Ausmaß erreicht werden kann. Dies führt dazu, daß die Zeit, welche die Studierenden in das Wirtschaftsstudium investieren, schlecht remuneriert wird und daß langfristig sogar die Wettbewerbsfähigkeit Öster-

---

[31] Vgl. Empfehlungen und Stellungnahmen des Deutschen Wissenschaftsrates, a.a.O., S. 15

[32] Vgl. A.Daniere, J.Mechling, Direct Marginal Productivity of College Education in Relation to College Aptitude of Students and Production Costs of Institutions, The Journal of Human Resources, Winter 1970, S. 51-70

reichs beeinträchtigt werden könnte. Darüberhinaus verlängern die Studienbedingungen an der WU die Studiendauer und verursachen eine international wohl einmalig hohe Drop-Out-Quote.

Aus diesem kurzen Vergleich ist zwingend zu folgern, daß die vorzuschlagenden Alternativen, radikale Änderungen der derzeitigen Situation, wie sie vom amtierenden Rektor an der Spitze und allen Angehörigen der WU heftigst beklagt und kritisiert wird, beinhalten müssen. Kosmetische Operationen am Status quo (geringfügige Personalaufstockungen, mehr Lehraufträge etc.), ohne längerfristige Perspektive, helfen nicht oder nur sehr beschränkt, die WU aus ihrer Notlage herauszuführen und sie ihrem selbstgewählten Ziel, die führende wirtschaftswissenschaftliche Ausbildungs- und Forschungsstätte im deutschsprachigen Raum[33] zu werden, näherzubringen. Es kann und wird daher in den folgenden Abschnitten nicht von kleinen Eingriffen und Verbesserungen die Rede sein, sondern es werden ausschließlich "große" Lösungen einer Analyse unterzogen. Dabei müssen auch Lösungen ins Auge gefaßt werden, die über eine bloße Sanierung der WU hinausgehen.

Mit dem Angebot der Gemeinde Wien, der WU auf den Donaugründen ein entsprechendes Areal zur Verfügung zu stellen, ist eine wichtige Voraussetzung, nämlich ein Standort für "große" Lösungen, geschaffen. Sicherlich wäre es auch überaus interessant, über die Standortfrage weitere Überlegungen anzustellen. Diese Fragestellung liegt allerdings außerhalb der Reichweite dieser Studie.

Die Schaffung der zweiten Grundvoraussetzung aller in Betracht kommenden Lösungen, eine ausreichende Finanzierung, liegt in den Händen der politischen Entscheidungsträger. Die vorliegende Studie kann aber Argumente, die für eine große Lösung der WU-Probleme sprechen, herausarbeiten. Eine wichtige Rolle bei der Entscheidung für eine konkrete Alternative wird hier der Kosten-Nutzen-Analyse zufallen.

Welche Bedeutung haben nun die in den Kapiteln 2 bis 4 dieses Berichts gesammelten empirischen Ergebnisse für die Formulierung der Entlastungsalternativen? Die Bedeutung des in den vorangegangenen Kapiteln erstellten empirischen Befundes liegt darin,

---

[33] vgl. H.R. HANSEN (Hrsg.): WU-2000: Entwicklungsplan der Wirtschaftsuniversität Wien, Wien 1987. S.79 ff.

* Eckdaten für die Dimension der angestrebten Lösungen bereitzustellen,
* Ideen für die inhaltliche Ausgestaltung der angestrebten Lösung zu liefern,
* die Durchsetzbarkeit der einzelnen Lösungen zumindest im Ansatz abschätzen zu können.

So liefert Abschnitt 2 dieser Arbeit die Eckdaten über den zu erwartenden Zustrom von Studenten/innen an die WU. Das in Abschnitt 3 präsentierte Anforderungsprofil enthält Hinweise auf die qualitative und quantitative Nachfrage nach WU-Absolventen/innen.

Die Ideen für die inhaltliche Ausgestaltung der Lösungen können einerseits aus dem Anforderungsprofil an WU-Absolventen/innen und andererseits aus dem Meinungsbild innerhalb der WU abgeleitet werden. Schließlich ist die Akzeptanz einzelner Lösungen innerhalb der WU, soweit sie in die Analyse einbezogen werden, der unmittelbare Inhalt des Meinungsbildes in der WU.

5.2 Entlastungsalternativen; Dimensionierung, Ausgestaltung, Akzeptanz:

5.2.1 Dimensionierung:

Abschnitt 2 enthält detaillierte Informationen über die Entwicklung der Erstimmatrikulierenden und der Hörer der WU bis ins Jahr 2000. Von den verschiedenen dort berechneten Varianten erscheint die Variante EW_VAR1 besonders plausibel. Sie geht von einer moderaten Entwicklung des realen BIP (3% Wachstum) und einer langsamen, sukzessiven Verbesserung der Arbeitsmarktsituation aus. Die Zahl der Erstimmatrikulanten bewegt sich zwischen 2.800 und 3000 pro Jahr. Bei gleichbleibenden (schlechten) Studienbedingungen an der WU (gemessen in Drop-Out-Verhalten und Studiendauer) führt dies zu einem Ansteigen der Gesamthörerzahl auf Werte jenseits von 22.000 Hörern im Jahr 2000. Im Prognosezeitraum (1989-2000) ist nach diesen Simulationsergebnissen mit einem Anstieg der WU-Absolventen/innen auf etwa 1300 pro Jahr zu rechnen. Im Vergleich dazu liefert die Schätzung der Nachfrage nach WU-Absolventen/-innen (vgl. Abschnitt 3.3 Nachfragepotential) einen Wert in der Größenordnung von 1250 Absolventen/innen. Diese Schätzung liegt bereits jetzt im Bereich für der 1995 erwarteten Absolventenzahl. Verschiedene Indizien, wie steigende Anfangsgehälter von WU-Absolventen/-innen und die zunehmende Tertiärisierung der Industrie lassen stark vermuten, daß die tatsächlich benötigte Anzahl von WU-Absolventen/innen am Ende der Planungsperiode noch deutlich über diesen Werten liegen wird. P. Weiss[34] erwartet in zugehörigen Berufsgruppen ein Wachstum der Nachfrage nach Wirtschaftsakademikern bis zu 11% für den Zeitraum 1986 bis 1995. Dies kann zu einem weiteren, nicht prognostizierten Andrang von Studenten an die WU führen, verlangt aber gleichzeitig eine nachhaltige Senkung der Drop-Out-Quote und eine deutliche Verringerung der durchschnittlichen Studiendauer an der WU.

Alle im folgenden vorgenommenen Berechnungen gehen (unabhängig von der betrachteten Entlastungsvariante) von 3000 Studienanfängern pro Jahr aus. Diese Annahme steht im Einklang mit unserer Prognose der Studenten/innenzahlen und stellt den ersten Eckwert für das weitere Vorgehen dar. Darüberhinaus wird jeweils eine Variante mit 2400 Studienanfängern pro Jahr[35] berechnet, um auch für den Fall einer groben Überschätzung der Anfängerzahlen entsprechende Aussagen bereitzustellen. Die Erfahrungen an der WU zeigen, daß auf zwei Erstimmatrikulierende im Durchschnitt ein Doppelstudent kommt, der an der WU ein Zweitstudium beginnt, sodaß die Anfängerzahlen mit 1,5 zu multiplizieren sind.

Das nächste Problem besteht in der Festlegung der für die Ausbildung dieser Studentenzahlen benötigten Personal-, Raum- und Sachressourcen. Hier gehen die Meinungen der zuständigen Bundesbehörden und WU auseinander. Budgetknappheit verlangt vom Bund als Träger der Universitäten eine restriktivere Einschätzung als von den Universitäten selbst. Außer Zweifel steht jedoch, daß das Betreuungsverhältnis (akad. Lehrer pro Student/in) und die Raumsituation an der WU in keiner Weise den Erfordernissen einer auch nur brauchbaren Ausbildung, geschweige einer fruchtbaren Forschung förderlich sind. Als Richtwerte für Betreuungsverhältnisse und Raumbedarf ziehen wir wiederum die vom Deutschen Wissenschaftsrat 1977 festgelegten Werte[36] für die BRD heran:

4,2 Neuinskribierende Studenten/innen pro akademischen Lehrer

4 - 4,5 m^2 (Bruttonutzfläche) pro Student/in.

---

[34] Vgl. P.Weiss, Projektion der Branchen-, Berufs- und Qualifikationsspezifischen Beschäftigung bis 1995, in: W. Clement, Die Tertiärisierung der Industrie, Institut für angewandte Sozial- und Wirtschaftsforschung, Signum Verlag 1988, S.190 ff.

[35] Vgl. Abschnitt 2.4.3.5 Alternativprognose und Abschnitt 2.5. Zusammenfassung Hörergnose

[36] Vgl. Empfehlungen und Stellungnahmen des Deutschen Wissenschaftsrates 1977,a.a.O., S. 21, 137

Tabelle 5.1: Simulation von Srudenten- und Absolventenzahlen (3000 Neuimmatrikulierende pro Jahr)

	unveränderte Bedingungen			radikal verbesserte Bedingungen		
	Erstimmatr.	Doppelstud.	insgesamt	Erstimmatr.	Doppelstud.	insgesamt
1.Abschnitt	11.900	6.000	17.900	10.600	5.600	16.200
2.Abschnitt	3.900	1.200	5.100	4.500	1.500	6.000
Absolventen	1.040	260	1.300	1.210	370	1.580

Tabelle 5.2: Simulation von Studenten- und Absolventenzahlen (2400 Neuimmatrikulierende pro Jahr)

	unveränderte Bedingungen			radikal verbesserte Bedingungen		
	Erstimmatr.	Doppelstud.	insgesamt	Erstimmatr.	Doppelstud.	insgesamt
1.Abschnitt	9.500	4.800	14.300	8.400	4.500	12.900
2.Abschnitt	3.100	970	4.070	3.600	1.200	4.800
Absolventen	830	200	1.030	970	300	1.270

Erläuterung: Bei "unveränderten Bedingungen" wird mit einer Drop-Out-Rate von 65% und einer durchschnittlichen Studiendauer von 12,7 Semestern gerechnet. Bei "radikal verbesserten Bedingungen" gehen wir davon aus, daß sich diese Größen auf 55% bzw. 10,7 Semester verändern.

Diese Werte charakterisieren die für das Betriebswirtschaftsstudium an bundesdeutschen Universitäten bei Normallast als notwendig erachteten Personal- und Raumressourcen. Beiden Zahlen stellen weitere Eckwerte für das Vorgehen dar. Da sich bei einer radikalen Verbesserung der Ressourcensituation der WU aber auch die Studiensituation deutlich verbessern wird, muß auch dieser Umstand einbezogen werden. Wir nehmen als weiteren Eckwert für die Dimensionierung an, daß sich die durchschnittliche Studiendauer von derzeit 12,7 Semestern auf 10,7 Semester verringert und die Drop-Out Rate auf 55% zurückgeht.

In den Tabellen 5.1 und 5.2 wird das Ergebnis von Simulationen dargestellt. Diese Simulationen gehen von konstant 3000 bzw. 2400 Erstimmatrikulierenden und 1.500 bzw. 1200 zusätzlichen Doppelstudenten pro Jahr aus und errechnen unter Zugrundelegung des in Abschnitt 2.5 ermittelten Studienverhaltens die Zahl der Studenten/innen im ersten und zweiten Studienabschnitt und die Zahl der jährlichen Absolventen/innen für zwei Alternativen. Die erste Alternative legt unveränderte Studienbedingungen, die zweite radikal verbesserte Studienbedingungen zugrunde.

In einem ersten groben Überschlag würde demgemäß die WU folgende Raum- und Personalressourcen benötigen, um den Studienbetrieb unter Normallast abwickeln zu können.

Tabelle 5.3: **WU bei Normallast**

	Variante 1 3000 Neuimm.	Variante 2 2400 Neuimm.	WU*) derzeit
akad.Lehrer	1070 (710)	860 (575)	250
Bruttonutzfläche	78.100 m²	75.200 m²	40.000

*) inklusive aller Expositusen
Die Angaben in Klammer ergeben sich bei Nichtberücksichtigung der Doppelstudenten.

Legt man die derzeitigen Raum- und Personalressourcen zugrunde, ergibt sich, gemessen an diesen Zahlen auf dem Personalsektor ein Bedarf von mehreren hundert Prozent und auf dem Raumsektor ein Bedarf von etwa 100%.

5.2.2 Ausgestaltung der Entlastungsalternativen:

Die wichtigsten Hinweise für die inhaltliche Ausgestaltung der Entlastungsalternativen finden sich im Meinungsbild der WU-Angehörigen und im Anforderungsprofil der Wirtschaft an die WU-Absolventen/innen.

Wie bereits in den Abschnitten 4.2 und 4.3 im Detail dargestellt, konzentrieren sich die Überlegungen der Angehörigen des Lehrkörpers und der Verwaltung der WU auf folgende drei Entlastungsvarianten:

* Gründung einer "Neuen Universität"
* "Vertikalteilung" der WU
* "Horizontalteilung" der WU

5.2.2.1 "Neue Universität" und "Vertikalteilung":

Als Hauptargument für die Neugründung einer zweiten wirtschaftswissenschaftlichen Ausbildungsstätte auf den Donaugründen wird ein Betriebsgrößenargument herangezogen. Den Vertretern dieser Alternative erscheint bereits heute bei der WU die optimale Betriebsgröße überschritten. Eine für notwendig erachtete, beträchtliche Kapazitätserweiterung sollte nur im Rahmen einer zweiten Universität erfolgen. Wer den universitären Betrieb an der WU kennt, muß erkennen, daß das organisatorische Korsett der derzeitigen Konstruktion (keine Fakultätsgliederung und damit Verlagerung der wichtigsten Entscheidungen in das Universitätskollegium und dessen Kommissionen) bei der derzeitigen Größe der WU bereits bei weitem überstrapaziert ist.

Unabhängig vom Universitätsaufbau ist jedoch das Problem des Tätigkeitsbereiches einer "Neuen Universität". Die Hauptaussage des Meinungsbildes in dieser Hinsicht ist einfach die, daß die "Neue Universität" eine Konkurrenz zur WU darstellen sollte. Damit ist primär gemeint, daß alle an der WU eingerichteten Studienrichtungen auch an der "Neuen Universität" einzurichten wären. Kleine Minderheiten wünschen neue Studienrichtungen im Bereich Wirtschaft und Recht, Wirtschaft und Informatik, sowie eine verstärkte internationale Ausrichtung.

Vom Gesichtspunkt der möglichst raschen und nachhaltigen Entlastung der WU, ist ein möglichst breites, die WU konkurrenzierendes Fächerangebot an der "Neuen Universität" vorzuziehen. Am Beispiel der an der SoWi-Fakultät der Universität Wien eingerichteten Studienrichtung Wirtschaftsinformatik, bzw. des Studienversuchs Betriebs- und Wirtschaftsinformatik (WS 1987/88: zusammen 1142 inländische Studierende an der Universität Wien) sieht man die vergleichsweise geringe Nachfrage nach solchen speziellen Studien. Auch bei einer raschen Ausweitung der Studienanfänger in diesem Bereich, wäre die Entlastung der WU durch eine "Neue Universität", die nur Spezialstudiengänge anbietet, viel zu gering.

Eine weitere, für das Tätigkeitsfeld einer "Neuen Universität" interessante Informationsquelle ist das Anforderungsprofil an WU-Absolventen/innen, das in Abschnitt 3 detailliert beschrieben wurde. Etwas überspitzt formuliert, erwarten die befragten Unternehmungen von WU-Absolventen/innen an erster Stelle Dispositionsfähigkeit bzw. Sachmotivation und erst an zweiter Stelle einschlägige betriebswirtschaftliche Kenntnisse, die in den einzelnen Funktionsbereichen unterschiedlich breit gestreut sein sollen (vgl. oben Abschnitt 3.2.2.4).

Diese Stelle erscheint sehr geeignet, diese Ergebnisse auch aus dem Blickpunkt der Entwicklung der WU (bzw. der "Neuen Universität") zu hinterfragen. Zuerst muß gefragt werden, warum die Persönlichkeitsfaktoren im Anforderungsprofil so stark vertreten sind. Dazu lassen sich (mangels empirischer Ergebnisse) nur einige Vermutungen äußern:

* Sie spielen in der betrieblichen Praxis die im Anforderungsprofil wiedergegebene, dominante Rolle.
* Die hohe Bewertung von Persönlichkeitsfaktoren signalisiert ein Defizit in der universitären Ausbildung.
* Die hohe Bewertung ist der Ausdruck eines Vorurteils der Personalmanager über die Bedeutung von Persönlichkeitsfaktoren.

Liegt der zuletzt genannte Fall vor, so könnte man die hohe Bewertung der Persönlichkeitsfaktoren einfach ignorieren und gegebenenfalls Überlegungen anstellen, wie dieses Vorurteil zu korrigieren wäre.

In den beiden anderen Fällen ist die Lage nicht so einfach und bedarf weiterer Überlegungen. Man könnte sich zunächst auf die Position zurückziehen, daß die Entwicklung der Persönlichkeit nicht Angelegenheit einer universitären Ausbildung sei; die Studierenden sollten selbst durch geeignete, außeruniversitäre Aktivitäten zur Entwicklung ihrer Persönlichkeit beitragen, oder die Unternehmungen sollten durch entsprechende Maßnahmen die gewünschte Persönlichkeitsentwicklung fördern.

Obwohl diese weit verbreitete Position einen wahren Kern besitzt, greift sie vermutlich dennoch etwas zu kurz. Auch wenn die Universitäten primär nicht Anstalten zur unternehmensgerechten Persönlichkeitsentwicklung sind, übersieht diese Einschätzung, daß jeder Universität, also auch der WU, eine wichtige Sozialisierungsfunktion innewohnt. Die WU ist für viele ihrer Studenten/-innen, wenn nicht der erste, so doch der zweite ernsthafte Kontakt mit Wirtschaftsfächern und prägt daher grundsätzliche Einstellungen. Unterrichtsmethode und -stil beeinflussen die Arbeitstechnik und den Arbeitsstil der Studenten/innen, das Universitätsklima kann die Persönlichkeit fördern oder verkümmern lassen.

Es ist hier weder der Ort für tiefschürfende Überlegungen über den Zusammenhang zwischen Universitätskultur und Persönlichkeitsentwicklung der Studenten/innen, noch fühlen wir uns ernsthaft dazu berufen. Die Vermutung, daß der teilweise bereits bedrohliche (um nicht das Wort "chaotische" zu verwenden) Massenbetrieb an der WU, die Persönlichkeit der WU-Studenten/innen nicht in positiver Richtung formt, ist jedoch recht naheliegend.

Auch wenn eine drastische Verringerung der Studentenzahlen kein Allheilmittel darstellt, eine deutliche Erleichterung wäre damit sicherlich zu erreichen.

Darüberhinaus könnte die hohe Bewertung von Persönlichkeitsfaktoren im Anforderungsprofil Überlegungen in Richtung Einführung von speziellen Unterrichtsformen ebnen, in denen eben diese gewünschten Fähigkeiten mitgeschult werden könnten.

Schließlich könnte man ernsthaft überlegen, bestimmte Aspekte der Persönlichkeitsentwicklung mit in die Ausbildungsziele einer "Neuen Universität" aufzunehmen.

Dieser Problemaufriß soll weder als Befürwortung noch als Ablehnung interpretiert werden. Wir sehen uns auch in diesem Punkt weder in der Lage noch dazu berufen, mehr als nur einen

Denkanstoß zu geben. Darüberhinaus ist dieser Fragenkomplex für die Dimensionierung der "Neuen Universität" nur von geringer Bedeutung.

Ein weiteres Ergebnis des Anforderungsprofils ist die bereits genannte, unterschiedlich breite Streuung der in den einzelnen Funktionsbereichen (Management, Administration, Produktion, Vertrieb) gewünschten Fachkenntnisse. Hier ist wiederum an das Problem der speziellen Studienrichtungen anzuknüpfen. Nach unserer Einschätzung spricht der empirische Befund dagegen, an einer "Neuen Universität" ausschließlich spezielle Studienrichtungen einzurichten. Die Details des Anforderungsprofils sprechen eher dafür, weiterhin eine Generalistenausbildung zu forcieren, die jedoch im Rahmen der speziellen Betriebswirtschaftslehren eine stärkere Schwerpunktbildung zuläßt, als die zur Zeit installierten Studienpläne.

Eng verwandt mit der Alternative "Neue Universität" ist die Alternative "Vertikalteilung der WU". Die Vertreter dieser zuletzt genannten Alternative schätzen das Betriebsgrößenproblem als weniger gravierend ein als die Vertreter der "Neuen Universität" und versprechen sich aus der Auslagerung einer großen Studienrichtung, i.e. Handelswissenschaften, eine unmittelbare Entlastung der WU am Standort Augasse.

Der Unterschied zur Variante "Neue Universität" ist geringer, als es auf den ersten Blick erscheinen mag. Es kommt zwar bei dieser Alternative nicht zu einer Verdoppelung der Einrichtungen der Universitätsverwaltung, aber der zweite Standort erfordert ebenfalls eine beträchtliche Ausweitung dieser Einrichtungen. Diese mag bei den reinen Verwaltungsdienststellen gering sein, eine Bibliothek und ein EDV-Zentrum müßte wahrscheinlich auch am zweiten Standort in ähnlichem Umfang installiert werden, wie sie bereits an der WU bestehen. Nur so könnte man Wegekosten einsparen, die ausreichende Literaturversorgung der Studenten/innen und der akademischen Lehrer sicherstellen und entsprechende EDV-Kapazitäten vorhalten. Auch das Problem der Sprachlabors wäre neu zu überdenken.

Weiters ist in diesem Fall zu überlegen, welche zusätzlichen Studienangebote am zweiten Standort einzurichten wären, da die Auslagerung der Studienrichtung Handelswissenschaft alleine nicht die gewünschte Entlastung des alten Standorts in der Augasse bewirken könnte. Damit taucht das bereits oben angesprochene Problem von Sonderstudienrichtungen in veränderter Form wieder auf. Bewirkt eine Diversifikation des Studienangebots eine Verlagerung von Studierenden, oder erhöht die Diversifikation den Andrang auf Wirtschaftsstudien? Die quantitative Ausformulierung der Entlastungsvarianten kann sich in dieser Frage nur auf Vermutungen stützen.

Insgesamt kommt die Variante "Vertikalteilung" sehr in die Nähe der Variante "Neue Universität". Letztlich ist zu erwarten, daß sich der zweite Standort längerfristig zu einer eigenständigen Universität entwickeln wird. Darüberhinaus sind die Größenordnungen der in diesen beiden Varianten zusätzlich benötigten Ressourcen sehr ähnlich. Es erscheint daher durchaus vertretbar, die "Vertikalteilung" und die Variante "Neue Universität" für die weiteren Überlegungen als <u>eine</u> Entlastungsvariante zu betrachten und im folgenden unter dem Begriff "Neue Universität" zu behandeln.

Ein weiteres Problem in diesem Zusammenhang ist die Frage der Verfügbarkeit der entsprechenden Zahl von qualifizierten akademischen Lehrern. Dem Projektteam erscheint die Errichtung einer zweiten wirtschaftswissenschaftlichen Universität ohne Geburtshilfe der WU und der SOWI-Fakultät der Universität Wien als unmöglich. Darüberhinaus ist das Nebeneinander dreier unabhängiger sozial- und wirtschaftswissenschaftlicher Ausbildungsstätten am Standort Wien kaum argumentierbar. Eine mögliche Variante wäre, die gesamte SOWI-Fakultät von der Universität Wien loszulösen und als Nukleus für die "Neue Universität" heranzuziehen.

Es muß an dieser Stelle vermerkt werden, daß von unserer Seite keine Kontakte und kein Einverständnis mit Vertretern der SOWI-Fakultät in dieser Frage bestehen. Allerdings glauben wir, daß dieser Vorschlag äußerst diskussionswürdig ist.

Für die weitere Analyse gehen wir von folgender Grobstruktur der Variante "Neue Universität" aus:

* <u>Angebot aller SOWI-Studienrichtungen insbesondere Betriebswirtschaft, Handelswissenschaften, Volkswirtschaft</u> und das derzeitige Studienprogramm der SOWI-Fakultät der Universität Wien
* <u>Konkurrenz zur WU</u>
* <u>ähnliche Dimension wie WU</u>
* <u>Volluniversität mit allen universitären Einrichtungen (EDV-Zentrum, Bibliothek, etc.)</u>
* <u>Integration der SOWI-Fakultät der Universität Wien</u> (sowohl Personal - als auch Sachausstattung)

Die Akzeptanz dieser Lösung innerhalb der WU ist wahrscheinlich groß, zu bezweifeln ist, daß die SOWI-Fakultät der Universität Wien für diese Variante begeistert werden kann.

Die Einzelheiten über die Dimensionierung der nötigen Gebäude, über den Personal- und Sachmittelbedarf werden in Abschnitt 5.3 präsentiert.

5.2.2.2 Horizontalteilung:

Die Horizontalteilungsvariante sieht vor, daß der gesamte erste Studienabschnitt mit allen Massenveranstaltungen aus dem derzeitigen Standort Augasse in ein neu zu errichtendes Studienzentrum auf den Donaugründen ausgelagert würde. Der zweite Studienabschnitt, das Doktoratsstudium und alle Institute würden jedoch am Standort Augasse 2-6 verbleiben.

Diese Variante bietet eine Reihe von interessanten positiven wie negativen Aspekten. Ein wichtiger positiver Aspekt wäre die Möglichkeit, ein dem Massenbetrieb besser angepaßtes Gebäude zu errichten. Die Topologie des UZA I ist wegen der Mischung von öffentlichen (Hörsäle, Seminarräume) und nicht-öffentlichen Bereichen (Institute, Büros) für einen Massenbetrieb ziemlich ungeeignet. Dazu kommen die ungenügende Aufzugkapazität, die zu geringe Dimensionierung der sanitären Anlagen, die zu kleine Bibliothek, das Fehlen von akzeptablen Studentenarbeitsplätzen außerhalb der Bibliothek etc. Auch ist die Struktur und die Anzahl der Hörsäle nicht für einen Massenbetrieb ausgelegt, was sich sehr augenfällig in den mehrfachen Umbauten im Hörsaalbereich niedergeschlagen hat. Gemäß Tabelle 5.1 und 5.2 würde ein Neubau eines Studienzentrums für den ersten Studienabschnitt auf den Donaugründen ausreichend Platz für 13.000 bis 16.000 Studenten/innen, die entsprechende Anzahl akademischer Lehrer und die nötigen Hörsäle und Serviceeinrichtungen bieten müssen.

Bevor auf die Größenverhältnisse eingegangen werden kann, ist jedoch als wichtiger Punkt, das didaktische Konzept, das hinter der "Horizontalteilung" steht, zu analysieren. Die Auslagerung der Lehrveranstaltungen des ersten Studienabschnitts aller an der WU eingerichteten Studienrichtungen kann entweder unter Beibehaltung des bisher geübten didaktischen Konzepts, oder nach neuen, vorläufig auch von den Vertretern der "Horizontalteilung" nicht oder nur unklar spezifizierten, didaktischen Konzepten erfolgen. Die bisherigen Vorstellungen gehen von der Einheit von wissenschaftlicher Forschung und Lehre aus. Sie lassen jedoch in Fächern, in denen

Fertigkeiten vermittelt werden sollen (z.B. Sprachen), auch zu, daß der Unterricht von (nicht forschenden) Lehrern (L1-Lehrer) erteilt werden kann. In vielen Fällen behilft man sich, der Not gehorchend, auch mit externen Lektoren.

Behält man dieses Konzept bei, so ergeben sich dieselben Personalerfordernisse im Bereich der akademischen Lehrer, wie bei der Variante "Neue Universität". In diesem Falle gerät aber das gesamte Konzept in ernste Schwierigkeiten, da eine große Zahl von Instituten in die Gebäude auf den Donaugründen einziehen müßte, da am Standort Augasse für sie kein Platz wäre. Dies ist in zweierlei Hinsicht problematisch. Einerseits wäre es in diesem Falle notwendig, die gesamte universitäre Infrastruktur auch dort zu errichten, andernfalls niemand bereit wäre, ohne Bibliothek, EDV-Zentrum, entsprechende Verwaltungsdienststellen etc. dorthin zu übersiedeln. Andererseits wird es sehr schwer sein, überhaupt jemanden dazu zu bewegen, in das neu errichtete Universitätszentrum zu übersiedeln. Auch bei einer noch so günstigen Raum- und Sachausstattung sind die Belastungen des Massenbetriebs im ersten Studienabschnitt enorm und von niedrigem Prestigewert.

Mit welchen Argumenten soll man einen akademischen Lehrer dazu bewegen, erstens diese Belastungen zu übernehmen und zweitens die vergleichsweise wesentlich reizvolleren Lehraufgaben im zweiten (und dritten!) Studienabschnitt aufzugeben? Wenn aber alle Infrastruktureinrichtungen einer Universität ohnehin errichtet werden müssen und es kaum möglich sein dürfte, Institute zu finden, die sich bereit erklären, ausschließlich oder vorwiegend im 1. Studienabschnitt zu unterrichten, so kommt, bei einigermaßen realistischer Sichtweise, die "Horizontalteilung" der WU sehr in die Nähe einer 2-Standorte-Universität, mit allen bereits oben im Abschnitt 5.2.2.1 im Zusammenhang mit der Vertikalteilung genannten Problemen.

Die Lösung kann nur in einem radikal veränderten didaktischen Konzept liegen. Es müßte der Grundsatz der Einheit von Forschung und Lehre für den Unterricht im ersten Studienabschnitt weitgehend geopfert werden. Dies impliziert, daß neben den bisher an der WU vertretenen Universitätslehrern eine neue Gruppe von professionellen akademischen Lehrern geschaffen werden muß, die nicht in der Forschung tätig sind. Diese zahlenmäßig große Gruppe müßte, ähnlich den L1-Lehrern, in den wissenschaftlichen Kernfächern den Anfängerunterricht bestreiten.

Unklar ist auch die Form des Anfängerunterrichts. Soll er nach dem amerikanischen System in "Kursen" mit begleitenden Tests etc. ablaufen, sollen verstärkt CUU-Techniken eingesetzt werden, oder soll in traditioneller Weise eine Trennung von Informationsdarbietung durch Vorlesungen und Verarbeitung des Stoffes in Übungen (Proseminaren) realisiert werden? Einmal abgesehen von diesem und vom Problem der Bemessung der Lehrverpflichtung, tauchen hier nach unserem Erachten auch andere schwerwiegende Probleme auf.

Aus unseren Berechnungen des Volumens der im 1.Abschnitt benötigten Lehrveranstaltungen geht hervor, daß bei einer (sehr niedrig angesetzten) Wiederholerquote von 30% und einer Größe der Proseminargruppen von 30-40 Studenten/innen insgesamt ca. 1450 Semesterstundenwochen pro Semester angeboten werden müßten (vgl. Tabelle 5.12 in Abschnitt 5.4.1).

Bei einer Lehrbelastung von 10 Semesterwochenstunden (dies entspricht der halben Lehrbelastung eines L1-Lehrers) pro Lehrperson sind dafür ca. 145 Lehrpersonen notwendig. Die Lehrbelastung wurde absichtlich relativ niedrig gewählt, um sicherzustellen, daß diese Lehrpersonen nicht in der unmittelbaren Lehrtätigkeit untergehen und ihnen ein entsprechendes Zeitbudget für eine intensive Betreuung der Hörer sowie für Weiterbildung zur Verfügung steht. Damit soll auch das Ziel der Verkürzung der Studiendauer und der Senkung der Drop-Out-Quote unterstützt werden.

Bei Verwirklichung dieser Variante entstünde demnach eine große Gruppe von Universitätslehrern, mit der einzigen Aufgabe, die Studenten/innen im 1. Abschnitt zu betreuen. Die Angehörigen dieser Gruppe wären <u>nicht im Forschungsbereich tätig</u>. Daraus ergeben sich eine Reihe von Problemen:

* Organisationsprobleme
* Motivations-, Rekrutierungs- und Qualitätsprobleme
* Raumstrukturprobleme

Ein wichtiges Organisationsproblem besteht darin, den Studienbetrieb zielführend zu organisieren. Darüberhinaus sind der Tätigkeitsbereich und die Verantwortlichkeit der einzelnen Lehrpersonen zu umreißen, eine geeignete Organisationsform für die im ersten Abschnitt vertretenen Fächer zu finden und schließlich die Zuständigkeit der am alten Standort verbleibenden Universitätsinstitute für den 1.Abschnitt zu regeln. Für die weitere Diskussion ist der zuletzt genannte Problemkreis besonders interessant.

Die Motivations-, Rekrutierungs- und Qualitätsprobleme können leicht auf den Punkt gebracht werden: Kann man überhaupt davon ausgehen, daß es eine genügend große Gruppe von hochqualifizierten Lehrern geben wird, die bereit ist, ohne Integration in den übrigen Lehr- und Forschungsbetrieb der WU, die Ausbildung im 1. Studienabschnitt zu übernehmen? Und wenn es sie geben wird, wie werden die Angehörigen dieser Gruppe mit ihrer Situation - eine Art zweitklassiger Universitätslehrer zu sein - fertig? Und wenn diese Gruppe auch dieses Problem meistert, wie stellt man gleichartige Qualität der Lehre und laufende Anpassung der Lehrinhalte an den Stand der Forschung sicher, wenn diese Gruppe faktisch von der Forschung ausgeschlossen ist? An diesem Punkt tritt das bereits genannte Zuständigkeitsproblem, das gleichzeitig auch ein Motivationsproblem darstellt, wiederum auf. Wie können Institute bzw. ihre Angehörigen dazu bewegt werden, eine in vielen Fällen ungeliebte Tätigkeit, nämlich die Betreuung von Anfängern, die sie bereits als an andere abgegeben betrachten, in modifizierter Form wieder aufzunehmen? Sie haben zwar mit dem unmittelbaren Unterricht im ersten Abschnitt nichts zu tun, sollten aber durch Bereitstellung von Studienunterlagen, Schulung der 1. Abschnitt-Lehrer, und mit entsprechendem Feedback aus ihren Erfahrungen mit den Absolventen/innen des 1. Studienabschnittes zum Unterricht im ersten Abschnitt entscheidend beitragen. Es ist zu erwarten, daß für derartige Tätigkeiten die Bereitschaft und auch die Motivation sehr gering sein dürfte, da sie, abgesehen vom Bereitstellen von Skripten etc. auch keine finanziellen Anreize bietet.

Die Aktivitäten in den einzelnen Fächern müssen jedoch, unabhängig von der Art und vom Umfang der Mitwirkung der Institute, in einem geeigneten räumlichen und organisatorischen Rahmen ablaufen.

Als Gestaltungsidee bietet sich die Errichtung von **"Studienstützpunkten"** am Standort des 1. Studienabschnitts (auf den Donaugründen) an. Jedes Diplomprüfungsfach sollte einem Studienstützpunkt zugeordnet sein, die Studienstützpunkte sollten die Trägerorganisationen für die gesamten Aktivitäten im 1.Studienabschnitt darstellen. Insbesondere sollte ihnen obliegen:

* Koordination des Studienangebots
* Vollständigkeit des Studienangebots
* organisatorische Betreuung der Universitätslehrer
* fachliche Betreuung der Universitätslehrer (in Zusammenarbeit mit den Instituten)
* fachliche und administrative Betreuung der Studierenden

Dieser Idee folgend, könnten folgende Studienstützpunkte eingerichtet werden:

* Sprachen, untergliedert in Schwerpunkte Englisch, romanische Sprachen, slawische Sprachen, asiatische und sonstige Sprachen
* Betriebswirtschaft, untergliedert in Schwerpunkte ABWL und Rechnungswesen
* Volkswirtschaft
* Statistik und EDV, untergliedert in die Schwerpunkte Mathematik, Statistik und EDV
* Recht, Soziologie und Wahlfächer

Mit einer entsprechenden personellen, räumlichen und Sachmittelausstattung wäre es möglich, die genannten Funktionen in dieser Form zu erfüllen. Daneben müßte eine Studienbibliothek mit einem entsprechenden Leseplatzangebot für adäquate Studienarbeitsplätze sorgen. Schwerpunkt dieser Bibliothek müßte die Versorgung der Studierenden im 1. Abschnitt mit der verlangten Lehrbuchliteratur sein. Die Funktionen einer wissenschaftlichen Bibliothek würden weiterhin nur von der Universitätsbibliothek am Standort Augasse getragen werden.

Ebenso erscheint die Errichtung eines zweiten wissenschaftlichen Rechenzentrums in diesem Konzept entbehrlich. Ausreichende PC-Schulungs- und Praktikumsräume sowie ein Verwaltungsrechenzentrum würden genügen. Selbstverständlich wird von einer 100%-PC-Quote bei den akademischen Lehrern und im Verwaltungsbereich mit dementsprechender Vernetzung auszugehen sein.

Im Verwaltungsbereich sind vor Ort letztlich nur drei Einrichtungen für diese Variante von besonderer Bedeutung. Eine lokale Direktion mit der Aufgabe, die Studienstützpunkte zu koordinieren, eine Studien- und Prüfungsabteilung und eine lokale Abteilung für Gebäude und Technik. Quästur, Personalabteilung, ADV-Abteilung könnten ihre Funktionen auf "Distanz", d.h. vom Standort Augasse aus, wahrnehmen.

Abschließend müssen jedoch noch einige Überlegungen über die Funktion und die Gebäudedimensionierung des jetzigen Standortes Augasse 2-6 im Rahmen der Variante "Horizontalteilung" angestellt werden. Aufgrund des Studienverhaltens der WU-Studenten/innen sind für den 2. Abschnitt (und den 3. Abschnitt) ungefähr 6.000 Studenten/innen (vgl. Tabellen 5.1, 5.2) zu erwarten. Diese relativ geringe Anzahl von Studenten/innen hätte in dieser Variante die einmalige Chance einer intensiven Betreuung durch ausreichend viele Universitätslehrer. Andererseits kämen auch die Institute in den Genuß ausreichender Räume und einer geringeren Belastung mit Lehraufgaben im Vergleich zum Status quo. Festzuhalten ist jedoch, daß selbst nach BRD-Normen der WU-Standort Augasse im Jahr 1994 für die Studenten/innen des 2. und 3.Abschnitts zu groß wäre. Die Überdimensionierung wäre vor allem im Bereich der Großhörsäle vorhanden, allenfalls auch im Bereich der PC-Übungs-, Praktikums- und Schulungsräume, die in großer Dimension sowohl auf den Donaugründen als auch der WU vorzusehen bzw. vorgesehen sind.

Letztlich sollen noch einmal der Schulcharakter der hier skizzierten Horizontalteilungslösung hervorgehoben werden. Die Konzentration der Anfängerveranstaltungen am Standort Donaugründe und die Betreuung durch (nicht forschende) akademische Lehrer dürfte zu einer vollständigen Verschulung des 1. Abschnitts führen. Dies kann bei geeigneten Unterrichtsformen und gut ausgewählten und aufeinander abgestimmten Lehrinhalten zu einer hochstehenden, wenn auch standardisierten Ausbildung führen. Auf der anderen Seite stehen die zu erwartenden Probleme im Bereich der Zusammenarbeit Institute - Studienstützpunkte, sowie im Bereich Verfügbarkeit, Stellung und Motivation des Lehrkörpers für das neu zu errichtende Studienzentrum.

Eine Kurzcharakterisierung unserer Vorstellungen für die "Horizontalteilung" würde daher lauten:

* räumliche, personelle und organisatorische Trennung der Lehre im 1. und 2. Abschnitt
* Unterricht im 1. Abschnitt durch akademische Lehrer ohne Engagement in der Forschung
* Leitung und Kontrolle der Lehre im 1. Abschnitt durch die ursprünglichen Institute
* organisatorische Gliederung in Studienstützpunkten für die Fächer des 1. Abschnitts
* Studienbibliothek mit ausreichend vielen Arbeitsplätzen, Ausstattungsschwerpunkt: Lehrbücher
* Aufgabenteilung im EDV-Bereich:
  EDV-Grundschulung und Verwaltung des Standortes Donaugründe, getrennt vom wissenschaftlichen EDV-Zentrum Standort Augasse

Voraussetzung für die Einrichtung eines Studienzentrums für den ersten Studienabschnitt wäre allerdings auch eine Gesetzesänderung, da derartige Organisationsformen vom UOG nicht vorgesehen sind!

5.3 Flächenbedarf Entlastungsalternativen:

Die Schätzung des Flächenbedarfs[37] der beiden Entlastungsalternativen "Neue Universität" und "Horizontalteilung" zerfällt jeweils in folgende Untergruppen:

"Neue Universität"	**"Horizontalteilung"**
1) Hörsäle	1) Hörsäle
2) Institutsräume	2) Studienstützpunkte
3) EDV-Zentrum	3) EDV-Zentrum (Ausbildung, Verwaltung)
4) Bibliothek	4) Lehrbuchbibliothek
5) Universitätsverwaltung	5) Lokale Direktion
6) Sprachlabors	6) Sprachlabors
7) sonstige Räume	7) sonstige Räume

5.3.1 Flächenbedarf Hörsäle:

Der Flächenbedarf für den Bereich Hörsäle unterscheidet sich in beiden Varianten kaum. Der Unterschied zwischen den Varianten liegt in der Struktur der Hörsäle. Für beide Varianten ist auf den Donaugründen eine Mehrzweckhalle für etwa 1000 Personen vorgesehen. Bei der Variante "Neue Universität" ist weiters ein Auditorium Maximum für 600 Personen vorgesehen, das bei der "Horizontalteilungsvariante" durch zwei Großhörsäle mit je 400 Plätzen ersetzt wird. Im Bereich der mittleren Hörsäle sieht die Variante "Neue Universität" sechs Hörsäle für 130 Hörer vor, während die "Horizontalteilungsvariante" nur zwei derartige Hörsäle vorsieht. Ebenso bestehen Unterschiede in der Hörsaalstruktur bei den kleinen Unterrichtsräumen. Hier sind für die "Neue Universität" zwanzig Seminarräume für 50 Hörer und zehn Seminarräume für 30 Hörer vorgesehen, für die Variante "Horizontalteilung" schlagen wir dreißig Seminarräume mit 50 Plätzen vor. Dieser Vorschlag über die Hörsaalgrößen und Hörsaalstruktur stützt sich auf eine Hochrechnung der benötigten Hörsaalplätze auf Basis der geltenden Studienpläne und Erfahrungen über das notwendige Platzangebot pro Hörer in den verschiedenen Hörsaaltypen. Die Details zu dieser Berechnung sind in Tabelle 5.13 in Abschnitt 5.4.1 zusammengefaßt.

---

[37] Flächenbedarf in m^2 Nettonutzfläche

Tabelle 5.4: **Flächenbedarf Hörsäle 3000 EWUI (2400 EWUI)**

Neue Universität*)		**Horizontalteilung*)**	
1 Mehrzweckhalle 1000 Plätze (1000 Plätze)	 1000 m^2 (1000 m^2)	1 Mehrzweckhalle 1000 Plätze (1000 Plätze)	 1000 m^2 (1000 m^2)
1 Audi.Max 600 Plätze	 900 m^2	----------	
Hörsäle		Hörsäle	
		2 x 400 Plätze	1600 m^2 (1600 m^2)
3 x 200 Plätze (3 x 200 Plätze)	1200 m^2 (900 m^2)	3 x 200 Plätze	1200 m^2 (1200 m^2)
6 x 130 Plätze (5 x 130 Plätze)	1560 m^2 (1300 m^2)	2 x 130 Plätze (2 x 130 Plätze)	520 m^2 520 m^2
20 x 50 Plätze (18 x 50 Plätze)	2300 m^2 (2070 m^2)	30 x 50 Plätze (24 x 50 Plätze)	3450 m^2 (2760 m^2)
10 x 30 Plätze (8 x 30 Plätze)	700 m^2 (560 m^2)		
4280 Plätze (3990 Plätze)	7660 m^2 (7030 m^2)	4160 Plätze (3860 Plätze)	7770 m^2 (7080 m^2)

*) In der Klammer steht der Bedarf für 2400 Erstimmatrikulanten

5.3.2 Flächenbedarf Institute (Studienstützpunkte):

Als Grundlage für die Planung im Institutsbereich dient ein von uns entworfenes "Norminstitut". Mit diesem Begriff bezeichnen wir die kleinste, selbständige Einheit im Lehr- und Forschungsbetrieb, wobei dieser Institutsbegriff nichts mit jenem des UOG zu tun hat! Im Durchschnitt sehen wir Räumlichkeiten für eine/n Professor/in, 5 wissenschaftliche Mitarbeiter/innen, und 1 Sekretär/in vor. Als Serviceräume existieren daneben eine Handbibliothek, ein EDV-Zimmer, ein Mehrzweckraum (ähnlich den Seminarräumen im Gebäude Augasse 2-6) und eine Naßzelle mit einer Teeküche. Die Raumgrößen lehnen sich an die derzeit geltenden Vorschriften an, sind aber bei den Räumen für die wissenschaftlichen Mitarbeiter/innen etwas erhöht, um auch Platz für EDV-Ausrüstung zu schaffen.

Tabelle 5.5: **Flächenbedarf Musterinstitut**

	Fläche pro Raum	Fläche
1 Professorenzimmer	30 m^2	30 m^2
5 Mitarbeiterzimmer	20 m^2	100 m^2
1 Sekretariat	30 m^2	30 m^2
1 Handbibliothek	50 m^2	50 m^2
1 EDV-Raum	20 m^2	20 m^2
1 Mehrzweckraum	50 m^2	50 m^2
1 Naßzelle (Teeküche)	10 m^2	10 m^2
Summe		290 m^2
60 (50) Institute		17.400 m^2 (14.500 m^2)

Insgesamt (vgl. Tabelle 5.5) umfaßt ein Norminstitut 290 m^2. Unserer Personalbedarfsschätzung entsprechend (vgl. Abschnitt 5.3.3) ist Raum für ca. 60 Institutseinheiten vorzusehen. Das ergibt insgesamt einen Raumbedarf für Institute von 17.400 m^2.

Tabelle 5.6: **Flächenbedarf: Studienstützpunkte** (in m^2)

Studienstützpunkt Fremdsprachen	
Büroräume	980 m^2 (840 m^2)
Sekretariate	280 m^2
Mehrzweckräume	200 m^2
EDV	200 m^2
Bibliothek	100 m^2
Sonstiges	40 m^2
Summe Fremdsprachen	1800 m^2 (1660 m^2)
Studienstützpunkt Volkswirtschaft	
Büroräume	740 m^2 (640 m^2)
Sekretariate	160 m^2
Mehrzweckräume	100 m^2
EDV	100 m^2
Bibliothek	100 m^2
Sonstiges	40 m^2
Summe Volkswirtschaft	1240 m^2 (1140 m^2)

Tabelle 5.6 (Fortsetzung)

Studienstützpunkt Betriebswirtschaft	
Büroräume	1100 m^2
	(940 m^2)
Sekretariate	160 m^2
Mehrzweckräume	100 m^2
EDV	100 m^2
Bibliothek	100 m^2
Sonstiges	40 m^2
Summe Betriebswirtschaft	1600 m^2
	(1440 m^2)

Studienstützpunkt Statistik & EDV	
Büroräume	740 m^2
	(640 m^2)
Sekretariate	160 m^2
Mehrzweckräume	100 m^2
EDV	60 m^2
Bibliothek	100 m^2
Sonstiges	40 m^2
Summe Statistik & EDV	1200 m^2
	(1100 m^2)

Studienstützpunkt Recht, Soziologie Wahlfächer	
Büroräume	900 m^2
	(820 m^2)
Sekretariate	220 m^2
Mehrzweckräume	150 m^2
EDV	150 m^2
Bibliothek	200 m^2
Sonstiges	80 m^2
Summe Recht, Soziologie, Wahlfächer	1700 m^2
	(1620 m^2)
Summe Studienstützpunkte	**7540 m^2**
	(6960 m^2)

Etwas anders liegt die Sachlage bei den Studienstützpunkten im Bereich der "Horizontalteilungsvariante". Die grundsätzliche Idee lautet hier, daß die wichtigsten Fächer des ersten Studienabschnittes von Studienstützpunkten aus betreut werden sollten. Aus Praktikabilitätsgründen werden Recht, Soziologie und die Wahlfächer zu einem Studienstützpunkt zusammengefaßt. Nach unserer Planung sollte es Studienstützpunkte für die Fremdsprachen, Volkswirtschaftslehre, Betriebswirtschaftslehre, Statistik und EDV, sowie Recht, Soziologie und die Wahlfächer geben. Die Räumlichkeiten der Studienstützpunkte sollen folgende Funktionen erfüllen:

* Arbeitsbereich für die Universitätslektoren
* Administration der Studienangelegenheiten
* Serviceeinheit für die Studenten/innen.

Daher werden für den Servicebetrieb entsprechende Front Offices benötigt, im Sprachenbereich zusätzliche Sprachlabors (getrennt ausgewiesen), entsprechende Arbeitszimmer für die Lektoren und entsprechende Büroräume für die Administration und sonstige Serviceräume. Dazu kommen Räume für Institutspersonal, das an der Lehre im 1. Abschnitt mitwirkt (Vortragende, Koordination). Die dafür erforderlichen Räume sind für die einzelnen Studienstützpunkte in Tabelle 5.6 Raumbedarf: Studienstützpunkte zusammengefaßt.

Der Gesamtraumbedarf für die Studienstützpunkte beläuft sich auf 7.540 m^2. Die Studienstützpunkte benötigen somit weniger als die Hälfte des Raumes der Institute in der Variante "Neue Universität". Der doch beträchtliche Unterschied im Raumbedarf resultiert aus den unterschiedlichen Funktionen von Studienstützpunkten und Instituten. An den Universitätsinstituten bei der Variante "Neue Universität" sind Lehr- und Forschungserfordernisse in der Raumplanung berücksichtigt. Bei den Studienstützpunkten, die ausschließlich Lehraufgaben zu tragen haben, sind keine Flächen für Forschungszwecke enthalten.

5.3.3 Flächenbedarf Bibliothek:

Bei der Variante "Neue Universität" ist die Bibliothek als wissenschaftliche Bibliothek konzipiert. Dies bedeutet, daß bei dieser Variante die Bibliothek nicht nur über eine Lehrbuchsammlung sondern auch über eine umfangreiche Zeitschriften - und Monografiensammlung verfügen muß. Diese Einrichtungen sind durch entsprechende Serviceeinrichtungen für Entlehnung, Literatursuche, Fernleihe etc. zu ergänzen. Der Größe der Universität entsprechend schlagen wir Leseräume mit 1000 Leseplätzen (3000 m^2) vor. Die Bücherdepots sind mit einer Größe von 2500 m^2 zukunftssicher ausgelegt.

Die Funktion der Bibliothek bei der "Horizontalteilungsvariante" unterscheidet sich wesentlich. Sie ist ausschließlich als Studienbibliothek für den ersten Studienabschnitt ausgelegt. Sie ist nach unseren Intentionen vor allem eine Lehrbuchpräsenzbibliothek, die jedem Benützer einen kompletten Satz der üblicherweise verwendeten Lehrbücher an jedem Arbeitsplatz zur Verfügung stellt. Ergänzt wird sie durch geringfügige Sammlungen von Zeitschriften und Monografien. Daraus ergibt sich die wesentlich geringere Dimensionierung des Bücherdepots. Ebenso ist hier für weniger Mitarbeiter/innen vorzusorgen, da die bibliothekarische Behandlung von Lehrbüchern wesentlich weniger Probleme verursacht. Wegen der höheren Hörerfrequenz ist allerdings bei der "Horizontalteilung" für 1500 Leseplätze Vorsorge zu treffen. Insgesamt unterscheiden sich beide Bibliotheksvarianten um etwa 500 m², liegen also in derselben Dimension (für Details vgl. Tabelle 5.7: Flächenbedarf Bibliothek).

Tabelle 5.7: **Flächenbedarf Bibliothek**

	Neue Universität	**Horizontalteilung**
Leseplätze	1000 á 3 m² (850)	1500 a 3 m² (1200)
Fläche	3000 m² (2550 m²)	4500 m² (3600 m²)
Magazin	2500 m² (2500 m²)	550 m² (550 m²)
Administration	800 m² (800 m²)	750 m² (750 m²)
Summe Bibliothek	6300 m² (5850 m²)	5800 m² (4900 m²)

5.3.4 Flächenbedarf EDV-Zentrum:

Bei der Planung des EDV-Zentrums der Variante "Neue Universität" sind wir von den bestehenden Räumlichkeiten am Standort Augasse und von den in Aussicht genommenen Räumlichkeiten im UZA II ausgegangen. Diese bestehen aus großzügigen PC-Räumen, Terminalräumen, entsprechenden Maschinen und Serviceeinrichtungen, sowie einer entsprechenden Anzahl von Mitarbeiterräumen. In ähnlicher Form, unter Verzicht auf den Charakter eines wissenschaftlichen Rechenzentrums, ist das EDV-Zentrum für die Alternative "Horizontalteilung" konzipiert. In dieser Variante sind 200 PC (160 PC)-Arbeitsplätze einzurichten. Für das Verwaltungsrechenzentrum ist ein mittelgroßer Rechner vorgesehen. Ergänzt wird diese Konfiguration durch die notwendigen Mitarbeiterräume und Serviceeinrichtungen (vgl. Tabelle 5.8: Flächenbedarf EDV-Zentrum).

Tabelle 5.8: **Flächenbedarf EDV-Zentrum**

3000 EWUI:	**Neue Universität**		**Horizontalteilung**	
Schulungs- und				
Terminalräume	240 PC		200 PC	-
	30 T*)	820 m²	0 T*)	600 m²
Maschinenräume		240 m²		200 m²
Büros		255 m²		290 m²
Sonstiges		20 m²		-
Summe EDV-Zentrum		1335 m²		1090 m²

2400 EWUI:	**Neue Universität**		**Horizontalteilung**	
Schulungs- und				
Terminalräume	200 PC		160 PC	-
	30 T*)	700 m²	0 T*)	480 m²
Maschinenräume		240 m²		200 m²
Büros		255 m²		290 m²
Sonstiges		20 m²		-
Summe EDV-Zentrum		1215 m²		970 m²

*) Terminals

5.3.5 Flächenbedarf Sprachlabors:

Bei der Variante "Neue Universität" wurden die Sprachlabors als eigenständige Einheit konzipiert. Es sind vier Sprachlabors zu je 50 Plätzen und entsprechende Serviceräumlichkeiten vorgesehen. Bei der Variante "Horizontalteilung" sind die Sprachlabors organisatorisch Bestandteil des Studienstützpunkts Sprachen und in ähnlicher Dimensionierung berücksichtigt. Der Flächenbedarf beträgt in beiden Fällen 400 m², das sind 200 Laborplätze.

5.3.6 Flächenbedarf Universitätsverwaltung:

Während bei der Variante "Neue Universität" eine vollständige Universitätsverwaltung installiert werden muß, ist es bei der "Horizontalteilungsvariante" bloß notwendig, in einer lokalen Universitätsdirektion Platz für gewisse Funktionen vorzusehen. Insbesondere entfallen hier Räumlichkeiten für die Quästur, für die Personalabteilung und für das Rektorat. Da es nicht notwendig erscheint, im jetzigen Stadium des Projektes genauere Raumgrößenangaben für die Direktionsräumlichkeiten zu machen, haben wir uns auf eine Grobschätzung (vgl. Tabelle 5.9) beschränkt.

Tabelle 5.9: **Flächenbedarf: Administration**

	Neue Universität (Universitätsdirektion)	**Horizontalteilung (lokale Direktion)**
Rektorat	100 m²	-
Direktion	100 m²	100 m²
Personalabteilung	60 m²	-
Quästur	100 m²	-
Studien-u. Prüfungsabt.	800 m²	600 m²
Wirtschaftsabteilung	500 m²	500 m²
ADV-Abteilung	100 m²	100 m²
Sitzungsräume	110 m²	80 m²
Summe Administration	1870 m²	1380 m²

5.3.7 Flächenbedarf Sonstiges:

An sonstigen Räumlichkeiten ist in beiden Varianten eine Sanitätsstelle und ein Faculty Club für das wissenschaftliche Personal vorgesehen. Dazu kommen bei der Variante "Neue Universität" Labors und Werkstätten für eventuelle Technologieinstitute und ein Aufenthaltsraum für das Verwaltungspersonal. Darüberhinaus sind in allen Varianten noch 1000 Garagenplätze und eine Mensa mit 350 bis 400 Plätzen vorzusehen. Für beide Varianten ist zu überlegen, wie eine Buchhandlung, ein Serviceshop und ein Einkaufszentrum räumlich zu berücksichtigen sind. In beiden Varianten ist darüberhinaus Platz für die Selbstverwaltung der Studenten/innen in Form eines ÖH-Hauses zu schaffen. Die eben genannten Flächenanforderungen sind in Tabelle 5.10 dargestellt.

Tabelle 5.10: **Flächenbedarf: Sonstiges**

	Neue Universität	**Horizontalteilung**
Mensa	400 Plätze	400 Plätze
	2000 m²	2000 m²
ÖH	300 m²	280 m²
Werkstatt, Labors	500 m²	-
Sanität	300 m²	50 m²
Sozialräume	200 m²	250 m²
Summe Sonstiges	3150 m²	2580 m²

5.3.8 Flächenbedarf Zusammenfassung:

Die eben vorgenommene Raumgrößenerhebung entspricht einem Bottom-Up-Verfahren, wir haben die nach unserer Ansicht notwendigen Räume in der nach unserer Ansicht notwendigen Größe zusammengefaßt und addiert. Insgesamt[38] würde die **Variante "Neue Universität" ungefähr 38.000 m² (34.000 m²)** in Anspruch nehmen, die **"Horizontalteilungsvariante" 27.000 m² (24.000 m²)**. Vergleicht man diese Werte mit den, vom Planungsausschuß nach Hochschulbauförderungsgesetz der BRD empfohlenen Plangrößen (4,0 bis 4,5 m² pro Student/in), liegen wir mit unseren Werten **noch deutlich unter den deutschen Planungsnormen.** Besonders augenfällig ist das für die "Horizontalteilungsvariante". Der große Unterschied, ist wie

[38] Vgl. Tabelle 5.11

schon oben angemerkt, auf das Fehlen von Forschungseinrichtungen in diesem Teil der WU zurückzuführen. Die "alte" WU am Standort Augasse 2-6 einschließlich aller bis 1994 realisierten Erweiterungen würde insgesamt eine Fläche von 43.760 m^2 haben, dies liegt um etwa 4000 m^2 über der Fläche der "Neuen Universität" auf den Donaugründen. Berücksichtigt man zusätzlich den Flächenbedarf der Mensa und der sonstigen Einrichtungen (ÖH, Nahversorgung), so haben beide Universitäten die, "alte" WU und die WU auf den Donaugründen, etwa die gleiche Dimension.

Tabelle 5.11: **Flächenbedarf: WU und Entlastungsvarianten**

	WU		**Neue Universität**		**Horizontalteilung**	
Hörsäle	3349 Pl.		4280 Pl. (3990 Pl.)	7660 m² (7030 m²)	4160 Pl. (3860 Pl.)	7770 m² (7080 m²)
Institute (Stützpunkte)				17400 m² (14500 m²)		7540 m² (6960 m²)
Bibliothek	440 Pl.	7188 m²	1000 Pl. (850 Pl.)	6300 m² (5850 m²)	1500 Pl. 1200 Pl.	(5800 m²) (4900 m²)
EDV-Zentrum	240+40	1343 m²	240+30 (200+30)	1335 m² (1215 m²)	200 (160)	1090 m² (970 m²)
Sprachlabors			200 Pl. (200 Pl.)	400 m² (400 m²)	200 Pl. (200 Pl.)	400 m² (400 m²)
Administration		1560 m²		1870 m² (1870 m²)		1380 m² (1380 m²)
Sonstiges				3150 m² (2690 m²)		2530 m² (2150 m²)
Summe		42480 m²		38115 m² (33555 m²)		26510 m² (23870 m²)

5.4 Personalbedarf: Entlastungsvarianten:

5.4.1 Personalbedarf Lehre & Forschung:

Grundsätzlich ist bei der Variante "Neue Universität" der Personalbedarf sowohl auf die Bedürfnisse der Lehre als auch auf die Bedürfnisse der Forschung auszurichten, während bei der Variante "Horizontalteilung" der Personalbedarf ausschließlich für Lehrzwecke zu dimensionieren ist. Dies erfordert bei der Variante "Neue Universität" eine größere Zahl von akademischen Lehrern als bei der Variante "Horizontalteilung". Um auch langfristig die Erfordernisse sowohl der Lehre als auch der Forschung angemessen wahrnehmen zu können, werden den Berechnungen die Personalrichtwerte des deutschen Wissenschaftsrates zugrunde gelegt. Dementsprechend ist pro 4,2 Studienanfängern jeweils eine wissenschaftliche Stelle vorzusehen. Diese Richtwerte sind allerdings nur auf die Variante "Neue Universität" anzuwenden. Da bei der Variante "Horizontalteilung" lediglich die Lehrfunktion zur erfüllen ist, werden akademische Lehrer hauptsächlich mit einem dem L1-Lehrer ähnlichen Berufsbild als Lehrende vorgesehen. Für diese ist ähnlich den Empfehlungen des deutschen Wissenschaftsrates[39] eine Lehrbelastung von 10 Wochenstunden geplant, woraus sich bei der Variante "Horizontalteilung" ein niedrigerer Personalbedarf ergibt. Die Berechnung der Anzahl der benötigten akademischen Lehrer stützt sich auf die voraussichtlich benötigte Anzahl von Semesterwochenstunden gemäß den derzeitigen Studienplänen. In Tabelle 5.12 ist diese Berechnung im Detail dargestellt. Unter der Annahme, daß die Wahlfächer und die Lehrveranstaltungen aus Speziellem Privatrecht sowie Spezieller Soziologie von den Instituten betreut werden, ergibt sich ein Bedarf von 145 akademischen Lehrern in den Stützpunkten auf den Donaugründen.

---

[39] vgl.: Empfehlungen und Stellungnahmen des Deutschen Wissenschaftsrates 1977, Köln 1978, S. 17

Tabelle 5.12: **Anzahl der benötigten Proseminare in den einzelnen Fachgebieten (Horizontalteilung, 3.000 EWUI'S)**

Studienstützpunkt Fremdsprachen

			SWS
66	Proseminare I	a 2 Std.	132
66	Proseminare II	a 3 Std.	198
Summe Fremdsprachen			330

Studienstützpunkt Volkswirtschaft

50	VWL	a 2 Std.	100
50	Wirtschafts- und Sozialgeschichte	a 2 Std.	100
2	Methoden der Nationalökonomie	a 1 Std.	2
Summe Volkswirtschaft			202

Studienstützpunkt Betriebswirtschaftslehre

34	Personalwesen	a 1 Std.	34
34	Absatz	a 1 Std.	34
34	Beschaffung	a 1 Std.	34
34	Investition	a 1 Std.	34
34	Einführung Kostenrechnung	a 2 Std.	68
34	Einführung Buchhaltung	a 2 Std.	68
45	Buchhaltung und Bilanzierung	a 2 Std.	90
2	ABWL für Volkswirte	a 2 Std.	4
2	Buchhaltung und Kostenrechnung	a 2 Std.	4
3	Grundzüge BWL	a 2 Std.	6
2	Rechnungswesen	a 2 Std.	4
Summe Betriebswirtschaftslehre			380

Studienstützpunkt EDV, Mathematik, Statistik

50	Statistik	a 2 Std.	100
50	EDV	a 2 Std.	100
50	Mathematik I	a 1 Std.	50
10	Mathematik II	a 2 Std.	20
2	EDV für Volkswirte	a 2 Std.	4
Summe EDV, Mathematik, Statistik			274

Fortsetzung Tabelle 5.12

Studienstützpunkt Privatrecht, Soziologie, Wahlfächer

50	Grundzüge Privatrecht	a 2 Std.	100
50	diverse Wahlfächer	a 2 Std.	100
30	Soziologie	a 2 Std.	60
10	spezielles Privatrecht	a 2 Std.	20
10	spezielle Soziologie	a 2 Std.	20
Summe Privatrecht, Soziologie, Wahlfächer			300
Summe SWS aus Proseminaren bei Horizontalteilung			1586

Unter Anlehnung an die bundesdeutschen Regelungen kann für die "Neue Universität" mit etwa 300 Universitätslehrern das Auslangen gefunden werden. Diese Kapazität ist zwischen Normallast und Höchstlast bei 1500 Studienanfängern angesiedelt. Der Personalstruktur der WU entsprechend, würde diese Zahl an Universitätslehrern in folgender Weise aufzuteilen sein:

60 Professor/innen

240 wissenschaftliche Mitarbeiter/innen (insbesondere Universitätsassistenten, und einige wenige wissenschaftliche Beamte)

Somit bietet sich die Zuordnung von 1 Professor/in und durchschnittlich 4 wissenschaftlichen Mitarbeiter/inne/n an eine "akademische Einheit", im folgenden Institut genannt, an. Unsere Planungseinheit "Institut" entspricht nicht dem Institut nach dem UOG.

Somit wären 60 "Institute" für die "Neue Universität" vorzusehen.

Für die Variante mit 1200 Neuimmatrikulierenden verringern sich diese Zahlen um 1/5 auf 50 Professor/inn/en und 200 wissenschaftliche Mitarbeiter/innen.

Die detaillierte Stellenstruktur findet sich in Tabelle 5.13. Zusätzlich soll jedem "Institut" ein/e Sekretär/in zu Verfügung stehen. Für die Alternative "Horizontalteilung" sind insgesamt 145 Lektoren und 5 wissenschaftliche Leiter der Studienstützpunkte einzuplanen. Die Verteilung der

Lektoren auf die einzelnen Studienstützpunkte ergibt sich aus dem für die erwartete Hörerzahl benötigten Lehrveranstaltungsangebot in den einzelnen Fachgebieten (siehe Tabelle 5.12). Zusätzlich ist für jeden Studienstützpunkt jeweils ein/e administrative/r Leiter/in vorgesehen. Weiters sind 5 Referenten und insgesamt 34 Sekretariatsstellen eingeplant. Im Bereich des Stützpunktes für Fremdsprachen werden außerdem Betreuer für die Sprachlabors im Ausmaß von 10 Stellen benötigt.

5.4.2 Personalbedarf Bibliothek:

Bei der Variante "Neue Universität" geht die Planung für den Bereich Bibliothek in Anlehnung an den derzeitigen Personalbestand der Universitätsbibliothek der WU von insgesamt 37 Mitarbeiter/inne/n aus, während für die Variante "Horizontalteilung" auf Grund der ausschließlichen Funktion dieser Bibliothek als Studienpräsenzbibliothek lediglich 18 Dienstposten benötigt werden. Bei der Alternative "Neue Universität" ist auf Grund des erweiterten Funktionsbereiches ein höherer Anteil von hochqualifiziertem Personal (A bzw. B-Posten) einzusetzen (vgl. Tabelle 5.13).

5.4.3 Personalbedarf EDV-Zentrum:

Da bei der "Neuen Universität" das EDV-Zentrum als Verwaltungsrechenzentrum und als wissenschaftliches Rechenzentrum konzipiert ist, ist hier eine eigene Abteilung mit 18 Mitarbeiter/inne/n einzurichten (entspricht dem jetzigen Personalstand des EDV-Zentrums der WU). Im Rahmen der Variante "Horizontalteilung" ist das EDV-Zentrum bloß für administrative und Lehr-Zwecke vorgesehen. Dem verringerten Funktionsbereich entsprechend wird hier mit 16 Mitarbeiter/inne/n das Auslangen gefunden. In dieser Zahl sind EDV-Betreuer für die Studienstützpunkte mit eingeschlossen.

5.4.4 Personalbedarf Verwaltung:

Da die Variante "Neue Universität" ähnlich wie die WU, Standort Augasse, dimensioniert ist, kann für die Universitätsverwaltung von einem ähnlichen Personalbedarf ausgegangen werden, was einer Mitarbeiterzahl von 96 entspricht. Der derzeitige administrative Stab der WU beläuft sich auf 90 Mitarbeiter/innen. Als wesentliche Änderung in der Organisationsform betrachten wir die von uns vorgeschlagenen vier Fachgruppenreferenten plus den ihnen zugeordneten Sekretariatspositionen. Diese Fachgruppenreferenten sollen die laufenden Geschäfte der Fachgruppen führen und so die Fachgruppenkommissionsvorsitzenden und Kommissionsmitglieder von der laufenden Administration entlassen. Darüberhinaus halten wir eine Umverteilung in der Personalstruktur von niedrigen zu höheren Qualifikationsstufen für notwendig (vgl. Tabelle 5.13). Auf Grund der im Rahmen der Alternative "Horizontalteilung" entfallenden Aufgabenbereiche der Personalabteilung, Quästur und des Rektorates kann der Personalbedarf hier mit 62 Mitarbeiter/-inne/n angesetzt werden.

5.4.5 Sonstiges:

In beiden Varianten ist für eine entsprechende Besetzung der Sanitätsstelle (1 Arzt und 1 Krankenschwester) vorzusorgen.

5.4.6 Personalbedarf: Zusammenfassung:

Insgesamt ergibt sich daher für die **"Neue Universität"** ein **Gesamtpersonalbedarf von 523 Mitarbeiter/inne/n**. Aus den genannten Gründen entfällt auf die Variante **"Horizontalteilung"** ein geringerer **Personalbedarf von knapp 302 Mitarbeiter/inne/n**. Bei 1200 Erstimmatrikulanten reduzieren sich diese Zahlen auf 463 bzw. 273 Dienstposten.

Tabelle 5.13: **Personalbedarf 1994 (WU und Entlastungsvarianten)**

	WU (1989)	Neue Universität	Horizontalteilung
Institute (Stützpunkte:			
Professoren	60	60 (50)	0 (0)
Wissensch.MA.	190	240 (200)	5 (5)
Lehrer	7	0 (0)	145 (116)
A	0	0 (0)	5 (5)
B	60	60 (50)	39 (39)
Bibliothek:			
A	8	8 (8)	2 (2)
B	12	12 (12)	8 (8)
C	3	3 (3)	6 (6)
D	11	11 (11)	0 (0)
J	3	3 (3)	2 (2)
EDV-Zentrum:			
A	4	4 (4)	1 (1)
B	8	8 (8)	6 (6)
C	5	5 (5)	8 (8)
D	0	0 (0)	0 (0)
J	1	1 (1)	1 (1)
Sprachlabor:			
A	1	4 (4)	4 (4)
B	3	6 (6)	6 (6)
Administration:			
A	4	9 (9)	2 (2)
B	18	24 (24)	10 (10)
C	19	22 (22)	20 (20)
D	27	24 (24)	20 (20)
E	1	0 (0)	0 (0)
II - P2	1	0 (0)	0 (0)
J	20	17 (17)	10 (10)
Sanität:			
A	1	1 (1)	1 (1)
B	1	1 (1)	1 (1)
Summe	486	523 (463)	302 (273)
	254 WP	300 WP (250 WP)	150 WP (121 WP)
	214 AP	223 AP (213 AP)	152 AP (152 AP)

WP ... wissenschaftliches Personal

AP ... nichtwissenschaftliches Personal

5.5 Sachmittelausstattung:

Da im Rahmen unserer Studie eine Detailplanung der Entlastungsvarianten nicht vorgesehen ist und auch nicht sinnvoll erscheint, beschränken wir uns auf die Darstellung eines groben Mengengerüstes und auf die Diskussion einzelner, uns wichtig erscheinender Ausstattungsprobleme.

Die Mehrzweckhallen sind bei beiden Entlastungsvarianten auf Grund des variablen Verwendungszwecks mit einer flexiblen Bestuhlung (Konferenzbestuhlung) auszustatten, ebenso die kleinen Hörsäle mit einer Hörerkapazität bis zu 50 Plätzen. Für das Auditorium Maximum und Großhörsäle schlagen wir eine feste Bestuhlung vor. Für alle der genannten Räumlichkeiten (bis auf die Kleinhörsäle) ist jeweils eine komplette Ausstattung mit audiovisuellen Medien einzuplanen. Bei den kleinen Hörsälen dürfte jeweils ein Overheadprojektor genügen.

Sowohl in den Instituten (Variante "Neue Universität") als auch bei den Stützpunkten (Variante "Horizontalteilung") sind alle wissenschaftlichen Arbeitsplätze und alle A-, B- und C-Posten mit einem PC inklusive Standardsoftware auszurüsten. Dies entspricht auch den Planungsvorstellungen des EDV-Zentrums der WU. Die PC's sind lokal vernetzt und an ein universitätsweites LAN anzuschließen, so daß von jedem PC-Arbeitsplatz auch auf das Rechenzentrum zugegriffen werden kann. Ebenso ist für alle Arbeitsplätze jeweils ein Telefon und für jede räumliche Einheit ein Telefonanrufbeantworter und teilweise ein Telefaxgerät vorzusehen.

Zusätzlich ist für jeden wissenschaftliche Arbeitsplatz und für jeden zweiten PC in der Administration ein Matrixdrucker geplant.

Darüberhinaus ist jedes Institut beziehungsweise jeder Studienstützpunkt und jede Verwaltungsabteilung mit jedenfalls einem Laserdrucker auszustatten.

Kommunikationseinrichtungen sollen großzügig am modernsten Stand (ISDN) vorgesehen werden. Dies umfaßt eine ausreichende Anzahl von Telefonen, Telefonanrufbeantwortern und Telekopierern.

Neben einer zentralen Kopierstelle (Großkopierer, Farbkopierer und Buchbindereiausstattung) ist für alle Verwaltungseinheiten, Institute (Studienstützpunkte) und das EDV-Zentrum ein Kopiergerät zu planen.

Für die Sprachlabors ist die Ausstattung mit Laborgeräten und entsprechenden Labormedien vorzusehen.

Ein geschätztes Mengengerüst für die genannten Bereiche findet sich in folgender Tabelle 5.14. Diese Tabelle enthält die geschätzte Sachmittelausstattung nur für die Variante mit 3000 Erstimmatrikulanten. Bei 2400 Erstimmatrikulanten reduzieren sich die Zahlen entsprechend.

Tabelle 5.14: **Mengengerüst: Sachmittelausstattung (in Stück bzw. Ausstattungseinheiten)**

	Neue Universität	Horizontalteilung
PC's	760	475
Workstations	210	120
Abteilungsrechner	1	2
Netzwerke	70	7
Matrixdrucker	395	155
Laserdrucker	73	20
Plotter	64	1
Scanner	64	15
Digitalisierungstablett	64	1
CD-ROM	6	3
Micro-fiche	2	1
Software	550	350
ISDN-Telefonanlage	1	1
Telefaxgerät	39	16
Anrufbeantworter	71	18
DFÜ-Komponenten	9	2
Overheadprojektoren	93	33
AV-Medien	21	24

6. KOSTEN-NUTZEN-ANALYSE: Theorie:

6.1 Humankapital:

Lange Zeit wurde beobachtet, daß der Zuwachs des Bruttoinlandsprodukts wesentlich größer war, als das Wachstum von Grund und Boden, physischem Kapital und menschlicher Arbeitszeit. Investitionen in Humankapital wurden seit Ende der 50er Jahre zunehmend als Erklärung für diese Differenz angesehen.

Bei diesem Ansatz wird Ausbildung als Produktion von Wissen und qualitativ hochwertiger Arbeitskraft beschrieben. Nachdem für den Produktionsfaktor Humankapital sowohl Daten über Produktionsstätten als auch über Investitionen und Erträge existieren, lag es nahe, die Analyse der Wertströme in diesem System mit den Methoden der Investitionsrechnung durchzuführen und in einer Rendite zusammenzufassen.[40] Pionier dieser Sicht war Theodore Schultz, weitere bedeutende Vertreter sind Gary Becker, Burton Weisbrod, Jacob Mincer und für Großbritannien, Mark Blaug.

Manche Kritiker halten das Konzept des Humankapitals für entwürdigend, mit der Begründung, die Ausbildung verfolge mehr kulturelle denn ökonomische Zwecke und habe verantwortungsbewußte und kritikfähige Bürger heranzuziehen. Dem ist entgegenzuhalten, daß der Humankapitalansatz diese Zwecke ja nicht verleugnet. Es wird lediglich versucht, zu zeigen, daß <u>zusätzlich</u> zu diesen kulturellen Zielen verschiedene Aspekte der Ausbildung auch zu einer Steigerung der Arbeitsproduktivität beitragen und damit das Bruttoinlandsprodukt erhöhen. Kulturelle und ökonomische Effekte sind also gemeinsame Konsequenzen der Ausbildung, die einander absolut nicht ausschließen.

Im Rahmen unserer Analyse wird es nun das Ziel sein, die Rentabilität von Investitionen in die universitäre Ausbildung von Sozial- und Wirtschaftswissenschaftlern für das österreichische Gemeinwesen zu untersuchen.

---

[40] Vgl. R. Freund, Bildungsplanung, Bildungsinvestitionen, Bildungsertrag, Wien 1969.

6.2 Theoretische Grundlagen der Kosten-Nutzen-Analyse:

Die Kosten-Nutzen-Analyse stellt das gebräuchlichste Instrument zur Analyse der gesamtwirtschaftlichen Rentabilität von Projekten dar. Sie beruht sowohl auf den normativen Vorstellungen der Wohlfahrtsökonomik, wie auf Verfahren privatwirtschaftlicher, dynamischer Investitionsrechnungen.[41] Dabei wird versucht, alle Vor-und Nachteile einer (staatlichen) Aktivität für die Gemeinschaft zu beschreiben und soweit als möglich in monetären Größen auszudrücken. Die Kosten-Nutzen-Analyse versucht also, in Bereichen, in denen das Preissystem nicht oder nur unzulänglich funktioniert, eine möglichst rationale Bewertung von Projekten zu erzielen. Die Kosten-Nutzen-Analyse ist darüberhinaus eine Marginalrechnung, die sich auf die vom untersuchten Projekt induzierten Veränderungen beschränkt.

Grundsätzlich hat die Kosten-Nutzen-Analyse folgende Teilaufgaben zu erfüllen:[42]

* Formulierung und Vorauswahl von Alternativen.
* Bestimmung der relevanten Nebenbedingungen.
* Erfassung und Bewertung der positiven und negativen Wirkungen von Alternativen in Form der monetären Nutzen und Kosten.
* Zeitliche Homogenisierung der Nutzen und Kosten durch Diskontierung.
* Gegenüberstellung von Nutzen und Kosten für verschiedene Alternativen.
* Berücksichtigung von Unsicherheit.
* Aufstellen einer Rangordnung der Alternativen.

Die Bewertung eines Projekts folgt dem Prinzip der Zahlungsbereitschaft der vom Projekt betroffenen Personen. Diese Zahlungsbereitschaft zu ermitteln, stellt den Ökonomen jedoch vor große Probleme, weshalb man sich mit Verwendung des Marktpreises behilft. Beispielsweise werden die Nutzen einer besseren Ausbildung durch Einkommensunterschiede gegenüber weniger gut ausgebildeten Personen gemessen, die Kosten durch das entgangene Einkommen während der Ausbildung. Dies kann insofern gerechtfertigt werden, als die Zahlungsbereitschaft sicher nicht unter dem beobachteten Marktpreis liegt, sonst hätte das Individuum die zusätzliche Ausbildung nicht erworben. Die Zahlungsbereitschaft kann aber auch nur wenig darüber liegen,

---

[41] H. Hanusch, Nutzen-Kosten-Analyse, München 1987, S.1.

[42] H. Hanusch, Nutzen-Kosten-Analyse, München 1987, S.6.

da ansonsten noch mehr in die Ausbildung investiert worden wäre. Voraussetzung dieser Vorgehensweise ist jedoch ein Arbeitsmarkt, in dem die Löhne und Gehälter den Grenzproduktivitäten entsprechen.

Die gesamten, monetär bewerteten Wirkungen eines Projekts bilden dann dessen Wohlfahrtsindikator. Bezüglich der Berechnung des Wohlfahrtsindikators verweisen wir auf die einschlägige Literatur[43].

Die Wohlfahrtswirkungen eines öffentlichen Projekts setzen sich im wesentlichen zusammen aus:

* der (positiven) Summe aller mit ihren Preisen bewerteten Outputänderungen der davon betroffenen Güter und
* der (negativen) Summe der mit ihren jeweiligen Preisen multiplizierten Mengen der Inputfaktoren, die zugunsten des Projekts aus anderen Verwendungen abgezogen werden.

Ebenso wie in der privatwirtschaftlichen Investitionsrechnung müssen auch bei der Kosten-Nutzen-Analyse zu unterschiedlichen Zeitpunkten entstehende Nutzen und Kosten homogenisiert, also auf einen gemeinsamen Zeitpunkt diskontiert, werden. Welches nun die "richtige" Diskontrate sei, darüber besteht weitestgehende Uneinigkeit, sodaß lediglich einige Tendenzen aufgezeigt werden können.[44]

Eine bedeutende Richtung verwendet die **soziale Zeitpräferenzrate** zur Diskontierung. Da Vertreter dieser Richtung von der Vorstellung eines vollkommenen Kapitalmarktes ausgehen, entspricht diese dem realen Marktzinssatz. In der Praxis ist der Kapitalmarkt jedoch in mannigfaltiger Weise reglementiert, und es existiert eine Vielzahl von Marktzinssätzen. Anhänger dieses Konzepts weisen pragmatisch darauf hin, jeder Marktzinssatz könne als Annäherung an die Zeitpräferenz angesehen werden. Als geeigneter Maßstab wird dabei häufig die Rendite von risikolosen, langfristigen Staatspapieren vorgeschlagen.

---

[43] Vgl. z.B.: H. Hanusch, a.a.O., Kapitel 3, 4 u. 5

[44] Vgl. E.J. Mishan, Cost-Benefit Analysis, New and Expanded Edition, New York 1976, pp. 199 ff.

Ein zweites wichtiges Konzept stellt jenes der **sozialen Opportunitätskostenrate** dar. Unter der Annahme der Vollbeschäftigung verdrängt jedes öffentliche Projekt eine alternative Investition im privaten Sektor. Die Opportunitätskostenrate entspricht somit der Verzinsung der durch das untersuchte Projekt verdrängten, privaten Investition. Da diese jedoch kaum zu ermitteln ist, verwendet man üblicherweise die durchschnittliche Produktivitätsrate der privaten Industrie als Näherungswert.

Um dem nahezu unlösbaren Problem zu entgehen, eine objektiv richtige Diskontrate zu finden, wird man in der Praxis mehrere Werte parallel verwenden und einer Sensitivitätsanalyse unterziehen. Außerdem erweist es sich als hilfreich, bei ähnlich gelagerten Projektstudien bereits verwendete Raten heranzuziehen, um die Resultate einander gegenüberstellen und vergleichen zu können. Auf eines muß jedoch explizit hingewiesen werden. Die Diskontrate stellt lediglich ein Maß dafür dar, wie stark Gegenwartskonsum zukünftigem Konsum vorgezogen wird. Keinesfalls spiegelt sie inflationäre Entwicklungen wider, welche für die Wahl der Diskontrate ohne Bedeutung bleiben. Zur Verdeutlichung sei der Gegenwartswert eines Projekts in einer Situation ohne Inflation dargestellt:[45]

$$GW = \sum_{t=0}^{T} (Nutzen_t - Kosten_t)/(1+d)^t$$

d...realer Zinssatz

Steigen nun alle Preise dieser Volkswirtschaft jährlich um einen Prozentsatz g an, so beläuft sich der jährliche Nettonutzen eines Projekts auf $(1+g)(N_t-K_t)$. Allerdings wird auch der Kapitalmarkt auf Inflation reagieren, da die Anleger nicht mehr bereit sein werden, zum bisherigen Zinssatz auf gegenwärtigen Konsum zu verzichten. Daher wird auf einem perfekten Kapitalmarkt der Marktzinssatz auf $((1+g)(1+d)-1)$ steigen. Der Gegenwartswert einer inflationären Wirtschaft ergibt sich daher als:

$$GW = \sum_{t=0}^{T} (1+g)^t (Nutzen_t - Kosten_t)/(1+g)^t (1+d)^t$$

[45] H. Hanusch, Nutzen-Kosten-Analyse, München 1987, S.107 f.

Dies entspricht genau der Situation ohne Inflation, da sich die Inflationsrate herauskürzt.

Es ist also gleichgültig, ob man für die Analyse auf nominelle oder reale Größen zurückgreift, man muß sich nur auf ein Konzept einigen. Verwendet man, wie allgemein üblich, reale Größen, ist daher darauf zu achten, daß die verwendete Diskontrate inflationsbereinigt ist.

Aus der Vielzahl der Methoden der Behandlung von Risiko und Unsicherheit werden lediglich drei häufiger verwendet:

* Die gröbste Methode besteht darin, die Lebensdauer der zu evaluierenden Projekte systematisch zu unterschätzen.
* Etwas genauer ist die Übung, einen bestimmten Prozentsatz auf die Diskontrate aufzuschlagen. Eine Verbesserung dieser Methode ist möglich, wenn die Unsicherheit dadurch berücksichtigt wird, daß man die oberen und unteren Grenzen der Schätzwerte sukzessive erweitert. Wenn beispielsweise in der ersten Periode die optimistische und pessimistische Schätzung 110% bzw. 90% des wahrscheinlichsten Gegenwartswertes ausmachen, so könnten diese in der fünften Periode bei 120% bzw. 80% angesetzt werden.
* Schließlich kann man der Untersuchung subjektive Wahrscheinlichkeitsverteilungen über alle möglichen Gegenwartswerte zugrundelegen. Diese Methode ist zwar vom theoretischen Standpunkt wünschenswert, stellt jedoch große Informationsanforderungen und wird bei mehreren, unsicheren Komponenten bald nicht mehr rechenbar.

Sind sämtliche Klassifizierungs- und Bewertungsarbeiten durchgeführt, benötigt man ein Kriterium, an Hand dessen die gesamtwirtschaftliche Rentabilität einer Investition angezeigt werden kann.

Üblicherweise wird als Kriterium der **Kapitalwert** herangezogen, bei dem der jährliche Nettonutzen mit der Diskontrate auf den Untersuchungszeitpunkt abdiskontiert wird. Bei positivem Kapitalwert gilt das Kriterium als erfüllt, d.h. das untersuchte Projekt erweist sich als rentabel.

Sehr anschaulich ist auch die **interne Zinsfuß-Methode**, wobei der interne Zinsfuß jener Diskontsatz ist, bei dem der Kapitalwert Null wird. Er entspricht somit der Rentabilitätsrate eines Projekts.

Eine wichtige Einschränkung bei der Anwendung der Kosten-Nutzen-Analyse ist, daß das rechnerische Ergebnis der Untersuchung keineswegs mit dem tatsächlichen "Wert" des Projekts gleichgesetzt werden darf. Da gerade im Bereich der Bildung große Teile der Nutzenkomponente nicht quantifiziert werden können, ist auf die Bedeutung der verbalen Präsentation dieser "intangibles" hinzuweisen. Aufgrund dieses Umstandes, kann der errechnete Betrag lediglich als unterste Grenze angesehen werden.

Außerdem ist das Instrumentarium der Kosten-Nutzen-Analyse nicht dazu geeignet, die politische Entscheidung zu ersetzen. Sie bietet jedoch eine wertvolle Entscheidungsgrundlage, die dazu beiträgt, mehr Rationalität in öffentliche Investitionsentscheidungen einfließen zu lassen.

Diese theoretischen Überlegungen sind für das Problem der Kosten-Nutzen-Analyse einer neuen wirtschaftswissenschaftlichen Ausbildungsstätte näher zu konkretisieren. Der folgende Abschnitt dient zunächst dazu, die einzelnen direkten sowie indirekten Kosten- und Nutzenkomponenten zu identifizieren. Im Rahmen der Diskussion der einzelnen Kosten- und Nutzenbestandteile wird auch auf die wichtigsten Ergebnisse in der Literatur eingegangen.

6.3 Kosten-Nutzen-Analyse von Bildungseinrichtungen:

Im Lauf der Jahre entstand eine Vielzahl von Untersuchungen zu diesem Thema, die jedoch alle einer bestimmten Grundstruktur folgen. Es wird regelmäßig zwischen direkten und indirekten Kosten beziehungsweise Nutzen unterschieden.

6.3.1 Direkte Kosten:

Als direkte Kosten werden folgende Positionen angesehen:

* **Investiertes Kapital**: Grundstückskosten, Baukosten, Möblierung, Erstausstattung mit Geräten, Sachmitteln, Bibliothekserstausstattung, etc., inklusive Abschreibungen (Rentabilitätsrate einer alternativen Verwendung des eingesetzten Kapitals; wegen einfacherer Ermittlung meist Anwendung von Zinssätzen).

* **laufende Ausgaben**: Personal-, Sach-, Betriebs-, Literaturausgaben etc., allerdings ohne Berücksichtigung von nicht-ausbildungsbezogenen Ausgaben, wie Ausgaben für Studentenheime, Mensen, organisierte Aktivitäten (Sport, Kultur etc.). G. Becker[46] plädiert zusätzlich dafür, auch Lehrgänge und Forschung auszuklammern.

* **Vermögenssteuer**: Diese ist in manchen Fällen auch für Universitäten trotz Steuerbefreiung anzusetzen.

* **Direkte, private Kosten der Studierenden**: Bücher, Schreibmaterial, Transport zwischen Wohnung und Universität, Personal Computers, etc. sowie Studiengebühren. Stipendien und andere finanzielle Unterstützungen für Studenten sind als reine Transferzahlungen nicht zu berücksichtigen.

6.3.2 Indirekte Kosten:

Bei den indirekten Kosten handelt es sich vor allem um das Einkommen, das dem Studenten während des Studiums entgeht. Angesetzt wird das durchschnittliche Einkommen von Absolventen der Schulen, aus denen sich die Studentenschaft zusammensetzt. Bei Berechnungen der sozialen Rentabilität ist das Bruttoeinkommen zu verwenden. G.S. Becker[47] unterstellt, daß Studenten während ihres Studiums ein Viertel dessen verdienen, was ein voll in den Arbeitsprozeß Integrierter verdient (durch Ferialpraktika, Teilzeitarbeit und dergleichen). Th.W. Schultz-[48] setzt einen wesentlich geringeren Wert an. Nach ihm verzichten Studenten auf 40 Wochengehälter. Unter Berücksichtigung eines 5-wöchigen Jahresurlaubs entgeht ihnen daher 85% des Jahresgehalts. Danach sind also nur rund 75-85% des Einkommens von Nicht-Studenten als tatsächlich entgangenes Einkommen in der Kosten-Nutzen-Analyse zu berücksichtigen.

---

[46] G.S.Becker, Human Capital, New York, London 1975, S.254 f.

[47] Vgl. G.S. Becker, a.a.O., S.248 f.

[48] Vgl. Th.W. Schultz, Investment in Human Capital, American Economic Review, 1961, S.11 f.

6.3.3 Direkte Nutzen:

Bei der Analyse der Neuerrichtung einer Universität sind vor allem Einnahmen aus zusätzlichen Forschungsprojekten[49], Kostensenkungen durch Verkürzung der durchschnittlichen Studiendauer und andere durch die Realisierung des Projektes frei werdende Ressourcen zu berücksichtigen.

6.3.4 Indirekte Nutzen:

Hier handelt es sich vor allem um Einkommensunterschiede zwischen Hochschulabsolventen und Abgängern der vorgelagerten Schulen. Auch hier ist wieder zur Berechnung des sozialen Wertes einer universitären Ausbildung das Einkommen vor Steuern anzusetzen. Die auf den Untersuchungszeitpunkt abdiskontierten Einkommensunterschiede bis zur Pensionierung sind für jene Studenten, welche bei Projektrealisierung **zusätzlich** das Studium erfolgreich beenden, als indirekte Nutzen anzusetzen.

Grundsätzlich wäre bei der Berechnung dieser Differenzen von Stundenlöhnen auszugehen, da das Jahreseinkommen neben der Arbeitsproduktivität auch noch durch andere Faktoren bestimmt wird (z.B. höhere Arbeitslosigkeit der weniger Gebildeten). Insbesondere in den höheren Einkommensklassen lassen sich diese Faktoren jedoch kaum eruieren. Im Normalfall werden daher Jahreswerte verwendet. G.S. Becker verteidigt diese Methode mit dem Argument, daß er keinen signifikanten Zusammenhang zwischen geleisteten Arbeitsstunden und Ausbildung finden konnte.[50]

Offensichtlich kann nicht das volle Ausmaß der Einkommensunterschiede der zusätzlichen Ausbildung zugeordnet werden. Es gibt verschiedene Versuche, den Einfluß anderer Variablen auf das Einkommen mittels regressionsanalytischer Methoden zu ermitteln. An erster Stelle dieser Einflußfaktoren stehen meist die persönlichen Fähigkeiten der untersuchten Personen. O. Ashenfelter und J.D. Mooney[51] fanden allerding nur einen schwachen Zusammenhang zwischen mathematischem Talent und Einkommen.

---

[49] Im Gegensatz dazu G.S. Becker, a.a.O., S. 238 ff.

[50] Gary S. Becker, Human Capital, New York/London 1975, p.214.

[51] Vgl. O. Ashenfelter, J.D. Mooney, Graduate Education, Ability, and Earnings, The Re view of Economics and Statistics, February 1968, pp. 78-86.

Sh. Hunt[52] untersuchte noch eine Vielzahl weiterer Einflußgrößen, wie Rasse, Größe der Heimatstadt, Bildung der Eltern usw. Als Determinanten für das Einkommen eruierte er persönliche Fähigkeiten (ausgedrückt durch Gewichtung der Prüfungsnoten und Qualität der Universität), Beruf, Berufserfahrung, Beschäftigungsstand (Selbständige versus Angestellte), Größe der Universität, Ausbildung der Mutter und Größe des Unternehmungssitzes, in dem der Absolvent tätig ist. Wegen Multikollinearitäten ist die Aussagekraft dieser Ergebnisse jedoch zweifelhaft.

Auf Grund dieser Probleme wird bei der praktischen Durchführung von Kosten-Nutzen-Analysen meist auf eine explizite Berechnung solcher "non-education factors" verzichtet und auf feste Sätze zurückgegriffen. Nachfolgend ein kurzer Überblick über die in der Literatur vorgeschlagenen Anteile des Einkommens, welche nicht auf Bildung zurückzuführen sind:

Ziderman, 1973	33%
Denison, 1962	40%
Weisbrod, Karpoff, 1968	25%
Raymond, Sesnowitz, 1975	15% und 25%.

G.S. Becker (1975) schlägt eine Verringerung der Rentabilitätsrate um 2-3 Prozentpunkte mit der Begründung vor, daß der Bildungsstand eng mit Fähigkeitsvariablen korelliert.

Eine häufig geäußerte Kritik in diesem Zusammenhang ist, daß die Löhne nicht die Grenzproduktivitäten der Empfänger widerspiegeln. Die Ausbildung dient nicht der Bildung von Humankapital, sondern stellt lediglich eine teure Ausleseeinrichtung dar. Dem steht jedoch entgegen, daß gut ausgebildete Personen nicht nur zu Beginn ihrer Berufskarriere mehr verdienen als ihre Kollegen mit weniger Bildung. Dieses Einkommensdifferential besteht während ihrer ganzen Laufbahn und vergrößert sich sogar im Zeitablauf. Wäre obige Kritik stichhaltig, müßten die Arbeitgeber doch im Laufe der Zeit ihren Fehler korrigieren und die Gehälter der Produktivität der Angestellten anpassen. Da dem jedoch nicht so ist, verfügen besser ausgebildete Personen offenbar über Qualitäten, die sie für Arbeitgeber interessanter machen. Dabei kann es sich um

[52] Vgl. S.J. Hunt, Income Determinants for College Graduates and the Return to Edu cational Investment, Yale Economic Essays, 3 (Fall 1963), pp.304-357.

Motivation, größere Eigeninitiative, mehr Flexibilität, bessere Führungsqualitäten oder dergleichen mehr handeln.[53]

Ein weiterer Aspekt, der in der Literatur nicht abgehandelt wird, ergibt sich aus einer möglichen Verkürzung der durchschnittlichen Studiendauer bei gleicher Qualität der Absolventen. Hier sind die indirekten Nutzen pro Absolventen mit einer der verkürzten Studiendauer entsprechenden Erhöhung des Lebenseinkommens zu quantifizieren.

Zusätzlich wären neben den Investitions- noch Konsumaspekte eines Studiums zu berücksichtigen. Deren mangelnde Quantifizierbarkeit zwingt jedoch zu einer rein verbalen Darstellung dieser Effekte. Bedeutende Beispiele zu diesem Punkt sind eine mit zusätzlicher Bildung verbundene höhere Flexibilität bezüglich technologischer Änderungen, ein breiteres Spektrum an Auswahlmöglichkeiten im Beruf, das vermutlich höhere intellektuelle Klima im Elternhaus, usw.

Gesamtgesellschaftlich bedeutende Faktoren sind auch die Heranbildung von Staatsbürgern, die aktiv am demokratischen Prozeß teilnehmen können, eine Senkung der Arbeitslosenrate, eine dadurch möglicherweise gesenkte Kriminalitätsrate und damit niedrigere Kosten der Gemeinschaft für Polizei und andere gesetzesdurchsetzende Institutionen.

Verschiedene Autoren versuchen auch den Zusammenhang zwischen Qualität einer Hochschule und dem Einkommen ihrer Absolventen zu quantifizieren.

B.A. Weisbrod und P. Karpoff[54] teilen Universitäten auf Grund subjektiver Einschätzung von Personalchefs in vier Qualitätsklassen ein. J.R. Behrman und N. Birdsall[55] verwenden die

---

[53] M. Blaug, The Correlation between Education and Earnings. What does it signify? Higher Education, February 1972, p.74.

[54] Vgl. B.A. Weisbrod, P. Karpoff, Monetary Returns to College Education, Student Ability, and College Quality, The Review of Economics and Statistics 50 (1968), pp.491-497.

[55] Vgl. J.R. Behrman, N. Birdsall, The Quality of Schooling: Quantity Alone is Mislea ding, The American Economic Review, December 1983, Vol.73, No.5, pp.928-946.

durchschnittliche Ausbildungszeit der Lehrkräfte als Kriterium (allerdings für ein Entwicklungsland).

Regelmäßig werden jedoch zur Klassifizierung in Qualitätsstufen die durchschnittlichen Ausgaben je Student herangezogen. A. Daniere und J. Mechling[56] bilden drei Qualitätsklassen von amerikanischen Colleges, deren Rentabilitätsraten sie dann gesondert berechnen. Sh. Hunt[57] verwendet die Ausgaben je Student als eigene Variable in der Regressionsanalyse und ermittelt dafür eine Rentabilitätsrate von 12%.

T.J. Wales[58] legt seinen fünf Qualitätsklassen die Ergebnisse des Gourman Reports zugrunde, in dem eine Vielzahl von Faktoren über die Qualitätsklasse, in die ein College eingeordnet wird, entscheidet. Darunter zählen Faktoren wie: angebotene Lehrfächer und durchschnittliche Position in den College-Ratings, die regelmäßig von verschiedenen Institutionen in den USA durchgeführt werden. Er kommt dabei zum Schluß, daß die College-Qualität eine extrem wichtige Determinante des Einkommens darstellt, wobei jedoch bedeutende Einkommenssprünge lediglich für die oberen zwei Qualitätsklassen festzustellen waren. In diesen Klassen steigt aber die Einkommensdifferenz zwischen High School und College Absolventen von 29% auf beinahe 40% an, ein Indiz dafür, daß mit kleinen Verbesserungen der Lehr- und Lernsituation nicht viel geholfen ist, sondern nur Spitzeninstitutionen entsprechend honoriert werden.

6.3.5 Datenbasis:

Für die Bewertung der indirekten Nutzen eines Abschlusses an der WU wird der Mikrozensus, Personen- und Haushaltseinkommen der unselbständig Beschäftigten herangezogen.[59] Der

---

[56] Vgl. A. Daniere, J. Mechling, Direct Marginal Productivity of College Education in Relation to College Aptitude of Students and Production Costs of Institutions, The Journal of Human Resources, Winter 1970, pp.51-70.

[57] Vgl: Sh. Hunt, a.a.O., S. 340 ff.

[58] Vgl. T.J. Wales, The Effect of College Quality on Earnings: Results from the NBER-Thorndike Data, The Journal of Human Resources, Summer 1973, pp.306-317.

[59] Personen- und Haushaltseinkommen von unselbständig Beschäftigten, Ergebnisse des Mikrozensus September 1987), Beiträge zur österreichischen Statistik, Heft 924, ÖSTZ, Wien 1989

österreichische Mikrozensus ist eine Stichprobe, die etwa 1% der österreichischen Haushalte umfaßt. Er wird in vierteljährlichen Abständen im Weg mündlicher Interviews durchgeführt. Unregelmäßig kommt es im Rahmen dieses Mikrozensus zu Einkommenserhebungen (zuletzt im September 1987), die als Grundlage dieser Untersuchung dienen. Dabei sind jedoch einige Faktoren zu beachten, die zu einer Verfälschung der Daten führen und dazu zwingen, verschiedene Korrekturen an den Originaldaten anzubringen.

Im Gegensatz zum Grundprogramm des Mikrozensus besteht für die Sonderprogramme keine Auskunftspflicht. Im Rahmen der Fragen nach dem Einkommen kam es daher zu einer sehr hohen Auskunftsverweigerung von 37%, wobei die Verweigerungsrate bei hohen Einkommen besonders stark ausgeprägt war. Weiters befanden sich von vornherein keine Freiberufler und Selbständigen in der Stichprobe. Dies führt zu einer tendenziellen Unterschätzung in den hohen Einkommensklassen. Ein weiteres Problem tritt bei der Verknüpfung von Alter und Schulbildung auf, da hier die höheren Altersklassen oft nur sehr gering besetzt sind. Außerdem wird im Mikrozensus nach Nettoeinkommen gefragt, während unserer Untersuchung Bruttoeinkommen zugrunde zu legen sind. Hier wird es nötig sein, über durchschnittliche Steuern und Abgaben auf das Einkommen vor Steuern hochzurechnen, was eine zusätzliche Fehlerquelle einführt.

Schließlich darf nicht vergessen werden, daß der Mikrozensus eine Querschnittsuntersuchung darstellt. Dieser Einwand ist allerdings nicht so schwerwiegend, da unsere Untersuchung nicht auf absolute Einkommenshöhen, sondern auf Differenzen abstellt, die im Zeitablauf eine weit größere Stabilität aufweisen.

Neben diesen absoluten Daten existiert in der Literatur eine Vielzahl von Schätzungen der sozialen Rentabilitätsrate universitärer Ausbildung. Unsere Auswahl aus der Literatur bezieht sich auf möglichst rezente Untersuchungen. So schwanken Rentabilitätsraten international zwischen 7%[60] (GB 1980) über 10,9%[61] (Frankreich 1985) und 14,3%[62] (USA 1974) bis zu

[60] Vgl. Adamson, Reid, The Rate of Return to Post-Compulsory Education During the 1970's: An Empirical Study for Great Britain, United Kingdom, Department of Education and Science, 1980. Mimeo.

[61] Vgl. Mingat, Jarousse, Analyse Economique et Fondements Sociaux des Disparites de Salaires en France Paris: CREDOC, 1985, Mimeo.

16,3%[63] (Australien 1982). Speziell für wirtschaftswissenschaftliche Ausbildungsgänge bieten Untersuchungen von A. Bottomley und J. Dunworth[64] sowie Adamson und Reid[65] Informationen über durchschnittliche beziehungsweise marginale soziale Rentabilitätsraten. Sie schwanken international nur sehr gering zwischen 9% und 11%.

Im deutschen Sprachraum gibt es unseres Wissens bislang keine Berechnung der sozialen Rentabilitätsrate von Ausbildungsinvestitionen.[66]

Als Quelle für durchschnittliche Anfangsgehälter von Schulentlassenen und WU-Absolventen zogen wir aktuelle Angaben des Österreichischen Produktivitäts- und Wirtschaftlichkeits-Zentrums (ÖPWZ) und des Zentrums für Berufsplanung (ZBP) an der WU heran.

---

[62] Vgl. R. Raymond, M. Sesnowitz, The Returns to Investments in Higher Education: Some New Evidence, The Journal of Human Resources, Spring 1975, pp.139-154.

[63] Vgl. P.W. Miller, The Rate of Return to Education: The Evidence from the 1976 Census, Australian Economic Review (third quarter 1982).

[64] Vgl. A. Bottomley, J. Dunworth, Rates of Return on University Education with Econo mies of Scale, Higher Education, February 1974, pp.91-101.

[65] Vgl. Adamson, Reid, The Rate of Return to Post-Compulsory Education During the 1970's: An Empirical Study for Great Britain, United Kingdom, Department of Education and Science, 1980. Mimeo.

[66] Bezüglich privater Raten vgl.: W. Clement, Einkommensverteilung und Qualifikation: Empirische Ergebnisse aus dem Österreichischen Mikrozensus 1981,Wien 1984.

W. Clement, M. Tessaring, G. Weisshuhn, Ausbildung und Einkommen in der Bundesrepublik Deutschland, Beitrag 80, Nürnberg: Institut für Arbeitsmarkt und Berufsforschung der Bundesanstalt, 1983.

G. Weisshuhn, W. Clement, Analyse der qualifikationsspezifischen Verdienstrelationen in der Bundesrepublik Deutschland auf der Basis der Beschäftigtenstatistik 1974/1977,Mitteilungen aus der Arbeitsmarkt und Berufsforschung 1 (1982), S.36-49.

W. Rippe, Lohnen sich Investitionen in den Beruf?, Arbeit und Sozialpolitik 4 (1973), S.125-129.

7. KOSTEN-NUTZEN-ANALYSE: Durchführung:

7.1 Einleitung:

Volkswirtschaftliche Kosten-Nutzen-Betrachtungen haben üblicherweise mit dem Problem zu kämpfen, daß ein großer Teil der Daten entweder überhaupt nicht oder in nicht brauchbarer Form zur Verfügung steht, und bestimmte Wirkungen dem Untersuchungsobjekt nicht direkt zugeordnet werden können. Dies führt dazu, daß die Bewertung der Kosten und Nutzen oft nur über Schätzungen erfolgen kann, was die Genauigkeit der Berechnung einschränkt.

Die folgenden Abschnitte beinhalten eine Darstellung der unserer Analyse zugrunde gelegten Kosten und Nutzen der einzelnen Entlastungsalternativen. Die Vorgangsweise richtet sich nach der Gliederung in direkte und indirekte Kosten beziehungsweise Nutzen in Abschnitt 6. Die inhaltliche Spezifikation der Entlastungsalternativen erfolgt gemäß den Überlegungen in Kapitel 5. Die den Schätzungen der einzelnen Kosten-und Nutzenpositionen innewohnende Unsicherheit berücksichtigen wir dadurch, daß Kosten bewußt großzügig angesetzt und Nutzen eher vorsichtig veranschlagt werden. Darüberhinaus runden wir grundsätzlich Kosten jeweils nach oben und Nutzen stets nach unten.

Das Endergebnis unserer Kosten-Nutzen-Analyse ist eine Tabelle, in der für die einzelnen Varianten die Kapitalwerte, die Break-Even-Points und der interne Zinsfuß (soziale Rentabilitätsrate) der einzelnen Varianten präsentiert werden.

7.2 Bewertung der Kosten und Nutzen:

7.2.1 Direkte Kosten:

Die direkten Kosten setzen sich aus den Grundstückskosten, den Investitionskosten und den laufenden Ausgaben der Universität zusammen. Die Vermögenssteuer bleibt dabei unberücksichtigt, da man davon ausgehen kann, daß die Mittel zur Realisierung der von uns vorgeschlagenen Projekte, auch bei alternativer Verwendung, im öffentlichen Sektor verbleiben würden und damit ebenfalls von der Vermögenssteuer befreit wären. Bei privaten Universitäten müßte diese Position allerdings berücksichtigt werden.

Zusätzlich zu diesen Grundstücks- und Investitionskosten (Baukosten und Erstausstattung) sind entsprechende Finanzierungskosten zu berücksichtigen. Da im derzeitigen Stadium die Finanzierungstechnik nicht feststeht, nehmen wir an, daß der gesamte Investitionsumfang über einen Kredit zu Marktbedingungen finanziert wird.

Theoretisch müßte unter der Annahme perfekter Kapitalmärkte der Realzins mit der sozialen Zeitpräferenzrate übereinstimmen. In diesem Fall sind die Finanzierungskosten vernachlässigbar. Es muß jedoch davon ausgegangen werden, daß die Finanzierung nicht über einen perfekten Kapitalmarkt erfolgt. In Abhängigkeit von Laufzeit und angewendetem Zinssatz lassen sich unschwer Faktoren berechnen, die mit den Baukosten multipliziert die Baukosten inklusive Finanzierung ergeben. Diese Faktoren sind für einen Zinssatz von 8% (10%) bei einer Laufzeit von zehn Jahren **1,43 (1,6)** und bei einer Laufzeit von zwanzig Jahren **1,74 (2,04)**.

Selbst bei pessimistischer Sicht ist ein realer Zinssatz von acht Prozent und eine Laufzeit von zwanzig Jahren vertretbar. In der Kosten-Nutzen-Analyse wird demnach der Faktor 1,74 angewendet.

7.2.1.1 Grundstückskosten:

Die Tatsache, daß das Grundstück für das untersuchte Projekt auf den Donaugründen, zwischen Floridsdorfer und Brigittenauer Brücke, von der Gemeinde Wien zur Verfügung gestellt wird, ändert nichts an der Notwendigkeit, den volkswirtschaftlichen Wert dieser Fläche in die Kosten des Projekts zu integrieren. Nach dem Opportunitätskostenprinzip, das ja bei der Kosten-Nutzen-Analyse strikt einzuhalten ist, muß ein Grundstück danach bewertet werden, welcher Nutzen aus der besten alternativen Verwendung gewonnen werden könnte, d.h. es müßte der Barwert der künftigen Erträge ermittelt werden.

Eine recht gute Schätzung der Opportunitätskosten sollte jedoch der Marktpreis darstellen. Zwar wird auch dieser durch verschiedene Einflüsse (Monopolrenten, Spekulation, etc.) verfälscht, doch kann trotzdem davon ausgegangen werden, daß der Preis etwa im gleichen Ausmaß wie die erwarteten Einkünfte aus dem betrachteten Grundstück steigen wird.

Laut einer Auskunft der Wiener Stadterneuerungsgesellschaft m.b.H. beträgt der Wert des oben erwähnten Grundstücks derzeit etwa ÖS 6000 pro Quadratmeter. Bei einer geschätzten Größe des Grundstückes von 23.000 m² belaufen sich die Grundstückskosten auf ÖS 138 Mio.

7.2.1.2 Investitionskosten:

Die Investitionskosten beinhalten alle Kosten bis zur Fertigstellung der Gebäude und zur Aufnahme des universitären Betriebes auf den Donaugründen einschließlich der Verwaltungskosten und Zinsen während der Bauzeit[67].

7.2.1.2.1 Baukosten (Grobkostenschätzung):

Zunächst ist zu klären, ob auch hier, wie beim Grundstück, Marktpreise zur Bewertung herangezogen werden können. Trotz einiger Bedenken in der Literatur gehen wir davon aus, daß die für die Kosten-Nutzen-Analyse anzusetzenden Opportunitätskosten auch in diesem Fall mit den Marktpreisen identisch sind[68]. Unsere Schätzung der Baukosten stützt sich auf die langjährige Erfahrung eines Mitgliedes des Projektteams im Universitätsbau und berücksichtigt Erfahrungswerte von jüngst errichteten Universitätsgebäuden (Universität Salzburg, Universität Graz, Universität Innsbruck und Technische Universität Wien). Mit Hilfe der Wettbewerbsausschreibungen für diese Vorhaben wurde auch die Vollständigkeit der Nutzflächenaufstellung überprüft und geringfügig korrigiert sowie ergänzt. Ein Vergleich aller dieser Angaben zeigt, daß die in Kapitel 5 entwickelten Anforderungen in keiner Richtung aus dem Rahmen fallen. Die Entlastungsvarianten können ohne weiteres als Bauprojekt, das den üblichen Standards im Universitätsbau entspricht, betrachtet werden.

Grundlage der vorliegenden Grobkostenschätzung sind die vom Projektteam für die vier Varianten erstellten detaillierten Raumprogramme, welche auf der Prognose der Hörerzahlentwicklung an der WU bis zum Jahr 2000 aufbauen.

---

[67] Vgl. G. Obermann, Probleme der empirischen Kosten-Nutzen-Analyse, Wien 1973, S.87.

[68] H. Hanusch, Nutzen-Kosten-Analyse, München 1987, S.24.

Zur Überprüfung der gewählten Ansätze hinsichtlich der m²-Größen der Funktionseinheiten in absoluten Beträgen, als auch der relativen Flächen m²/Person wurden die Ausschreibungen folgender Wettbewerbe herangezogen:

UNI GRAZ, Jänner 1985
Institutsbauten Geidorf Gürtel
Rechtswissenschaftliche Fakultät
Sozial- und Wirtschaftswissenschaftliche Fakultät
EDV-Zentrum
Sprachübungszentrum
Erweiterung der Universitätsbibliothek

UNI INNSBRUCK, Juni 1988
Sozial- und Wirtschaftswissenschaftliche Fakultät

TU WIEN, September 1988
Erweiterung TU Wien Aspanggründe

Ein direkter Vergleich der genannten Projekte ist nicht möglich. Insbesondere in folgenden Bereichen ergeben sich Probleme:

- Hörerzahlen

Weder für UNI Graz noch für UNI Innsbruck scheinen Schätzungen der Hörerzahlen oder Angaben über die geplanten Hörerzahlen auf, lediglich bei der TU Wien sind Vorstellungen für die Studentenzahlen festgehalten. Langfristig wird mit 1500 Studenten der Studienrichtung Maschinenbau gerechnet.

In einer Veröffentlichung des Wettbewerbsergebnisses der UNI Innsbruck wird erwähnt, daß für 1994 mit 6000 inskribierenden Hörern gerechnet wird.

- Flächenstandards und Raumhöhen

Nur die TU Wien weist Flächen und Flächen pro Hörer detailliert aus, bei der UNI Graz finden sich nur Angaben über Raum- und Geschoßhöhen - Angaben in m² pro Person konnten nur zum Teil rückgerechnet werden - und bei der UNI Innsbruck finden sich <u>nur</u> Angaben in m² pro Person.

Generell fehlen sowohl einheitliche Begriffe als auch Definitionen der verwendeten Begriffe (Nutzfläche, Nettonutzfläche etc.). Die folgende Aufstellung gibt einen Vergleich der Flächenstandards bei den genannten Projekten.

Sitzplätze		**m²/Sitzplatz**			**Annahme**
		Uni Graz	**Uni Innsbruck**	**TU Wien**	**WU 2000**
HS	bis 200	0,8 m²	-	-	-
	150	0,9 m²	-	-	-
	100	1,0 m²	-	-	-
	60	1,2 m²	-	-	-
	40	1,5 m²	-	-	-
HS	ab 100	-	2,0 m²	-	-
	bis 100	-	2,3 m²	-	-
HS	50-70	-	-	1,6 m² bis 2,0 m²	-
HS	ab 130	-	-	-	2,0 m²
	bis 130	-	-	-	2,3 m²
Bibliothek Leseplätze		2,5 m²	5,5/4,5 m²	nicht im Raumprogramm	3,0 m²
Diplomanden-arbeitsplätze		4,0 m²	-	-	-

- Flächen einzelner Funktionsbereiche

Zur Verdeutlichung der Größenverhältnisse der einzelnen Funktionsbereiche bei den genannten Projekten liefert folgende Aufstellung die wichtigsten Daten:

	Uni Graz	Uni Innsbruck	TU Wien	Annahme WU 2000
Hörsäle				je nach Variante
Sitzplätze	2180	1068	2200	3000-3290
Flächen in m²	2220	2490	3500-4450	4920-4485
Bibliothek			nicht im Raumpro-	je nach Variante
Arbeits- u. Leseplätze	500	185	gramm	850-1500
Gesamtfläche in m²	3995	2179		5800-6300
Institute:				
Anzahl	28	17	*)	50-60
Gesamtfläche in m²	7984	4696	*)	6960-7540
m²/Institut ca.	285	276	*)	14500-17500

*) wegen des hohen Werkstättenanteils nicht vergleichbar

- Bautechnische Kennzahlen und Richtwerte

Diese liegen nur von der UNI Innsbruck für alle eingereichten Wettbewerbsprojekte vor.[69] Für die UNI Graz sind in der Ausschreibung Obergrenzen festgelegt. Mangels Angaben über die Grundstücksgröße konnten die Werte für die TU Wien auch nicht rückgerechnet werden.

---

[69] Vgl. Fachjournal Wettbewerbe, 13. Jahrgang, Heft April/Mai 1989, Nr. 82/83, Wien, S.64 f.

- Städtebauliche Richtwerte

Zur Dokumentation der städtebaulichen Dimension der zitierten Universitätsbauten dient folgende Aufstellung.

	Uni Graz	Uni Innsbruck	TU Wien
Grundstück in m²			
vorhanden	ca. 16.000	ca. 13.000	-
projektiert	-	12.800-27.000	-
Nettonutzfläche in m²			
gefordert	19.269	13.000	81.396-83.537
Bruttogeschoßfl. in m²			
maximal zulässig	32.000		-
projektiert	-	34.134-75.914	63.224-124.956
Geschoßflächendichte			
gefordert maximal	1,5	2,0	-
projektiert	-	1,40-2,70	-
Bebauungsdichte			
gefordert maximal	0,5	-	-
projektiert		0.32-0,70	

Die **Nettonutzfläche** umfaßt die dem Benutzer zur Verfügung stehende Fläche exklusive der Bewegungsflächen und der sanitären Anlagen. Die **Bruttogeschoßfläche** setzt sich aus der Nettonutzfläche und allen Bewegungsflächen und den sanitären Anlagen zusammen. Die **Geschoßflächendichte** ist definiert als das Verhältnis der Bruttogeschoßfläche zur Grundstücksfläche. Die **Bebauungsdichte** ist das Verhältnis der bebauten Fläche zur unbebauten Fläche.

Für die Ermittlung der Bruttogeschoßflächen aus den aufgelisteten Nettoflächen (vgl. Tabelle 5.11) werden die Ansätze aus dem Vorprüfungsbericht des Wettbewerbs Erweiterung der TU Wien Aspanggründe übernommen.[70]

Zitat: "Die Ermittlung der Nettoflächen erfolgte durch Rückrechnung aus den Bruttoflächen mit folgenden, aus einem konkreten Projekt abgeleiteten Annahmen:

Werkstätten und Labors:		15% Erschließung und Konstruktion
übrige Funktionen	- 2-hüftig:	30% Erschließung und Konstruktion
	- 1-hüftig:	35% Erschließung und Konstruktion

Nutzungen mit getrennt ermit-
teltem Erschließungsanteil: 15% Konstruktionsanteil"

Anstelle einer gesondert ausgewiesenen Eingangshalle oder eines Hörsaal-Foyers, werden die Flächen der Großhörsäle um 100%, die der kleineren Hörsäle um 50% und die Fläche der Mehrzweckhalle um 15% erhöht. Dies berücksichtigt die entsprechenden Bewegungsflächen im Hörsaalbereich.

Die genannten Prozentsätze sind als Mindestforderung anzusehen und hängen direkt mit der konkreten architektonischen Lösung zusammen. Es ist im Rahmen der Vorentwurfsplanung mit einer beträchtlichen Erhöhung dieser Flächen zu rechnen.

Für sämtliche Institutsflächen wird mit einem Zuschlag von 30% für die wirtschaftlichere Grundrißlösung einer zweihüftigen Anlage gerechnet. Zur Ermittlung des umbauten Raumes wurden folgende Geschoßhöhen angenommen:

Mehrzweckhalle Auditorium Maximum	8,0 m
Großhörsäle, Mensa	6,0 m
alle übrigen Räume	4,0 m
Garagen	3,3 m

---

[70] Vgl. Fachjournal Wettbewerbe, 13. Jahrgang, Heft August/September 1989, Nr. 86/87, Wien, S.23 ff.

Die folgende Übersicht stellt die so errechneten **Bruttoflächen** und den **umbauten Raum** gegliedert nach Varianten und Funktionsbereichen dar.

NEUE UNIVERSITÄT

Funktionsbereich	**3000 EWUI**		**2400 EWUI**	
	m²	**m³**	**m²**	**m³**
HÖRSÄLE	12.920	74.520	11.850	69.200
INSTITUTE	22.620	90.480	18.850	75.400
MENSA	2.000	12.000	1.600	9.600
ÖH	300	1.200	240	960
BIBLIOTHEK	8.190	32.760	7.605	30.420
EDV-ZENTRUM	1.578	6.314	1.422	5.690
UNI-VERWALT.	2.431	9.724	2.431	9.724
SPRACHLABORS	520	2.080	520	2.080
SONSTIGE	640	2.560	640	2.560
AUFENTHALTSR.	390	1.560	390	1.560
	51.589	**233.198**	**45.548**	**207.194**

HORIZONTALTEILUNG:

Funktionsbereich	**3000 EWUI**		**2400 EWUI**	
	m²	**m³**	**m²**	**m³**
HÖRSÄLE	12.965	76.140	11.700	70.160
MENSA	2.000	12.000	1.600	9.600
ÖH	280	1.120	280	1.120
STÜTZPUNKTE	11.479	45.916	10.959	43.836
BIBLIOTHEK	7.465	29.860	6.295	25.180
LOK.DIREKTION	2.119	8.476	2.119	8.476
SONSTIGE	65	260	65	260
AUFENTHALTSR.	260	1.040	260	1.040
	36.633	**174.812**	**33.278**	**159.672**

In der Bebauungsstudie für die Donaugründe (Wien XX., Handelskai, Traisengasse, Wehlistraße, Donaueschingenstraße) des Teams Friedreich, Glück & Partner und Neumann & Partner ist auf einer Fläche von ca. 23.000 m² eine gemischte Struktur bestehend aus der WU, Studentenheimen und Wohnungen vorgesehen. Sollten davon, wie in der Bebauungsstudie ausgewiesen, tatsächlich nur ca.15.000 m² für den Neubau der WU zur Verfügung stehen, würden sich bei einer Bebauungsdichte von 0,5 eine durchschnittliche Geschoßanzahl von 7-8 Geschoßen ergeben, von denen das Hörsaal und Mensageschoß eine Geschoßhöhe von 6-8 m aufweist. In diesem Falle wären die geforderten 1000 Stellplätze mit ca. 25.000 m² Flächenbedarf nur in zwei Ebenen unterzubringen. Die Geschoßflächenzahl würde 3,66 betragen.

Für die Gewinnung von Kostenansätzen hat sich von allen in Österreich in den letzten Jahren vollendeten Universitätsbauten der Neubau der Naturwissenschaftlichen Fakultät der Universität Salzburg als Vergleichsobjekt angeboten. dieser Neubau ist in seiner Dimension mit dem WU-Projekt vergleichbar und es liegen bereits konkrete Zahlen vor. Erfreulicherweise zeigte sich der mit der Baukostenschätzung und baubegleitenden Kostenkontrolle beauftragte Generalplaner als äußerst kooperativ und stellte detaillierte Unterlagen zur Verfügung. Das naheliegendstc Vergleichsobjekt, der Neubau des UZA I, das ist das derzeitige Gebäude der WU, konnte leider nicht für als Basis für Kostenschätzungen herangezogen werden, da wegen eines Prüfungsverfahrens durch den Rechnungshof der Republik Österreich die benötigten Unterlagen nicht zugänglich sind. Die folgende Aufstellung liefert einen Überblick über das Salzburger Universitätsprojekt:

UNIVERSITÄT SALZBURG

Flächenangaben und Richtwerte

Grundstücksfläche	44.272 m²
Bebaute Fläche	17.235 m²
Umbauter Raum	361.317 m²
Bruttogrundrißfläche	77.519 m²
Bebauungsdichte	0,26
Geschoßflächenzahl	1,75

Kostenschätzung: Gebäude gesamt (Juli 1981):

	BGF inkl. Keller m²	ÖS	m³	ÖS	Summe
A (wenig installiert)	22.400	á 17.102,58	104.500	á 3.666,00	383,098.000
B (z.T. hoch inst.)	37.270	á 18.430,00	172.500	á 3.981,97	686,890.000
C (Sonderbauteile)	16.820	á 18.006,24	80.270	á 3.353,99	269,225.000
D (Wohnung)	610	á 8.016,39	1.900	á 2.573,68	4,890.000
E (Glashaus)			entfällt		
Summe	**77.100**		**359.170**		**1 344,103.000**

Diesen Werten liegt für Juli 1981 ein mittlerer Index von 307,20 zugrunde (Index 1957 -100 Punkte), dessen Wert für Oktober 1989 mit 360 errechnet wurde, Daraus ergeben sich für die Baukosten der Bauteile A bis C folgenden Werte:

	S/m² (1981)	S/m² (1989)	S/m³ (1981)	S/m³ (1989)
A	17.102,58	20.042,00	3.666,00	4.296,09
B	18.430,00	21.597,65	3.981,97	4.666,37
C	16.820,00	19.710,94	3.353,99	3.930,46

Die oben berechneten Bruttogeschoßflächen der einzelnen WU-Projekte wurden nach den genannten Kategorien des Installationsgrades wie folgt zugeordnet:

NEUE UNIVERSITÄT:

Funktionsbereich	3000 EWUI		2400 EWUI	
	m^2	m^3	m^2	m^3
A(wenig installiert) INSTITUTE VERWALTUNG ÖH AUFENTHALTSR.	25.741	102.964	21.911	87.644
B(z.T. hoch inst.) BIBLIOTHEK EDV SPRACHLABORS SONSTIGE	10.928	43.714	10.187	40.750
C(Sonder- bauteile)	14.920	86.520	13.450	78.800
	51.589	**233.198**	**45.548**	**207.194**

HORIZONTALTEILUNG:

Funktionsbereich	3000 EWUI		2400 EWUI	
	m^2	m^3	m^2	m^3
A STÜTZPUNKTE VERWALTUNG ÖH AUFENTHALTSR.	14.138	56.552	13.618	54,472
B BIBLIOTHEK SONSTIGE	7.530	30.120	6.360	25.440
C HÖRSÄLE MENSA	7.530	88.140	13.300	79.760
	36.633	**174.812**	**33.278**	159.672

Zusätzlich zu den bisher erläuterten Berechnungsgrundlagen wurde eine 20% Erhöhung der Gesamtkosten angenommen, da nach Aussage des Generalplaners die für das Salzburger Universitätsprojekt gelegten Angebote unter den ortsüblichen Preisen des Jahres 1981 lagen. Die Errichtung der Salzburger Universität war für die ortsansässigen Baufirmen ein Prestigeprojekt, an dem sie aus Prestigegründen auch zu niedrigeren Preisen mitwirken wollten. Die Kosten für einen Tiefgaragenplatz wurden mit S 100.000/Stellplatz angenommen. Sämtliche Angaben verstehen sich ohne MWST.

Ein weiteres Problem der Kostenschätzung stellen die Einrichtungskosten dar. Auch hier stehen von der Universität Salzburg entsprechende Daten zur Verfügung. Mit Stand Juli 1989 beträgt die Gesamtsumme der beauftragten Leistungen für sämtliche Einrichtungen ca. S 190.000.000,--, die sich bis zur endgültigen Fertigstellung auf ca. S 200.000.000,-- erhöhen wird. Das ergibt für die Einrichtungskosten einen Prozentsatz von ca. 15% der Baukosten, der auch in der Grobkostenschätzung angewendet wurde. Daraus ergeben sich für die untersuchten Entlastungsalternativen folgende Gesamtbaukosten (Grobkostenschätzung):

NEUE UNIVERSITÄT: 3000 EWUI (Erstimmaktrikulanten)

Funktions-bereiche	**Kosten in ÖS/m²**	**Fläche in m²**	**Kosten in Mio. ÖS**
A	20.042,00	25.741,0	515,9
B	21.597,65	10.928,5	236,0
C	19.710,94	14.920,0	294,1
Summe		51.589,5	1 046,0
+ 15% Einrichtungskosten			156,9
+ 20%			209,2
+ Tiefgarage			100,0
Gesamtsumme			**1 512,1**

NEUE UNIVERSITÄT: 2400 EWUI (Erstimmaktrikulanten)

Funktions-bereiche	Kosten in ÖS/m²	Fläche in m²	Kosten in Mio. ÖS
A	20.042,00	21.911,0	439,1
B	21.597,65	10.187,5	220,1
C	19.710,94	13.450,0	265,1
Summe		45.548,5	924,3
+ 15% Einrichtungskosten			138,6
+ 20%			184,9
+ Tiefgarage			100,0
Gesamtsumme			**1 347,8**

HORIZONTALTEILUNG: 3000 EWUI (Erstimmaktrikulanten)

Funktions-bereiche	Kosten in ÖS/m²	Fläche in m²	Kosten in Mio. ÖS
A	20.042,00	14.138,0	283,4
B	21.597,65	7.530,0	162,6
C	19.710,94	14.965,0	295,0
Summe		36.633,0	741,0
+ 15% Einrichtungskosten			111,1
+ 20%			148,2
+ Tiefgarage			100,0
Gesamtsumme			**1 100,3**

HORIZONTALTEILUNG: 2400 EWUI (Erstimmaktrikulanten)

Funktions-bereiche	**Kosten in ÖS/m²**	**Fläche in m²**	**Kosten in Mio. ÖS**
A	20.042,00	13.618,0	272,9
B	21.597,65	6.360,0	137,3
C	19.710,94	13.300,0	262,2
Summe		33.278,0	672,4
+ 15% Einrichtungskosten			100,9
+ 20%			134,5
+ Tiefgarage			100,0
Gesamtsumme			**1 007,8**

Die in den vorangehenden Übersichten errechneten Baukosten (inkl. Einrichtung) müssen um die Finanzierungskosten korrigiert werden. Unter unseren Annahmen (vgl. Abschnitt 7.2.1) zeigt sich folgendes Bild:

	Neue Uni		**Horizontalteilung**	
	3000 EWUI	**2400 EWUI**	**3000 EWUI**	**2400 EWUI**
Finanzierte Gesamtbau-kosten (Laufzeit 20 Jahre,8%)	**2631,1 Mio.**	**2345,5 Mio.**	**1914,5 Mio.**	**1753,6 Mio.**

Nach Berücksichtigung der Finanzierungskosten ergibt sich somit ein Gesamtrahmen für die Baukosten inklusive Einrichtung je nach Entlastungsalternative von knapp ÖS 1,75 Mrd. bis ÖS 2,63 Mrd.

<u>7.2.1.2.2 Erstausstattung Literatur:</u>

Diese Position umfaßt neben der Grundausstattung der Hauptbibliothek auch die Handbibliotheken der Institute (bzw. der Studienstützpunkte bei der "Horizontalteilung") und des EDV-Zentrums (für das EDV-Zentrum ist zusätzlich eine Systembibliothek vorgesehen), sowie eine juristische Kleinbibliothek der Universitätsverwaltung. Dabei ist der Ausdruck Literatur im weitesten Sinn des Wortes aufzufassen, er beinhaltet in dieser Arbeit neben Monografien und Lehrbüchern auch internationale wie nationale Zeitschriften.

Bei der Alternative "Neue Universität" erhält jedes Institut als Grundstock Literatur im Wert von 1 Mio. ÖS, dieselben Aufwendungen sind auch für die Studienstützpunkte bei der Alternative "Horizontalteilung" zu erwarten. Das EDV-Zentrum erhält bei sämtlichen Alternativen zusätzlich zur Handbibliothek, welche dem Umfang einer Institutsbibliothek entspricht, eine Systembibliothek um ÖS 200.000. Für die Grundausstattung der Bibliothek der "Neuen Universität" sind, inklusive des Ankaufs von etwa 10 Jahrgängen der derzeit von der WU-Hauptbibliothek abonnierten Zeitschriften 48 Mio. ÖS anzusetzen.

Da bei der "Horizontalteilung" eine reine Lehrbuchbibliothek mit minimalem Zeitungs-und Zeitschriftenangebot vorgesehen ist, wird hier der Investitionsbedarf auf ÖS 21 Mio. geschätzt. Um die Größenordnung dieser Anschaffungen zu verdeutlichen, sei hier kurz erwähnt, daß die Literaturerstausstattung der Institute dem 10-fachen Jahresliteraturbudget, die der Hauptbibliothek dem 14-fachen Jahresbudget an der derzeitigen WU, Standort Augasse, entspricht.

Die Verwaltung benötigt für Nachschlagzwecke, insbesondere bei juristischen Problemen, ebenfalls eine kleine Bibliothek, welche bei der Alternative "Neue Universität" mit ÖS 200.000, bei der Alternative "Horizontalteilung" mit der Hälfte anzusetzen ist.

Tabelle 7.1: **Kosten Literatur Erstausstattung (in ÖS)**

	Neue Uni		**Horizontalteilung**	
	3000 EWUI	**2400 EWUI**	**3000 EWUI**	**2400 EWUI**
Institute	60,0 Mio.	50,0 Mio.	0,0 Mio.	0,0 Mio.
Stützpunkte	0,0 Mio.	0,0 Mio.	5,0 Mio.	5,0 Mio.
EDV-Zentrum	1,2 Mio.	1,2 Mio.	1,2 Mio.	1,2 Mio.
Bibliothek	48,0 Mio.	47,0 Mio.	21,0 Mio.	18,0 Mio.
Verwaltung	0,2 Mio.	0,2 Mio.	0,1 Mio.	0,1 Mio.
Summe	**109,4 Mio.**	**98,4 Mio.**	**27,3 Mio.**	**24,3 Mio.**

Insgesamt ergibt dies im Rahmen der Alternative "Neue Universität" eine Gesamtsumme an Ausgaben für die Erstausstattung im Bibliotheksbereich von ÖS 109,4 Mio(300 EWUI) beziehungsweise ÖS 98,4 Mio (2400 EWUI). Der gesamte Betrag dieses Kostenelements fällt im Jahr der Inbetriebnahme der Universität, also 1994, an. Bei der Variante Horizontalteilung beläuft sich dieser Betrag auf ÖS 27,3 Mio bzw. ÖS 24,3 Mio.

7.2.1.2.3 Erstausstattung EDV:

Im Bereich der EDV-Ausstattung erscheint es zweckmäßig, von der Annahme auszugehen, daß sämtliche Geräte geleast werden. Diese Vorgehensweise berücksichtigt, daß gerade in diesem enorm dynamischen Wirtschaftszweig eine längerfristige Prognose der Entwicklung der Technologie und der Preise kaum möglich ist.

Nach allen Erfahrungen ist davon auszugehen, daß nach Auslaufen des Leasingzeitraums weit leistungsfähigere Geräte die bisherige Ausstattung zu weitgehend gleichbleibenden Preisen und damit Leasingraten ersetzen werden. Damit bleibt einerseits die laufende Kostenbelastung pro Jahr im großen und ganzen gleich, andererseits kann der zu erwartenden Steigerung der Ansprüche der Benutzer Rechnung getragen werden.

Diese Vorgangsweise führt dazu, daß die Investitionskosten im EDV-Bereich mit Null angesetzt werden, da die Leasingraten zur Gänze bei den laufenden Kosten berücksichtigt werden müssen. Zur geplanten EDV-Konfiguration vergleiche Kapitel 5.5, insbesondere Tabelle 5.14.

Bei den Anschaffungspreisen für diese Geräte konnten wir auf zwei offizielle Quellen zurückgreifen.[71] Im Vergleich der beiden Quellen ergeben sich sehr ähnliche Investitionserfordernisse für die geplante Ausstattung. Wegen des höheren Detaillierungsgrades stellen wir in Tabelle 7.2 die geschätzten Investitionskosten gemäß den Ansätzen der EDV-Arbeitsgruppe der Fakultät Raumplanung und Architektur der TU Wien dar. Die Ausgaben für die Großrechenanlage inklusive Peripherie setzen wir mit den für das Jahr 1993 geplanten Mietkosten des EDV-Zentrums der WU in der Höhe von ÖS 23,250 Mio. an.

---

71 EDV-Zentrum der WU, Plandaten 4JBKA, Wien 1989
EDV-Arbeitsgruppe der Fakultät Raumplanung und Architektur der Technischen Universität Wien, 37. Besprechungs-Stichwortprotokoll, Wien 1989

Tabelle 7.2: **Kosten von EDV-Komponenten (in ÖS)**

Komponente	**Einzelkosten**
PC	50.000,-
Workstation	200.000,-
Netzwerk	5.000,-
Matrixdrucker	8.000,-
Laserdrucker	60.000,-
Plotter	20.000,-
Scanner	30.000,-
Digitalisierungstablett	30.000,-
CD-ROM-Gerät	30.000,-
Microfiche-Gerät	25.000,-
Abteilungsrechner	2.000.000,-
Wartung	2.000.000,-
Software	30.000,-

Die Jahresausgaben für EDV belaufen sich bei Zugrundelegung eines Leasingsatzes von 8% und bei einer Laufzeit von vier Jahren auf:

Neue Universität	3000 EWUI	58 Mio.
	2400 EWUI	53 Mio.
Horizontalteilung	3000 EWUI	21 Mio.
	2400 EWUI	17 Mio.

7.2.1.2.4 Erstausstattung Kommunikation:

Auch im Bereich der Kommunikationsmittel wird ein wesentlicher Teil geleast werden. Der Anschaffungsbedarf ist aus Tabelle 5.14 in Kapitel 5.5 ersichtlich. Für die Kostenschätzung waren uns keine offiziellen Einkaufspreise von Universitäten zugänglich, weshalb die Kostenschätzung auf den handelsüblichen Preisen basiert.

Die jährlichen Leasingraten im Bereich Kommunikationsgeräte belaufen sich in allen Varianten auf **ÖS 4 Mio.** Nicht eingeschlossen sind dabei aber die Telefonanlage und die DFÜ-Komponenten. Die Telefonanlage ist bereits in den Baukosten enthalten, die DFÜ-Komponenten werden in der Miete für den Großrechner berücksichtigt.

7.2.1.2.5 Erstausstattung Sonstiges:

Sämtliche Sachmittel, welche sich nicht in die Bereiche Literatur, EDV und Kommunikation einordnen lassen, sind unter dieser Position zusammengefaßt. Dabei handelt es sich etwa um die technische und Medienausstattung der geplanten Sprachlabors, Garderoben, die technische Ausstattung der Aufenthaltsräume, entsprechende Buchbindereimaschinen (eventuell auch Druckereimaschinen) und die entsprechende Anzahl von Kopiergeräten. Unter Berücksichtigung, daß jede selbständige Einheit (Institute, Studienstützpunkte, Verwaltungseinheiten, Bibliothek, etc.) über einen leistungsfähigen Kopierer verfügen sollte und im Hause eine zentrale Kopierstelle mit leistungsfähigen Großkopierern und einem Farbkopierer vorhanden sein sollte, schlagen wir für die Variante "Neue Universität" 75 Kopierer, 4 Großkopierer und einen Farbkopierer vor. Bei der "Horizontalteilung" reduziert sich die Zahl der Kopierer auf 23. Diese Angaben gelten für 3000 Erstimmatrikulanten, in der Variante mit 2400 Erstimmatrikulanten verringern sich diese Zahlen entsprechend der kleineren Anzahl von Instituten, bzw der geringeren Größe der Studienstützpunkte. Die Finanzierung der Kopiergeräte erfolgt ebenfalls auf Leasingbasis, während alle anderen Ausstattungsgegenstände im Jahr 1994 bei Betriebsaufnahme anzuschaffen sind. Da die Kosten für die anzukaufenden Ausstattungsgegenstände für uns nicht gut vorhersehbar sind, veranschlagen wir sie in allen Varianten global mit ÖS 10 Mio.

Etwas bessere Anhaltspunkte existieren für die Kostenschätzung bei den Kopierern. Zur Zeit machen die Leasingkosten für Institutskopierer ausstattungsabhängig zwischen ÖS 8.400.- und ÖS 9.600.- pro Jahr aus. Wir weisen die Leasingraten für die Institutskopierer, der derzeitigen Übung entsprechend, dem laufenden Sachaufwand der Institute zu. Die Leasingraten für den Farb- und die Großkopierer sowie Ausgaben für sonstige Büromaschinen setzen wir mit ÖS 1 Mio. pro Jahr fest.

7.2.1.3 Laufende Kosten:

7.2.1.3.1 Personalaufwand: Wissenschaftliches Personal:

Für die Bewertung des Personalaufwands im Lehrbereich wurde auf die ab 1.1.1990 gültige Gehaltstabelle - Hochschullehrer zurückgegriffen. Als Durchschnittswert für den Gehalt eines Universitätsprofessors wird die höchste Gehaltsstufe angesetzt. Dies ergibt ein monatliches Bruttogehalt von ÖS 56.360.-. Wegen der anderen Altersstruktur des Mittelbaues wird für die Gehälter der wissenschaftlichen Mitarbeiter die Gehaltsstufe 10 des Gehaltsschemas der Universitätsassistenten angewendet, was einem durchschnittlichen Monatsgehalt von 27.505 ÖS brutto entspricht. Für die akademischen Lehrer, die im Rahmen der Entlastungsalternative "Horizontalteilung" benötigt werden, wird derselbe Ansatz angenommen.

Die Kosten für die Professoren und wissenschaftlichen Mitarbeiter, die von der SOWI-Fakultät der Universität Wien zur "Neuen Universität" kommen, sind selbstverständlich nicht einzurechnen, da diese Kosten nicht vom untersuchten Projekt induziert werden. Dieser Personenkreis wechselt nur die Arbeitsstätte. Konkret handelt es sich dabei um[72]:

22 Professoren

53 Assistenten

58 Lektoren.

Dies verringert die Anzahl der Personen, für die Personalkosten zu veranschlagen sind, von 60 Professoren und 240 Assistenten (50 und 200 für die kleine Variante) auf 38(28) Professoren und 187(147) wissenschaftliche Mitarbeiter.

Zusätzlich zum laufenden Gehalt dieser Lehrpersonen sind jedoch noch die Entgelte für Lehrtätigkeit (Lehrauftragsremunerationen) zu berechnen. Diese betragen pro Semesterwochenstunde 2.008 ÖS monatlich und werden 7 mal pro Semester ausbezahlt.[73] Bei der "Horizontalteilung" entfällt nach unserem Konzept die Lehrauftragsremuneration für Lehrveranstaltungen im 1. Studienabschnitt mit der Ausnahme der Proseminare in den Wahlfächern. In unseren Planungs-

---

[72] Personalstand der Universität Wien für das Studienjahr 1988/89, Stand vom 1.Jänner 1989, Herausgegeben von der Universitätsdirektion der Universität Wien, Wien 1989.

[73] Grundlage: Höhe der Monatsraten der Remunerationen für Lehraufträge, BGBL. Nr. 60/25. Stück, ausgegeben am 3. Februar 1989.

varianten unterscheidet sich die Anzahl der Lehrauftragsstunden wesentlich von den derzeitigen Zahlen an der WU. Dies kommt durch eine radikale Verkleinerung der Proseminar- und Seminargruppen auf 40 beziehungsweise 30 Hörer pro Veranstaltung zustande.

Tabelle 7.3:

Jährliche Gehaltsaufwendungen: Lehrpersonal (in ÖS Mio.)

	Professoren	**Wiss. MA**	**Lehrer**	**Summe**
"Neue Universität":				
3000 EWUI*)	30,0 Mio.	72,0 Mio.	0,0 Mio.	102,0 Mio.
2400 EWUI	22,0 Mio.	57,0 Mio.	0,0 Mio.	79,0 Mio.
"Horizontalteilung":				
3000 EWUI	0,0 Mio.	0,0 Mio.	56,0 Mio.	56,0 Mio.
2400 EWUI	0,0 Mio.	0,0 Mio.	45,0 Mio.	45,0 Mio.

*) Die Abkürzung EWUI steht für **Erstimmatrikulanten an der WU insgesamt**.

Weiters nehmen wir an, daß diese verstärkte Kleingruppenarbeit allen Studenten zugute kommt, unabhängig davon, auf welcher Wirtschaftsuniversität sie studieren. Dadurch entsteht ein hoher **Nettozuwachs** an Lehraufträgen. Die von uns angestrebte Qualitätsverbesserung soll unter anderem durch diese Maßnahme erreicht werden. Nach unseren Berechnungen erfordern unsere Maßnahmen bei Gründung einer neuen Universität in Abhängigkeit von der Zahl der Erstimmatrikulanten 822 (3000 Erstimmatrikulanten) beziehungsweise 600 (2400 Erstimmatrikulanten) zusätzliche Lehrauftragsstunden pro Semester. Dies führt zu folgenden zusätzlichen Aufwendungen:

3000 EWUI	**ÖS 23 Mio.**
2400 EWUI	**ÖS 17 Mio.**

Bei der "Horizontalteilung" lauten diese Zahlen im Vergleich: 550 beziehungsweise 440 zusätzliche Semesterwochenstunden. Diese zusätzlichen Lehraufträge verursachen pro Jahr folgende zusätzliche Kosten:

3000 EWUI	**ÖS 15,5 Mio.**
2400 EWUI	**ÖS 12,4 Mio.**

Entgelte für Prüfungstätigkeiten stellen einen weiteren Gehaltsbestandteil dar. Diese werden durch unsere Planungsvarianten zwar grundsätzlich nicht beeinflußt. Wenn aber bei Realisierung einer Teilungsalternative die Drop-Out-Quote sinkt, erreichen entsprechend mehr Studenten den 2. und 3. Studienabschnitt und treten auch zu Prüfungen an, für die dann zusätzlich Entgelte für Prüfungstätigkeit (Prüfungstaxen) anfallen. Für die Diplomarbeiten, Diplomprüfungen und Seminare fallen pro Student/in im gesamten 2. Abschnitt etwa ÖS 6.000 an, für Seminare, Rigorosen und die Dissertation im 3. Abschnitt ÖS 5.400 pro Student/in.[74]

Bei 3000 Erstimmatrikulanten erreichen bei verbesserten Studienbedingungen zusätzlich 280 Studenten den zweiten und wahrscheinlich 120 zusätzliche Hörer den dritten Studienabschnitt. Bei 2400 Erstimmatrikulanten sind dies 240 respektive 100. Aufgrund dieser Angaben ergeben sich folgende, zusätzliche Aufwendungen für Prüfungstaxen:

3000 EWUI	**ÖS 2,3 Mio.**
2400 EWUI	**ÖS 2,0 Mio.**

Zum Bruttogehalt der Universitätsprofessoren kommen schließlich Kollegiengelder im Ausmaß von durchschnittlich ÖS 80.000.- brutto pro Jahr. Dies gilt jedoch nur für die Variante "Neue Universität". Unter Berücksichtigung der Professoren der SOWI- Fakultät der Universität Wien entstehen dadurch zusätzliche Ausgaben im Ausmaß von ÖS 3 Mio. (3000 Erstimmatrikulanten) beziehungsweise ÖS 2,2 Mio. (2400 Erstimmatrikulanten).

7.2.1.3.2 Personalaufwand: Nichtwissenschaftliches Personal:

Neben den im Lehrbereich Tätigen ist selbstverständlich noch für die Gehälter des nichtwissenschaftlichen Personals vorzusorgen. Als Bewertungsansatz verwenden wir hier die mittlere Einkommensstufe (die elfte von 20) der jeweiligen Entlohnungsgruppen (A,B,C,D,Jugendliche)[75].

---

[74] eigene Schätzung nach Auskunft der Quästur der WU

[75] gemäß Mitteilungsblatt des öaab-fcg über die Gehaltsansätze für das Jahr 1989.

Unter Zuhilfenahme der Personalplanung (Kapitel 5.4.6, Tabelle 5.13) fällt im Verwaltungsbereich Personalaufwand in folgender Höhe an:

Tabelle 7.4: **Bruttogehälter Administration (in ÖS):**

	Neue Uni		**Horizontalteilung**	
	3000 EWUI	**2400 EWUI**	**3000 EWUI**	**2400 EWUI**
A-Posten	7,79 Mio.	7,79 Mio.	4,50 Mio.	4,50 Mio.
B-Posten	25,52 Mio.	23,22 Mio.	16,10 Mio.	16,10 Mio.
C-Posten	5,66 Mio.	5,66 Mio.	6,40 Mio.	6,40 Mio.
D-Posten	6,00 Mio.	6,00 Mio.	3,43 Mio.	3,43 Mio.
Jugendliche	2,71 Mio.	2,71 Mio.	1,68 Mio.	1,68 Mio.
Summe	**47,68 Mio.**	**45,38 Mio.**	**34,11 Mio.**	**34,11 Mio.**

Weiters ist für einen Teil der Bediensteten (Vertragsbedienstete) der Arbeitgeberbeitrag zur Sozialversicherung zu berücksichtigen. Da die Personalstruktur zum jetzigen Zeitpunkt nicht vorhersehbar ist, setzen wir die Arbeitgeberbeiträge mit zehn Prozent der Bruttogehälter der Bediensteten in der Administration fest. Die gesamten zusätzlichen Personalkosten der Entlastungsvarianten sind nach Einbeziehung der Arbeitgeberbeiträge in folgender Aufstellung zusammengefaßt:

"Neue Universität"

3000 EWUI	ÖS 182,7 Mio.
2400 EWUI	ÖS 150,5 Mio.

"Horizontalteilung"

3000 EWUI	ÖS 109,4 Mio.
2400 EWUI	ÖS 94,4 Mio.

7.2.1.3.3 Literaturaufwand:

Um die Literatur in der Universitätsbibliothek, in den Handbibliotheken der Institute bzw. Studienstützpunkte ständig am neuesten Stand der Forschung zu halten, bedarf es jährlicher Erweiterungen, für die ebenfalls im ordentlichen Haushalt vorzusorgen ist. Für die Alternative "Neue Universität" wird ein Literaturbudget von ÖS 120.000.-pro Institut angesetzt, was sich am Bedarf der Institute der WU, Standort Augasse, orientiert (derzeit durchschnittlich ÖS 95.400.- pro Institut). Der gleiche Betrag wird auch für jeden Studienstützpunkt der Alternative "Horizontalteilung" und für die Bibliothek des EDV-Zentrums bei beiden Alternativen vorgesehen.

Für die Hauptbibliothek der "Neuen Universität" sehen wir ein jährliches Literaturbudget von ÖS 3,5 Mio. vor, was etwas über dem derzeitigen Budget der WU, Standort Augasse, liegt (ÖS 3.336.000). Wird auch bei der "Horizontalteilung" vorausgesetzt, daß das Jahresbudget für Literatur ein Vierzehntel der Erstausstattung betragen soll (vgl. Kap. 7.2.1.2.2), so erhält die Lehrbuchbibliothek bei dieser Alternative jährliche ÖS 1,5 Mio. für Lehrbuchankäufe. Dazu kommen noch geringfügige laufende Aufwendungen für eine juristische Bibliothek der Administration. Komprimiert ergeben diese Informationen folgendes Bild:

"Neue Universität"	
3000 EWUI	ÖS 10,82 Mio.
2400 EWUI	ÖS 9,52 Mio.
"Horizontalteilung"	
3000 EWUI	ÖS 2,34 Mio.
2400 EWUI	ÖS 2,04 Mio.

7.2.1.3.4 Mietkosten EDV, Kommunikation und Büromaschinen:

Die Leasingkosten wurden bereits in den Kapiteln 7.2.1.2.3 bis 7.2.1.2.5 ausführlich behandelt. Eine weitere Diskussion kann an dieser Stelle daher unterbleiben.

7.2.1.3.5 Sonstige laufende Kosten:

Dieser Bereich ist derart heterogen, daß es kaum möglich ist, detaillierte Angaben zu machen. Auf Grund dessen lehnen wir uns eng an die laufenden Budgetzahlen der WU an.

Für die bis jetzt noch nicht berücksichtigten laufenden Aufwendungen, das sind vor allem der Instandhaltungsaufwand für das Gebäude, Energiekosten, Telefon-, Postgebühren und Sonstiges (Ansatz 1/14208) setzen wir unter Streichung der Aufwendungen für Miet- und Pachtzinse einen Sockelbetrag von ÖS 100 Mio. an. Dazu kommen Aufwendungen für Maschinen und maschinelle Anlagen (ÖS 20 Mio.), der Sachaufwand der Institute (ÖS 6 Mio.), der außerordentliche Aufwand (ÖS 20 Mio.) und einige kleine weitere Positionen im Gesamtausmaß von etwa ÖS 3 Mio. Insgesamt ergibt sich unter Berücksichtigung der zweckgebundenen, laufenden Einnahmen (ÖS 20 Mio.) eine Gesamtsumme von ÖS 129 Mio. Diese Angaben gelten für die Variante "Neue Universität" bei 3000 Erstimmatrikulanten.

Da in der momentanen Situation an der WU-Wien enorme Ressourcenknappheit besteht, haben wir diese Summe um 20% erhöht. Damit berücksichtigen wir den Umstand, daß erstklassige Studienbedingungen, die wir uns ja zum Ziel gesetzt haben, auch ihren Preis haben.

Analoge Überlegungen für die anderen Entlastungsvarianten führen zu folgenden Ansätzen:

"Neue Universität"

3000 EWUI	ÖS 155 Mio.
2400 EWUI	ÖS 120 Mio.

"Horizontalteilung"

3000 EWUI	ÖS 125 Mio.
2400 EWUI	ÖS 100 Mio.

7.2.1.3.6 Privatkosten der Hörer:

Auf den ersten Blick müßte man annehmen, daß auch die privaten Kosten der Studenten während ihres Studiums berücksichtigt werden sollten. Da die Kosten-Nutzen-Analyse jedoch den Charakter einer Marginalrechnung trägt, sind diese nur für zusätzlich durch das Projekt induzierte Studenten anzusetzen. Wir haben uns jedoch für die Annahme entschieden, daß durch die Verbesserung der Studienbedingungen aufgrund der Realisierung einer Entlastungsalternative kein zusätzlicher Student an der Wirtschaftsuniversität immatrikuliert, der nicht an einer anderen österreichischen Universität studiert hätte.

Es mag zwar eine geringe Zahl von Maturanten durch eine Teilung der WU zusätzlich angelockt werden, die ansonsten kein Studium in Angriff genommen hätten. Dieser Zuwachs wird in der Folge nicht berücksichtigt.

Die Public-Relations-Maßnahmen des Rektors im Sommer 1988 haben zu einem Rückgang der Erstimmatrikulanten an der WU geführt. Die Selbstdarstellung der WU in den Medien betont die nach wie vor bestehende ungünstige Studiensituation an der WU. Wenn auch dadurch der Andrang an die WU sich abschwächt, so ist jedoch langfristig sehr wohl mit den in Kapitel 2 dieser Studie prognostizierten Zahlen zu rechnen.

Ebenso sind auch die indirekten Kosten der Studierenden (entgangenes Einkommen der Studenten während ihres Studiums) nicht zu berücksichtigen, welche ansonsten in Humankapitalberechnungen einen sehr bedeutenden Platz einnehmen, da auch dieser Effekt nur für **zusätzliche** Studenten in die Kosten-Nutzen-Analyse Eingang findet.

7.2.2 Direkte Nutzen:

7.2.2.1 Einnahmen aus Forschung:

Die Durchführung welcher Entlastungsalternative auch immer führt sicherlich zu einer spürbaren Entlastung des wissenschaftlichen Personals von unmittelbaren Lehraufgaben. Dies ermöglicht den Professoren und Assistenten, wesentlich mehr als bisher in der Forschung tätig zu sein, und damit zumindest annähernd eine gleiche Bedeutung von Lehre und Forschung in ihrem "Zeitbudget" zu erreichen.

Zumindest ein Teil dieser zusätzlichen Forschung wird als Auftragsforschung ablaufen. Dieser Teil kann daher quantifiziert und als direkter Nutzen in die Analyse aufgenommmen werden.

Selbstverständlich hat auch der nicht bezahlte Forschungsanteil einen volkswirtschaftlichen Wert, dessen monetäre Bewertung jedoch kaum durchführbar erscheint.

Abgesehen vom reinen Forschungserfolg wirkt sich diese Tätigkeit natürlich auch positiv auf die Lehre aus, indem in den Lehrveranstaltungen ständig auf aktuelle Entwicklungen in der Wissenschaft Bezug genommen werden kann. Dieser Effekt ist jedoch eindeutig den "intangibles" zuzuordnen und daher bei den "Nicht-Quantifizierbaren Nutzen" anzusetzen.

Um nun auf die quantifizierbaren Nutzen zurückzukommen, kann also bei Verdopplung der räumlichen wie personellen Ressourcen (dieser Effekt wird bei beiden untersuchten Entlastungsalternativen erreicht) mit einer Halbierung der Lehrbelastung gerechnet werden. Dies bietet zusätzlichen Freiraum für die Forschung. Wir nehmen in diesem Zusammenhang an, daß dadurch pro wissenschaftlichem Mitarbeiter zusätzlich zwei Monate bezahlte Forschungstätigkeit ermöglicht wird. Wir gehen von der Annahme aus, daß bei Auftragsforschung an Universitäten niedrigere Honorare erzielt werden, als bei professioneller Beratungstätigkeit in der Privatwirtschaft. Für unsere Berechnungen haben wir einen Honorarsatz ÖS 30.000 pro Mannmonat angesetzt, was jedoch sicherlich eineUntergrenze darstellt. Da an jedem Institut fünf wissenschaftliche Mitarbeiter tätig sind, entfallen jährlich auf jedes Institut 10 Mannmonate zusätzlicher, bezahlter Forschungstätigkeit bzw. Einnahmen von ÖS 300.000. Für die gesamte Alternative "Neue Universität" wären daher ÖS 18 Mio. für zusätzliche Forschungstätigkeit anzusetzen. Bei der Alternative "Horizontalteilung" würde am Standort "Donaugründe" gar nicht geforscht, am Standort "Augasse" würden jedoch durch Entlastung der Wissenschaftler vom Druck des ersten Studienabschnitts dieselben positiven Effekte auftreten, wie sie bei der "Neuen Universität" angeführt wurden. Da an diesem Standort jedoch nur noch höhersemestrige Studenten zu finden wären und ein enorm günstiges Verhältnis Studenten : wissenschaftliche Mitarbeitern bestünde, ist hier intensivierte Forschungstätigkeit von zusätzlichen drei Mannmonaten jährlich pro Mitarbeiter denkbar, was zusätzlichen Einnahmen von ÖS 450.000 pro Institut entspricht. Die derzeit existierenden 50 Institute werden bis zur Realisierung der Teilung 1994 auf 60 Institute aufgestockt und bringen dann also bei Realisierung dieser Alternative einen volkswirtschaftlichen Nutzen von ÖS 27 Mio. hervor.

Der jetzige Standort der WU (UZA I) profitiert jedoch auch von der Entlastung durch die "Neue Universität", wenn auch nicht im selben Ausmaß, wie bei der "Horizontalteilung". Es können hier also die oben erwähnten 300.000 ÖS pro Institut bzw. 18 Mio. ÖS für alle dann existierenden Institute in der Augasse angesetzt werden.

Zusammenfassend entstehen für die vier Entlastungsalternativen also folgende zusätzliche, volkswirtschaftliche Nutzen aus der Zunahme der Forschungstätigkeiten durch Entlastung von Lehr- und Verwaltungstätigkeiten:

"Neue Universität"	
3000 EWUI	ÖS 36 Mio.
2400 EWUI	ÖS 33 Mio.
"Horizontalteilung"	ÖS 27 Mio.

7.2.2.2 Entfallende Mieten:

Sollte eine der hier vorgeschlagenen Entlastungsalternativen realisiert werden, könnte im Gegenzug auf die zur Zeit in Planung befindlichen baulichen Erweiterungen der WU in der Nähe des Standorts Augasse (etwa 7000m^2) verzichtet werden. Für den Fall, daß die derzeitige SOWI-Fakultät an der Universität Wien in die Entlastungsalternative "Neue Universität" integriert wird, entsteht auch hier freier Raum. Die nicht mehr zu entrichtenden Mieten für diese Flächen bzw. die aus einer alternativen Verwendung dieser Räumlichkeiten erwachsenden Einnahmen sind selbstverständlich als Nutzen des Projekts zu behandeln.

Nach einer Auskunft des Bundesministeriums für Wissenschaft und Forschung wird für die Universitätsräume in Wien mit Mieten von ÖS 70.- bis ÖS 100.- pro m^2 und Monat kalkuliert. Für die erwähnten Erweiterungen können die höheren Werte angesetzt werden. Die derzeitige Flächenausstattung der SOWI-Fakultät der Universität Wien war nicht zu eruieren, da für das Hauptgebäude der Universität Wien keine Baupläne mehr existieren. Wir haben daher den Nutzen, der sich durch diese freiwerdenden Räume ergibt, ebenfalls mit dem höheren Wert von ÖS 100.- pro m^2 und Monat bewertet. Diese Bewertung unterschreitet höchstwahrscheinlich den tatsächlichen Mietwert, da die SOWI-Fläche zumindest 14.000 m^2 umfaßt und direkt im Zentrum von Wien liegt. Dies führt schließlich zu folgenden direkten Nutzen aus dem Posten "freiwerdende Flächen":

"Neue Universität"	**ÖS 13,2 Mio.**
"Horizontalteilung"	**ÖS 8,4 Mio.**

7.2.3 Indirekte Nutzen:

Üblicherweise werden bei Humankapitalberechnungen die Einkommensunterschiede der verschieden ausgebildeten Personen zur Bewertung der indirekten Nutzen herangezogen. Nach dem "with- and without"- Prinzip, welches der Kosten-Nutzen-Analyse zugrunde liegt, kann auf diese Weise jedoch nur für die von dem analysierten Projekt zusätzlich induzierten Personen vorgegangen werden. Da beim vorliegenden Projekt jedoch angenommen wird, daß sich die Studentenzahlen unabhängig von der Art der Entlastung der WU entwickeln werden, ist es hier erforderlich, die Auswirkungen der **Qualität** der Bildungsstätte auf ihren Nutzen für die Volkswirtschaft zu ermitteln.

Dies wurde zwar für **bereits bestehende Einrichtungen** mehrmals unternommen, unseres Wissens existiert jedoch keine Untersuchung, welche dies **ex ante** errechnet. Zudem stammen erwähnte Untersuchungen allesamt aus den USA, wo die Konkurrenz zwischen den Universitäten in weitgehenden Ausmaß existiert und daher leichter Marktpreise für Absolventen verschiedener Colleges eruiert werden können. Insofern betreten wir bei unserer Untersuchung absolutes Neuland. Die Problematik besteht dabei darin, die Reaktionen, sowohl der Studierenden als auch der Nachfrage nach Universitätsabsolventen, auf eine neue Möglichkeit der wirtschaftswissenschaftlichen Universitätsausbildung zu prognostizieren.

Bei unseren Nachforschungen stießen wir im wesentlichen auf vier Effekte einer qualitativ höherstehenden Bildung:

* Verkürzung der Studiendauer,
* Senkung der Drop-Out-Quote,
* Erhöhung der Grenzproduktivität der Absolventen,
* Verringerung der Nachschulungskosten.

Für sämtliche Arten der indirekten Nutzen nehmen wir an, daß die ersten Studenten, die nach Implementierung der Entlastungsalternativen ihr Studium aufgenommen haben werden, im Jahr 1999 ins Berufsleben eintreten, weshalb diese Nutzen bis zu diesem Zeitpunkt Null sind. Es ist uns klar, daß auch Studenten, die 1994 bereits studieren, für den Rest ihres Studiums von der Entlastung profitieren, es ist jedoch nicht möglich, über das Ausmaß dieses Nutzens seriöse Angaben zu machen, weshalb wir uns mit der Erwähnung begnügen. Dies entspricht auch unserem Prinzip, unsichere Nutzen möglichst niedrig anzusetzen.

7.2.3.1 Verkürzung der Studiendauer:

Durch weitgehende Anpassung der personellen und räumlichen Ressourcen an die Werte, die vom Deutschen Wissenschaftsrat für einen ordnungsgemäßen Ablauf eines wirtschaftswissenschaftlichen Studiums empfohlen werden, ist anzunehmen, daß sich die Studienbedingungen nachdrücklich verbessern. Ein ausreichendes Angebot an Proseminar- und Seminarplätzen verhindert, daß Wartezeiten auftreten. Proseminare mit durchschnittlich 40 und Seminare mit etwa 30 Hörern werden es den Lehrkräften ermöglichen, intensiver auf den Einzelnen einzugehen, und die aktive Mitarbeit in den Lehrveranstaltungen anzuregen. Nach menschlichem Ermessen bringt dies eine Verbesserung des Studienerfolges und eine Verkürzung der Studiendauer mit sich.

Eine Verkürzung der durchschnittlichen Studiendauer von derzeit 12,7 Semestern[76] um zwei auf 10,7 Semester erscheint daher im Bereich des Möglichen. Umso mehr, als der Deutsche Wissenschaftsrat bei Befolgung seiner Empfehlungen eine durchschnittliche Studiendauer von neun Semestern für realistisch erachtet[77].

Eine solche Verkürzung der Studiendauer führt aus zwei Gründen zu einer starken Steigerung der Ausbildungsrendite. Einerseits verringern sich die direkten Kosten der Gesellschaft, andererseits verlängert sich der Zeitraum, in dem ein Absolvent aktiv im Erwerbsleben steht. Im gleichen Ausmaß verkürzt sich der Zeitraum, in dem für ihn indirekte Kosten in Form von entgangenem Einkommen anfallen. Dies wirkt sich auch deshalb besonders stark auf die

---

[76] Im Gegensatz zur offiziellen durchschnittlichen Studiendauer von 12,3Semestern legen wir unseren Überlegungen die durchschnittliche Studiendauer von 12,7 Semestern zugrunde. Dieser Unterschied resultiert aus der Tatsache, daß die offizielle Rechnung von Semestern ausgeht, während in der vorliegenden Studie mit Monaten gerechnet wird.

[77] Vgl. Empfehlungen und Stellungnahmen des Deutschen Wissenschaftsrates 1977,Köln 1978, S.23.

Rentabilität des untersuchten Projekts aus, da das Einkommen der ersten Jahre nur schwach diskontiert wird und daher fast zur Gänze in die Bewertung eingeht.

Verkürzt sich also die Studiendauer um ein Jahr, ergeben sich daraus zwei positive Effekte:

* Der Gesellschaft fallen weniger Kosten für diesen Studenten im Ausmaß der variablen Kosten der Universität pro Student und Jahr an. Im Budget der Universität wird nicht nach fixen und variablen Kostenbestandteilen getrennt. Wir haben daher angenommen, daß die variablen Kosten 10% des "Sonstigen Sachaufwandes" ausmachen. Dies führt dann für die verschiedenen Alternativen und Varianten zu folgenden Verringerungen der gesamtwirtschaftlichen Kosten pro Jahr durch Verkürzung der durchschnittlichen Studiendauer um 1 Jahr:

  "Neue Universität"

3000 EWUI	ÖS 15,5 Mio.
2400 EWUI	ÖS 12,5 Mio.

  "Horizontalteilung"

3000 EWUI	ÖS 12,0 Mio.
2400 EWUI	ÖS 10,0 Mio.

* Der Großteil des Nutzens einer Studiendauerverkürzung entfällt jedoch auf den früheren Eintritt ins Berufsleben. Unter Zugrundelegung des durchschnittlichen Anfangsgehaltes eines WU-Absolventen von 20.000 ÖS[78] brutto pro Monat und der Entwicklung des Einkommens über die gesamte Erwerbsperiode, wirkt sich die Verkürzung um ein Jahr mit etwas mehr als ÖS 280.000 pro Absolvent aus. Durch den früheren Eintritt in das Erwerbsleben gewinnt jeder Absolvent einen Vorsprung gegenüber anderen Absolventen seines Geburtsjahrganges, die nicht in den Genuß einer verkürzten Ausbildung kommen. Dies bewirkt, daß sein Lebenseinkommen etwas mehr als ein Jahresgehalt das Lebenseinkommen der Vergleichspersonen übersteigt. Bei 3000 (2400) Erstimmatrikulanten

[78] Zentrum für Berufsplanung (ZBP) an der Wirtschaftsuniversität Wien.

ergeben sich pro Jahrgang Nutzen der Studiendauerverkürzung im Ausmaß von **ÖS 442,4 Mio. (ÖS 355,5 Mio.)**, unabhängig von der Entlastungsvariante.

7.2.3.2 Senkung der Drop-Out-Quote:

Ein weiterer Effekt der besseren Studienbedingungen müßte eine spürbare Verringerung der momentan eklatant hohen Drop-Out-Quote sein. Lange Wartezeiten auf Lehrveranstaltungen, überfüllte Hörsäle, Anonymbetrieb und dergleichen mehr führen an der WU, Standort Augasse, zu einer Rekord-Drop-Out-Quote von 63%.

Eine Verringerung dieses katastrophalen Wertes führt zu einer eklatanten Erhöhung der privaten wie sozialen Rentabilitätsrate, da Studienabbrecher oft sehr lange studieren, bis sie sich endlich zum Studienabbruch entschließen, in diesem Zeitraum hohe Kosten für die Allgemeinheit verursachen und die Universität enorm belasten. Trotzdem liegt deren späteres Gehalt nur geringfügig über dem gewöhnlicher AHS-oder BHS-Absolventen. Dies führt zu massiver Ressourcenverschwendung, was von US-amerikanischen Autoren frühzeitig erkannt wurde.

W.L. Hansen berechnet beispielweise für College-Studienabbrecher eine soziale Rentabilitätsrate der begonnenen Hochschulausbildung von 5,4%, während die Studienaufwendungen der Absolventen mit 15,6% verzinst werden[79].

J. Morgan and M. David berechnen das Lebenseinkommen von Personen mit unterschiedlichen Ausbildungsstand. College-Absolventen erreichten dabei 19% (bachelor's degree) bzw. 22% (advanced degree) an zusätzlichem, diskontierten Einkommen gegenüber High-School Absolventen, während College-Abgänger ohne akademischen Grad ein um 2% höheres, diskontiertes Lebenseinkommen als gewöhnliche High-School Abgänger aufweisen[80].

---

[79] W.Lee Hansen, "Total and Private Rates of Return to Investment in Schooling", Journal of Political Economy, 71 (April 1963), p.134.

[80] J. Morgan, M. David, Education and Income, The Quaterly Journal of Economics, 1963, p.434.

In Österreich besteht auf Grundlage der Datenbasis des Mikrozensus keine Möglichkeit, die Einkommensentwicklung von Studienabbrechern zu ermitteln, da in diesem Rahmen lediglich auf den höchsten abgeschlossenen Bildungsgrad abgestellt wird. Studienabbrecher werden vom Mikrozensus als gewöhnliche BHS- bzw. AHS-Absolventen ausgewiesen.

In Anbetracht der oben angeführten amerikanischen Daten ist jedoch kaum anzunehmen, daß ein Studienabbrecher um mehr als 10% besser verdient als ein AHS- bzw. BHS-Maturant. Unter Zugrundelegung der Daten des Mikrozensus[81], kann man für die Studienabbrecher, ein um 10% erhöhtes Einkommen von AHS- bzw. BHS-Absolventen annehmen. Diese Einkommensströme diskontiert und mit der derzeitigen Studentenstruktur (55% AHS-Absolventen, 45% BHS-Absolventen) gewichtet, liefern eine Differenz von ÖS 83.000 zwischen dem Gegenwartswert einer beendeten gegenüber einer abgebrochenen Universitätsausbildung. Die Einkommensdaten des Mikrozensus stellen jedoch Nettoeinkommen dar. Sie sind daher noch zusätzlich um den durchschnittlichen Steuersatz und um die durchschnittlichen Sozialversicherungsbeiträge von je 25% zu erhöhen[82], d.h. der volkswirtschaftliche Nutzen, der entsteht, wenn zusätzliche Studenten zum Abschluß geführt werden können, beträgt ÖS 124.000 pro zusätzlichem Absolventen. Bei der Durchführung der Kosten-Nutzen-Rechnung gehen wir von ÖS 120.000.- aus.

Es muß jedoch darauf hingewiesen werden, daß dieser Betrag eine unterste Schätzung darstellt, da die Einkommen der Selbständigen und Freiberufler im Mikrozensus keinen Eingang gefunden haben und die Anwortverweigerungen auf die Einkommensfrage in den hohen Einkommensklassen (also vorwiegend bei den Akademikern) sehr zahlreich waren. Die Senkung der Drop-Out-Zahlen beträgt für 3000 Erstimmatrikulanten 280 und für 2400 Erstimmatrikulanten 240. Dies bedeutet einen jährlichen zusätzlichen, volkswirtschaftlichen Nutzen durch Senkung der Drop-Out-Quote von **ÖS 33,6 Mio.** (3000 EWUI) beziehungsweise **ÖS 28,8 Mio.** (2400 EWUI).

---

[81] Personen- und Haushaltseinkommen von Unselbständig Beschäftigten (Ergebnisse des Mikrozensus September 1987), Beiträge zur Österreichischen Statistik Heft 924, Herausgegeben vom Österreichischen Statistischen Zentralamt, S.31.

[82] Vgl. Die Neue Steuer - Alles über die Steuerreform, Informationsschrift des Bundes ministeriums für Finanzen, Wien 1988, und ASVG, Stand 1.3.1989, § 51.

7.2.3.3 Erhöhung der Grenzproduktivität der Absolventen:

Abgesehen von der kürzeren Studiendauer, bewirkt eine bessere Betreuung der Studenten jedoch auch eine Steigerung des Ausbildungsniveaus und in weiterer Folge eine Produktivitätssteigerung. Dieser Effekt ist in den USA unmittelbar daran zu erkennen, daß Absolventen besserer Universitäten deutlich mehr verdienen als solche in unteren Qualitätsklassen. A. Daniere und J. Mechling errechnen für Absolventen eines Colleges mit A-Qualität einen Gegenwartswert des Lebenseinkommens, der um 14% über dem eines Absolventen eines C-Colleges liegt[83]. T.J. Wales berechnet in einer Regressionsanalyse ebenfalls die Auswirkungen der College-Qualität auf das Lebenseinkommen. Als Ergebnis erhält er Gegenwartswerte, welche für durchschnittliche Absolventen der Qualitätsgruppen 2-5 (zwischen diesen Gruppen variiert das Einkommen kaum) um 29% über dem abgezinsten Lebenseinkommen eines High-School Absolventen liegen, für Absolventen eines erstklassigen Colleges jedoch um 39%, was eine Steigerung gegenüber den unteren Qualitätsklassen um 8% bedeutet[84]. Dies stellt den niedersten Wert bezüglich Einkommenserhöhung durch Steigerung der Ausbildungsqualität dar, der uns bekannt wurde.

Da das Leitbild der WU dahingehend lautet, die wirtschaftswissenschaftliche Universität Europas zu werden[85], und wir auch die Ausstattung der verschiedenen Alternativen mit räumlichen, sachlichen und personellen Mitteln danach ausgerichtet haben, ist es durchaus vertretbar von Vergleichswerten auszugehen, die auf amerikanischen Spitzencolleges basieren. Unter Zugrundelegung der Daten des Mikrozensus haben wir ein abgezinstes, durchschnittliches Lebenseinkommen eines Akademikers von 4,4 Mio. ÖS Netto errechnet[86]. Unter Berücksichtigung eines 25%-igen Durchschnittssteuersatzes und eines Satzes von 25% für Sozialversicherungsbeiträge ergibt sich ein Brutto-Lebenseinkommen von ÖS 6,6 Mio.

---

[83] Vgl. A. Daniere, J. Mechling, Direct Marginal Productivity of College Education in Relation to College Aptitude of Students and Production Costs of Institutions, The Journal of Human Ressources, 1970, p.54.

[84] Vgl. T.J. Wales, The Effect of College Quality on Earnings, The Journal of Human Ressources 1973, p. 309.

[85] Vgl. H.R. Hansen (Hrsg.), WU-2000, Wien 1987, S.78 ff.

[86] Vgl. Personen- und Haushaltseinkommen von Unselbständig Beschäftigten (Ergeb nisse des Mikrozensus September 1987), Beiträge zur Österreichischen Statistik, Österreichisches Statistisches Zentralamt, Heft 924, Wien 1989.

Selbst bei Ansatz des vorsichtigsten Wertes von T.J. Wales (8%) bedeutet dies einen zusätzlichen Nutzen von 528.000 ÖS für jeden Absolventen, unter Zugrundelegung der Berechnung von A. Daniére und J. Mechling sogar von 924.000 ÖS pro Absolvent, der allein durch höhere Produktivität der besser ausgebildeten Wirtschaftsakademiker entsteht. Unserem Vorsichtsprinzip entsprechend, verwenden wir für die tatsächlichen Berechnungen einen Ansatz von ÖS 500.000.- pro Absolvent. Dies ergibt jährliche Nutzen in der Höhe von **ÖS 790 Mio. (ÖS 635 Mio.)** bei 3000 (2400) Erstimmatrikulanten, unabhängig von der betrachteten Entlastungsvariante.

Natürlich ist, zumindest kurzfristig, nicht zu erwarten, daß die Gehälter der Absolventen, die bessere Studienbedingungen vorfinden, tatsächlich im oben genannten Ausmaß steigen werden. Die österreichischen Universitäten sind nicht so stark der Konkurrenz ausgesetzt, wie die amerikanischen Colleges, sondern genießen weitgehende Monopolstellung. Dies ist aber ohne Belang, da für die Kosten-Nutzen-Analyse gesamtwirtschaftliche Wirkungen zu berücksichtigen sind, unabhängig von deren Verteilung. Die erhöhte Produktivität kommt, wenn nicht in Form höherer Gehälter den Studenten selbst, zumindest den Firmen zugute, die besser ausgebildetes Personal erhalten, oder den Kunden dieser Firmen, in Form niedrigerer Preise oder besserer Dienstleistungen.

7.2.3.4 Kostensenkung durch bessere Lehre:

Ein weiterer wichtiger Nutzen, der denjenigen Unternehmen erwächst, die besser ausgebildete WU-Absolventen einstellen, entsteht in Form einer Verringerung der Nachschulungskosten. Bislang war es häufig so, daß manchen Absolventen der WU am Anfang ihrer Karriere von ihrem Arbeitsgeber noch grundlegende Managementtechniken vermittelt werden mußten, was häufig in sehr teuren Seminaren geschah.

Unter Beibehaltung unserer vorsichtigen Linie nehmen wir lediglich an, daß pro Absolvent nur ein ca. einwöchiger Kurs eingespart werden kann. Dies auch deshalb, weil ein guter Teil der Seminare spezielle Fertigkeiten vermittelt, welche in einer allgemeinen Universitätsausbildung nicht enthalten sind, und auch gar nicht enthalten sein können, da sie zu spezifisch sind.

Nach einer gründlichen Durchsicht der Veranstaltungsangebote der verschiedenen Seminarveranstalter haben wir für den erwähnten einwöchigen Lehrgang einen durchschnittlichen Wert von

ÖS 30.000.- angesetzt[87], der selbstverständlich von Verpflegungs- und Unterkunftskosten bereinigt wurde.

Wir haben durchaus gesehen, daß in diesem Zusammenhang die Gefahr einer Doppelzählung vorliegt, da diese Nachschulungen einen Teil des Produktivitätsvorsprungs der besseren Absolventen wettmachen könnten. Wir vertreten jedoch die Auffassung, daß die erhöhte Produktivität weniger auf bestimmte Fertigkeiten zurückzuführen ist, welche ja hauptsächlich Gegenstand der Nachschulungsseminare sind, sondern vielmehr auf die erhöhte Fähigkeit im Umgang mit analytischen Instrumenten, auf bessere Kenntnis wirtschaftlicher Zusammenhänge und auf bessere Teamfähigkeit. Daher haben wir uns entschieden, diesen Punkt gesondert in unsere Nutzenaufstellung aufzunehmen. Die Kostensenkung durch bessere Lehre liefert bei 3000 (2400) Erstimmatrikulanten volkswirtschaftliche Nutzen im Ausmaß von **ÖS 47,4 Mio. (ÖS 38,1 Mio.)** pro Absolventenjahrgang.

7.2.4 Nicht-quantifizierbare Nutzen:

Wie bei der Kosten-Nutzen-Analyse üblich, ist auch bei diesem Projekt ein großer Nutzenbestandteil monetär nicht sinnvoll bewertbar. Auf diese Nutzen, welche von verschiedenen externen Effekten hervorgerufen werden, kann also nur verbal hingewiesen werden. Zunächst ist selbstverständlich der Konsumnutzen einer Ausbildung, also der Wert von Bildung an sich, zu berücksichtigen. Personen mit abgeschlossener wirtschaftswissenschaftlicher Ausbildung sind eher in der Lage, wirtschaftliche Zusammenhänge zu erkennen und können daher selbst besser aktiv an der wirtschaftspolitischen Meinungsbildung partizipieren, was auch positive, demokratiepolitische Aspekte zeitigt. Der Konsumanteil der Bildung kommt also nicht nur dem Universitätsabsolventen selbst zugute, sondern indirekt auch der gesamten Gesellschaft.

Sehr bedeutend ist im Bereich der nicht-quantifizierbaren Nutzen der Wert der "opportunity options", d.i. der Wert einer breiteren Palette an Berufsmöglichkeiten, die einem Wirtschafts-

[87] Vgl. Managementinstitut der Industrie (MDI): Katalog über die Managementseminare 1990; "Die Seminar-Angebote im Überblick", trend 2/1988, S.94 ff.; Gespräche mit Frau Shribanyi vom "Österreichischen Internationalen Management-Institut Hernstein", Dr. Teufl vom Wirtschaftsförderungsinstitut und Information des Sprachinstituts der Industrie (SPIDI).

akademiker offenstehen[88]. Dieser Wert ist mit der zunehmenden Dynamisierung der Wirtschaft im Vorfeld des nächsten Jahrtausends außerdem ständig im Steigen begriffen, da eine Person mit einer gut fundierten Grundausbildung durch die damit verbundene Fähigkeit, sich rasch Spezialwissen anzueignen, auch sehr flexibel auf Umweltveränderungen reagieren kann.

Die bereits erwähnten, zusätzlichen monetären Nutzen der vermehrten Forschung werden noch erhöht durch die Nutzen dieser Forschungsergebnisse, welche nicht bewertbar sind bzw. durch die Nutzen von Forschungstätigkeiten, die überhaupt nicht bezahlt werden. In diesem Zusammenhang hat Th.W. Schultz Berechnungen über die soziale Ertragsrate angewandter Forschung angestellt. Die sozialen Ertragsraten schwanken zwischen 171% für neue agrarische Erzeugnisse und 35% für sonstige Forschungsergebnisse. Zusätzlich hat die intensivierte Forschungstätigkeit auch einen positiven Einfluß auf die Lehre, da im Unterricht auf aktuelle Probleme hingewiesen werden kann, was den Studenten die Sinnhaftigkeit des Lehrstoffs näherbringt und damit ihre Motivation steigern kann.

Auf eines muß noch ganz besonders hingewiesen werden. Wegen der zur Zeit extrem schlechten Studienbedingungen an der WU, besteht die Gefahr, daß eine zunehmende Zahl von Absolventen eine eher geringschätzige Meinung von der wissenschaftlichen Forschung erhält und sich bedingungslos der Praxis zuwendet, ohne auf weitere Entwicklungen im Bereich der Wirtschaftswissenschaften Bezug zu nehmen. Dies kann zu einer zunehmenden Abkoppelung der österreichischen Wirtschaft von neuesten Managementmethoden führen, was langfristig durchaus die internationale Wettbewerbsfähigkeit gefährdet. Durch bessere Betreuung der Studenten wird es nicht mehr in dem Ausmaß wie bisher zu Frustationserlebnissen der Studenten kommen. Wenn die Absolventen daher auf Grund ihrer, auch von ihnen selbst feststellbaren, fundierten Ausbildung den Nutzen der universitären Forschung erkennen, werden sie auch in Zukunft eher neue Erkenntnisse des wissenschaftlichen Personals der Universität in ihr tägliches Berufsleben einbeziehen und anwenden. Dies wäre wohl die beste Möglichkeit, die Professionalität des österreichischen Managements zu steigern.

Im Rahmen dieser nicht quantifizierbaren Nutzen sind auch die Unterschiede bei der Implementierung der Entlastungsvarianten, die nicht monetär bewertet werden können, anzuführen.

---

[88] B.A. Weisbrod, External Benefits of Public Education - An Economic Analysis, Princeton 1964, p. 96.

Während für die Errichtung einer neuen wirtschaftswissenschaftlichen Ausbildungsstätte entsprechende Erfahrungen vorliegen, müßte bei der Realisierung der Variante "Horizontalteilung" in Österreich Neuland betreten werden. Es kann derzeit nicht abgesehen werden welche Probleme und damit verbundene Nutzeneinbußen bei der Durchführung einer "Horizontalteilung" entstehen. Insbesondere ist dabei an folgende Problemkreise zu denken:

* An österreichischen Universitäten gibt es keine Erfahrungen mit derartigen Teilungen von Hochschulen in Studienzentrum und Forschungszentrum.
* Die Rekrutierung und Qualifizierung der akademischen Lehrer für das Studienzentrum sind offene Fragen.
* Die organisatorische Einbindung des Studienzentrums ist ebenso ungelöst.
* Die Orientierung der Lehrinhalte am Stand der Forschung ist fraglich.
* Der Funktionsbereich des Gebäudes für das Studienzentrum ist sehr eingeschränkt, sodaß eine sekundäre Nutzung kaum möglich erscheint.
* Bei einem eventuellen Rückgang der Studentenzahlen verursacht die spezifische Personalstruktur der akademischen Lehrer ähnliche Probleme wie derzeit der Rückgang der Schülerzahlen in den AHS.

7.3 Kosten-Nutzen-Analyse: Ergebnisse:

Wegen der Abdiskontierung zukünftiger Kosten und Nutzen ist das Zeitprofil des Projekts von besonderer Bedeutung. Daher ist es notwendig, vorerst die Annahmen über die zeitliche Abfolge der einzelnen Aktivitäten darzustellen.

Das Projekt beginnt unter Berücksichtigung aller Vorlaufzeiten für die politische Willensbildung, Planung, Einreichung und Genehmigung im Jahr 1991. Als Zeithorizont für die Kosten-Nutzen-Analyse nehmen wir 25 Jahre an, sodaß das Jahr 2015 das Ende unseres Planungszeitraumes darstellt.

1991: Grundstückskosten fallen zu 100% an
Baubeginn, 25% der Baukosten bis Bauende im Jahr 1994 jährlich
1994: Erstausstattung zu 100%
Laufende Kosten zu 100%
Direkte Nutzen zu 50%
1995: Direkte Nutzen zu 100%
1999: Indirekte Nutzen zu 100%
2015: Ende des Planungshorizonts

Alle Kosten- und Nutzenkomponenten, außer den Investitionskosten, fallen ab dem jeweils genannten Zeitpunkt im genannten Ausmaß bis zum Ende des Zeithorizonts der Planung an.

Die eigentlichen Berechnungen im Rahmen dieser Kosten-Nutzen-Analyse erfolgten mithilfe eines Computerprogrammes (realisiert mit dem Programmpaket QUATTRO Pro), das es ermöglicht, die Auswirkungen unterschiedlicher Annahmen zu simulieren. An dieser Stelle werden die Ergebnisse der Kosten-Nutzen-Analyse für die von uns oben vorgestellten Planungsvarianten unter Zugrundelegung einer realen, sozialen Diskontrate von **3%** präsentiert. Als Kennzahlen weisen wir den realen Kapitalwert, den Break-Even Point und die soziale Rentabilitätsrate aus.

	Neue Uni		Horizontalteilung	
	3000 EWUI	**2400 EWUI**	**3000 EWUI**	**2400 EWUI**
Kapitalwert (in ÖS)	**5,9 Mrd.**	**4,4 Mrd.**	**8,7 Mrd.**	**6,8 Mrd.**
Break-Even-Point (Jahr)	**2005**	**2005**	**2002**	**2003**
Soz. Rentabilitätsrate	**10,4 %**	**9,6 %**	**15,4 %**	**14,3 %**

Als Hauptergebnis der Kosten-Nutzen-Analyse ist festzuhalten, daß alle von uns geprüften Varianten im Sinne der Kosten-Nutzen-Analyse volkswirtschaftlich rentabel sind. Die realen Kapitalwerte schwanken zwischen ÖS 4,4 Mrd. und ÖS 8,8 Mrd. Dementsprechend hoch sind die sozialen Rentabilitätsraten, die für die einzelnen Varianten zwischen 9,6% und 15,6% liegen. Gemessen am Break-Even-Point zeigt sich, daß sich alle Entlastungsvarianten spätestens nach elf Jahren ab Betriebsaufnahme im Jahr 1994 rentieren.

Vordergründig deuten alle monetären Kennzahlen auf eine Superiorität der Entlastungsvariante "Horizontalteilung" hin. Es dürfen jedoch die nichtquantifizierbaren Nutzen, die nur bei der Implementierung der "Horizontalteilung" auftreten, nicht übersehen werden. Wir weisen deshalb nochmals auf diese Probleme hin:

* An österreichischen Universitäten gibt es keine Erfahrungen mit derartigen Teilungen von Hochschulen in Studienzentrum und Forschungszentrum.
* Die Rekrutierung und Qualifizierung der akademischen Lehrer für das Studienzentrum sind offene Fragen.
* Die organisatorische Einbindung des Studienzentrums ist ebenso ungelöst.
* Die Orientierung der Lehrinhalte am Stand der Forschung ist fraglich.
* Der Funktionsbereich des Gebäudes für das Studienzentrum ist sehr eingeschränkt, sodaß eine sekundäre Nutzung kaum möglich erscheint.
* Bei einem eventuellen Rückgang der Studentenzahlen verursacht die spezifische Personalstruktur der akademischen Lehrer ähnliche Probleme wie derzeit der Rückgang der Schülerzahlen in den AHS.

Obwohl diese Probleme nur bei den nicht-quantifizierbaren Nutzen in die Kosten-Nutzen-Analyse eingehen, sind sie jedoch zusätzlich zu beachten! Diese Art von Problemen tritt bei der

Neugründung einer Universität nicht oder nur in abgeschwächter Form auf. Es ist insbesondere die Tatsache der großen Anzahl von Wissenschaftlern bei Realisierung dieser Entlastungsvariante von großer Bedeutung. Hier sind die Voraussetzungen für umfangreiche, qualitativ hochwertige Forschung und ihre Umsetzung im Rahmen der Lehre ungleich günstiger als bei der Variante "Horizontalteilung". Der kritische Leser könnte sogar zur Auffassung kommen, daß eben wegen dieser Probleme bei der "Horizontalteilung" die angestrebte Verkürzung der Studiendauer beziehungsweise die Reduzierung der Zahl der Studienabbrecher nicht oder nur in beschränktem Umfang realisierbar ist. In diesem Fall wäre sogar ein Teil der indirekten, quantifizierbaren Nutzen gefährdet. **Unter Mitberücksichtigung dieser Aspekte halten wir die Gründung einer Neuen Universität für Sozial- und Wirtschaftswissenschaften im Raum Wien für die gesamtgesellschaftlich bessere Variante zur Entlastung der WU bzw. zur Sanierung der wirtschaftswissenschaftlichen Ausbildung in Österreich!**

8. ZUSAMMENFASSUNG:

Wir haben in dieser Arbeit versucht, Entscheidungsgrundlagen für eine mögliche Sanierung der WU zusammenzutragen, die durch die Errichtung von Neubauten auf den Donaugründen initiiert werden könnte. Fast alle Ergebnisse sind auf viele mögliche, andere Standorte in Wien ohne Aufwand übertragbar. Die WU als Anbieterin von mehreren Ausbildungsgängen im Bereich der Wirtschaftswissenschaften sieht sich einer dramatischen Situation gegenüber. Einerseits hat die Zahl der Studierenden in den letzten zehn Jahren um ca.150% zugenommen, während die personellen und Raumressourcen eine bestenfalls als gemäßigt zu bezeichnende Entwicklung hinter sich haben. Daraus resultieren ungeheure Schwierigkeiten im Lehr- und Forschungsbetrieb, die zu großer Besorgnis an der Universität aber auch zu energischen Versuchen seitens der WU geführt haben, diese Situation rasch und nachhaltig zu verbessern. Die vorliegende Arbeit soll als Ausfluß dieser Anstrengungen gesehen werden, mit wissenschaftlichen Methoden an die Frage der Entlastung der WU heranzugehen. Dabei ging es vor allem darum, zu überprüfen, welche Ressourcen an Raum und Personal erforderlich sind, um einen geregelten, erfolgreichen Lehr- und Forschungsbetrieb an der WU einzurichten.

Ausgangspunkt der Analyse war die Frage nach der Zahl der Studenten, die in der Zukunft an der WU studieren werden. Die Hauptaussage der empirischen Untersuchung dieser Frage ist ganz einfach die, daß die WU noch viele Jahre mit einer enormen Zahl von Studienanfängern konfrontiert sein wird. Unsere Prognosen bewegen sich im Bereich von mehr als 2500 Studienanfängern pro Jahr, trotz eines deutlichen Rückganges der relevanten demographischen Bezugsgrößen. Beim derzeitigen Studierverhalten, das natürlich auch durch die personelle und räumliche Situation der WU mit geprägt ist, muß die WU langfristig mit einer Gesamtzahl von weit über 20.000 Studierenden rechnen. Alle Ergebnisse der Studentenprognose deuten stark daraufhin, daß für die WU "kein Land in Sicht" im Sinne abnehmender Studentenzahlen ist. Eine Erscheinung, die auch international, besonders jedoch in der BRD, in Form eines wahren Runs auf Wirtschaftsstudien auftritt.

Durch das Studium werden nicht nur Ressourcen verbraucht, sondern die Studenten erwerben eine Ausbildung, die sie in die Lage versetzen soll, sich am Arbeitsplatz zu bewähren. Wir sind nicht der Frage nachgegangen, ob die WU zur Zeit ihren Absolventen eine adäquate Bildung und Ausbildung auf den Weg mitgibt. Unser Ziel war es vielmehr, zu erforschen, wie die österreichische Wirtschaft sich den optimal ausgebildeten WU-Absolventen vorstellt. Für Planungsfragen ist es durchaus wichtig, die Vorstellungen der "Nachfrager" auf dem Arbeitsmarkt für Wirtschaftsakademiker über den "ideal" ausgebildeten WU-Absolventen zu kennen, auch wenn diese Vorstellungen sich nicht mit denen der einzelnen WU-Lehrer decken. Das für uns etwas überraschende Ergebnis einer empirischen Untersuchung des Anforderungsprofils an WU-Absolventen war eine starke Betonung von Persönlichkeitsfaktoren, die in der Wichtigkeit vor fachlichen Qualifikationen rangieren. Diese Ergebnisse beinhalten für uns auch die Anregung, ein didaktisches Konzept und einen Unterrichtsstil zu favorisieren, der die Entwicklung der Persönlichkeit der Studenten im positiven Sinne fördert. Dies bedeutet aber sicherlich ein Abrücken von einem Massenunterricht, in dem Student und Lehrer anonym bleiben und der keine Auseinandersetzung zwischen ihnen erlaubt. Dies bedeutet aber weiters, ganz unabhängig von der im einzelnen gewählten Variante, eine grundsätzliche Veränderung der Größenordnungen. Es kann nicht gleichzeitig von den Lehrern an der WU verlangt werden, ein x-faches der Studentenzahl, die ihre Bundesdeutschen Kollegen betreuen, durch das Studium zu schleusen, fortschrittliche, auf den Einzelnen und seine Persönlichkeitsentwicklung ausgerichtete Unterrichtsformen zu praktizieren und erstklassige Forschungsarbeit zu leisten. Aus der täglichen Praxis ist die Gefahr eines Aushungerns der Forschung deutlich sichtbar.

Ohne große Überraschungen blieb die Untersuchung des Meinungsbildes an der WU im Hinblick auf die Entlastungsalternativen. Die in einer Interviewserie im Sommersemester 1989 gewonnenen Daten deuten auch bei Anwendung verschiedener statistischer Verfahren sehr stark daraufhin, daß eine Entlastung der WU am ehesten in Form einer zweiten wirtschaftswissenschaftlichen Ausbildungsstätte im Raum Wien zu erwarten ist. Diese "Neue Universität" sollte ein ähnliches Studienangebot wie die WU haben, um diese auf allen Gebieten zu konkurrenzieren. Die Entlastung sollte die Freiräume für eine fruchtbare Forschung schaffen, die Konkurrenz zweier Universitäten sollte die Forschungsaktivitäten anstacheln und intensivieren.

Neben dieser Variante machte sich eine deutlich ausgeprägte, beträchtliche Minderheit für eine "Horizontalteilung" der WU stark. Darunter kann man sich eine lokale und funktionale Trennung des ersten und des zweiten Studienabschnittes vorstellen. Die Aktivitäten des ersten Studienabschnittes sollen an einem Studienzentrum auf den Donaugründen konzentriert werden, während der zweite Studienabschnitt und die Forschung (d.h. die Institute) am derzeitigen Standort verbleiben. Andere Alternativen hatten keine nennenswert große Zahl von Vertretern.

Die weitere Vorgangsweise konzentrierte sich demgemäß vorerst auf eine grobe Ausformulierung der beiden genannten Entlastungsalternativen. Diese Grobstruktur, in Verbindung mit den Ergebnissen der Studentenprognose und dem Anforderungsprofil, lieferte die notwendigen Anhaltspunkte für eine doch ziemlich detaillierte planerische Umsetzung der Entlastungsalternativen. Dabei wurden auf Basis der Empfehlungen des Wissenschaftsrates der BRD der Raum-, Personal- und Sachmittelbedarf der beiden Entlastungsalternativen in je zwei Varianten festgehalten. Daß in diesem Abschnitt vieles sich wie ein Wunschzettel liest, sollte nicht weiter verwundern.

Die gesamten bisherigen Bemühungen münden in einer Kosten-Nutzen-Analyse der Entlastungsvarianten. Der Grund für den Versuch einer Kosten-Nutzen-Analyse von Universitäten liegt in den ungeheuren Wirkungen, die von Universitäten ausgehen, die nicht direkt beobachtet, bzw.als externe Effekte nicht als solche erkannt und der Universität zugerechnet werden. Tatsächlich kommt dann auch die Kosten-Nutzen-Analyse in allen untersuchten Fällen zum gleichen Ergebnis: **Die Entlastung der WU rechnet sich gesamtwirtschaftlich.**

Dieses erfreuliche Ergebnis kommt nicht von ungefähr und hat vor allem **zwei Ursachen**. Eine signifikante Veränderung der Studienbedingungen führt zu einer **merkbaren Verkürzung der Studiendauer**. Beträgt diese im Durchschnitt nur ein Jahr, so gewinnt jeder Absolvent ein Jahresgehalt dazu und erspart sich die Kosten des verlängerten Studiums. Eine signifikante Verbesserung der Studienbedingungen führt jedoch auch zu einer **Senkung der Drop-Out-Rate**. Jeder Student, der anstatt irgendwann einmal sein Studium abzubrechen, dieses zügig zu Ende führt, gewinnt ebenfalls. Einmal partizipiert er an der bereits genannten Verkürzung der Studiendauer, zum anderen gewinnt er durch sein höheres Einkommen als WU-Absolvent.

Dazu kommen noch **Änderungen in der Qualität der Absolventen**. Der gewonnene Freiraum für Forschung führt zu höheren Einnahmen der Universität aus der Auftragsforschung etc. Diese teilweise indirekten Nutzen überwiegen in mittlerer Frist, d.h. in maximal zehn Jahren nach Aufnahme des Betriebes dieser neuen Universitätsgebäude, die Kosten ihrer Errichtung und die laufenden Kosten.

Obwohl die Kosten-Nutzen-Rechnung der verschiedenen Alternativen die Horizontalteilung vor die Gründung einer zweiten großen wirtschaftswissenschaftlichen Ausbildungsstätte reiht, gibt es schwerwiegende Argumente, die gegen die Horizontalteilung sprechen. Die Implementierung der "Horizontalteilung" stößt sowohl in organisatorischer als auch in personeller Hinsicht auf große Probleme. Im schlimmsten Fall können sogar die von uns der Kosten-Nutzen-Analyse zugrunde gelegten Verbesserungen der Studienbedingungen gefährdet sein. **Aus diesen Gründen erscheint uns die Gründung einer zweiten sozial- und wirtschaftswissenschaftlichen Ausbildungsstätte in Wien, als die gesamtgesellschaftlich bessere Variante zur Sanierung der WU und damit der Ausbildung in sozial- und wirtschaftswissenschaftlichen Fächern in Wien!**

LITERATUR:

Adamson, Reid, The Rate of Return to Post-Compulsory Education During the 1970's: An Empirical Study for Great Britain, United Kingdom, Department of Education and Science, 1980. Mimeo.

O. Ashenfelter, J.D. Mooney, Graduate Education, Ability, and Earnings, The Review of Economics and Statistics, February 1968, pp. 78-86.

K. Backhaus, B. Erichson, W. Plinke, Chr. Schuchard-Ficher, R. Weiber, Multivariate Analysemethoden, 4. Auflage, Springer Verlag 1987

D. Bailey, Ch. Schotta, Private and Social Rates of Return to Education of Academicians, The American Economic Review, January 1972, pp. 1931.

G.S. Becker, Human Capital, New York/London 1975, second ed.

J.R. Behrman, N. Birdsall, The Quality of Schooling: Quantity Alone is Misleading, The American Economic Review, December 1983, Vol.73, No.5, pp.928-946.

- The Quality of Schooling: Reply", The American Economic Review, December 1984, Vol.75, No.5, pp.1202-1205.

M. Blaug, The Correlation between Education and Earnings: What does it signify?, Higher Education, February 1972, pp.53-76.

- The Correlation between Education and Earnings - A Reply", Higher Education, December 1972, pp. 469-475.

- The Private and the Social Returns on Investment in Education: Some Results for Great Britain, The Journal of Human Resources, Summer 1967, pp.330-346.

Bundesministerium für Wissenschaft und Forschung, Hochschulbericht 1987, Wien 1988

Bundesministerium für Unterricht, Kultur und Sport, Österreichisches Statistisches Zen tralamt, Maturanten an höheren Schulen, 1955 bis 1979, Österr. Schulstatistik, Wien 1980

A. Bottomley, J. Dunworth, Rates of Return on University Education with Economies of Scale, Higher Education, February 1974, pp.91-101.

Brinkmann, Krause, Pippke, Rippe, Bildungsökonomik und Hochschulplanung, Darmstadt 1976.

California Postsecondary Education Commission, Analysis of the State University's Criteria- for Approving Proposals for Permanent Upper Division and Graduate Off-Campus Centers, A Report to the Governor and Legislature in Response to Senate Bills 785, 1060, and 1103 (1985), Sacramento, California, 1986.

W. Clement, Einkommensverteilung und Qualifikation: Empirische Ergebnisse aus dem Öster reichischen Mikrozensus 1981, Wien 1984.

W. Clement, M. Tessaring, G. Weisshuhn, Ausbildung und Einkommen in der Bundesrepublik Deutschland, Beitrag 80, Nürnberg: Institut für Arbeitsmarkt-und Berufsforschung der Bundes- anstalt, 1983.

J.L. Cochrane, B.F. Kiker, An "Austrian" Approach to the Theory of Investment in Human Beings, The Southern Economic Journal, April 1970, pp. 385-389.

A. Danielson, Some Evidence on the Private Returns to Graduate Education, The Southern Economic Journal, January 1970, pp.334-338.

A. Daniere, J. Mechling, Direct Marginal Productivity of College Education in Relation to College Aptitude of Students and Production Costs of Institutions, The Journal of Human Resources, Winter 1970, pp.51-70.

E. Denison, Sources of Economic Growth in the Unites States, New York 1962.

- The Residual Factor and Economic Growth, OECD, Paris 1964.

Deutscher Wissenschaftsrat, Empfehlungen und Stellungnahmen des Deutschen Wissenschaftsrates 1977, Tübingen 1978, S.137

P.J. Eaton, The Quality of Schooling: Comment, The American Economic Review, December 1985, Vol.75, No.5, pp.1195-1201.

Fachjournal Wettbewerbe, 13. Jahrgang, Heft April/Mai 1989, Nr. 82/83, Wien

Fachjournal Wettbewerbe, 13. Jahrgang, Heft August/September 1989, Nr. 86/87, Wien

L. Fahrmeier, A. Hamerle (Hrsg.), Multivariate statistische Verfahren, Walter de Gruyter, Berlin, NY 1984

R. Freund, Bildungsplanung, Bildungsinvestitionen, Bildungsertrag, Wien 1969.

A. Gibbard, Social Decision, Strategic Behavior and Best Outcomes, in: W. Gottinger, W. Leinfellner (Hrsg.), Decision Theory and Social Ethics, Boston 1978, pp 153-168.

G. Griffiths, A. Saunders, Returns on Investment: A Note on Male and Female Higher Education in the United Kingdom, 1966-1973, Public Finance Quarterly, January 1979, pp.110-121.

Handbuch der Zentralstelle für die Vergabe von Studienplätzen (ZVS), Dortmund, November 1988, Anhang.

H.R. Hansen (Hrsg.): WU-2000: Entwicklungsplan der Wirtschaftsuniversität Wien, Wien 1987, S.79 ff.

W.L. Hansen (editor), Education, Income, and Human Capital, National Bureau of Economic Research, New York and London 1970.

H. Hanusch, Nutzen-Kosten-Analyse, München 1987.

H.S. Houthakker, Education and Income, The Review of Economics and Statistics, February 1959, pp.24-28.

Hüfner, Naumann (Hrsg.), Bildungsökonomie - Eine Zwischenbilanz, Economics of Education in Transition, Stuttgart 1969.

S.J. Hunt, Income Determinants for College Graduates and the Return to Educational Investment, Yale Economic Essays, 3 (Fall 1963), pp.304-357.

Kenndaten der WU Wien, Wien 1989

W. Krug, Erfassung des durch Ausbildung entgangenen Einkommens, Schmollers Jahrbuch, 86 (1966), S.561-593.

P.W. Miller, The Rate of Return to Education: The Evidence from the 1976 Census, Australian Economic Review (third quarter 1982).

J. Mincer, Investment in Human Capital and Personal Income Distribution, The Journal of Political Economy, Vol.LXVI, August 1958, No.4, pp.281-302.

Mingat, Jarousse, Analyse Economique et Fondements Sociaux des Disparites de Salaires en France Paris: CREDOC, 1985, Mimeo.

E.J. Mishan, Cost-Benefit-Analysis, new and expanded edition, New York 1976.

J. Morgan, M. David, Education and Income, Quarterly Journal of Economics, 1963, pp.423-437.

K. Okachi, An Analysis of Economic Returns to Japan's Higher Education and Its Application to Educational Finance", Journal of Education Finance 9 (Fall 1983).

J.G. Oliveira, Die Universität als Produktionseinheit, Weltwirtschaftliches Archiv 98 (1967), S.50-64.

Österreichisches Statistisches Zentralamt, Statistik der Gewerblichen Wirtschaft, Hauptergebnisse der Nichtlandwirtschaftlichen Bereichszählung 1983, 1. Teil

Österreichisches Statistisches Zentralamt, Personen- und Haushaltseinkommen von unselbst ständig Beschäftigten (Ergebnisse des Mikrozensus September 1987), Beiträge zur Österreichischen Statistik, Heft 924.

Österreichisches Statistisches Zentralamt, Österreichische Hochschulstatistik, Studienjahr 1976/77, Beiträge zur Österreichischen Statistik, Heft 551, Wien 1979

Österreichisches Statistisches Zentralamt, Österreichische Hochschulstatistik, Studienjahr 1977/78, Beiträge zur Österreichischen Statistik, Heft 575, Wien 1980

Österreichisches Statistisches Zentralamt, Österreichische Hochschulstatistik, Studienjahr 1978/79, Beiträge zur Österreichischen Statistik, Heft 595, Wien 1981

Österreichisches Statistisches Zentralamt, Österreichische Hochschulstatistik, Studienjahr 1979/80, Beiträge zur Österreichischen Statistik, Heft 638, Wien 1982

Österreichisches Statistisches Zentralamt, Österreichische Hochschulstatistik, Studienjahr 1980/81, Beiträge zur Österreichischen Statistik, Heft 692, Wien 1983

Österreichisches Statistisches Zentralamt, Österreichische Hochschulstatistik, Studienjahr 1981/82, Beiträge zur Österreichischen Statistik, Heft 728, Wien 1984

Österreichisches Statistisches Zentralamt, Österreichische Hochschulstatistik, Studienjahr 1982/83, Beiträge zur Österreichischen Statistik, Heft 755, Wien 1985

Österreichisches Statistisches Zentralamt, Österreichische Hochschulstatistik, Studienjahr 1983/84, Beiträge zur Österreichischen Statistik, Heft 789, Wien 1986

Österreichisches Statistisches Zentralamt, Österreichische Hochschulstatistik, Studienjahr 1984/85, Beiträge zur Österreichischen Statistik, Heft 839, Wien 1987

Österreichisches Statistisches Zentralamt, Österreichische Hochschulstatistik, Studienjahr 1985/86, Beiträge zur Österreichischen Statistik, Heft 872, Wien 1988

Österreichisches Statistisches Zentralamt, Österreichische Hochschulstatistik, Studienjahr 1986/87, Beiträge zur Österreichischen Statistik, Heft 885, Wien 1988

Österreichisches Statistisches Zentralamt, Österreichische Schulstatistik 1979/80, Wien 1981

Österreichisches Statistisches Zentralamt, Österreichische Schulstatistik 1980/81, Wien 1982

Österreichisches Statistisches Zentralamt, Österreichische Schulstatistik 1981/82, Wien 1983

Österreichisches Statistisches Zentralamt (Hrsg.), Statistisches Handbuch für die Republik Österreich, Wien 1988

A.R. Prest, R. Turvey, Cost-Benefit Analysis: A Survey, The Economic Journal, December 1965, pp.683- 735.

G. Psacharopoulos, Returns to Education: A Further International Update and Implications, The Journal of Human Resources, Winter 1985, pp.583-604.

R. Raymond, M. Sesnowitz, The Returns to Investments in Higher Education: Some New Evidence, The Journal of Human Resources, Spring 1975, pp.139-154.

W. Rippe, Lohnen sich Investitionen in den Beruf?, Arbeit und Sozialpolitik 4 (1973), S.125-129.

Th.W. Schultz, Capital Formation by Education, Journal of Political Economy, Vol.LXVIII, 1960, pp.571-583.

- Investment in Human Capital, The American Economic Review, Vol.LI, March 1961, No.1, pp.1-17.

Statistische Veröffentlichungen der Kultusministerkonferenz, Prognose der Studienanfänger, Studenten und Hochschulabsolventen bis 2010, Bonn 1989

H. Suppanz, M. Wagner, Einkommensverteilung in Österreich, Ein einführender Überblick, München/Wien 1981.

T.J. Wales, The Effect of College Quality on Earnings: Results from the NBER-Thorndike Data, The Journal of Human Resources, Summer 1973, pp.306-317.

B.A. Weisbrod, External Benefits of Public Education: An Economic Analysis, Princeton 1964.

B.A. Weisbrod, P. Karpoff, Monetary Returns to College Education, Student Ability, and College Quality, The Review of Economics and Statistics 50 (1968), pp.491-497.

P. Weiss, Projektion der Branchen-, Berufs- und Qualifikationsspezifischen Beschäftigung bis 1995, in: W. Clement, Die Tertiärisierung der Industrie, Institut für angewandte Sozial- und Wirtschaftsforschung, Signum Verlag 1988, S.190 ff.

G. Weisshuhn, W. Clement, Analyse der qualifikationsspezifischen Verdienstrelationen in der Bundesrepublik Deutschland auf der Basis der Beschäftigtenstatistik 1974/1977, Mitteilungen aus der Arbeitsmarkt- und Berufsforschung 1 (1982), S.36-49.

A. Westoby, The Correlation between Education and Earnings - A Comment, Higher Education December 1972, pp.463-468.

H.P. Widmaier, et al., Bildung und Wirtschaftswachstum, Stuttgart 1966.

WU-MEMO Nr. 10, Oktober 1988

ZBP-Studie 1988, WU 1983: Portrait eines Absolventenjahrganges

A. Ziderman, Rates of Return on Investment in Education: Recent Results for Britain, The Journal of Human Resources, Winter 1973, pp.85-97.

Studies in Contemporary Economics

D. Laussel, W. Marois, A. Soubeyran, (Eds.), Monetary Theory and Policy. XVIII, 383 pages. 1988.

G. Rübel, Factors Determining External Debt. VI, 264 pages. 1988.

G. Steinmann, K. F. Zimmermann, G. Heilig (Hrsg.), Probleme und Chancen demographischer Entwicklung in der dritten Welt. XII, 315 Seiten. 1988.

W. Kürsten, Secondhand-Märkte, Marktmacht und geplante Obsoleszenz. X, 220 Seiten. 1988.

Ch. Seidl (Hrsg.), Steuern, Steuerreform und Einkommensverteilung. III, 97 Seiten. 1988.

M. Stadler, Marktstruktur und technologischer Wandel. XII, 203 Seiten. 1989.

J. Franke, Neue Makroökonomik und Außenhandel. XI, 436 Seiten. 1989.

B. C. J. van Velthoven, The Endogenization of Government Behaviour in Macroeconomic Models. XI, 367 pages. 1989.

P. Rosner, Verteilungskonflikte in Marktwirtschaften. Über Funktionen von Marktverbänden. VII, 151 Seiten. 1989.

G. Nakhaeizadeh, Neuklassische und Keynesianische Modelle. VIII, 251 Seiten. 1989.

W. Peters, Theorie der Renten- und Invaliditätsversicherung. X, 219 Seiten. 1989.

D. Lüdeke, W. Hummel, Th. Rüdel, Das Freiburger Modell. VI, 151 Seiten. 1989.

A. Wenig, K.F. Zimmermann (Eds.), Demographic Change and Economic Development. XII, 325 pages. 1989.

J.K. Brunner, Theory of Equitable Taxation. VIII, 217 pages. 1989.

P.S.A. Renaud, Applied Political Economic Modelling. XII, 246 pages. 1989.

E. van Imhoff, Optimal Economic Growth and Non-Stable Population. IX, 218 pages. 1989.

W. Pohlmeier, Simultane Probit- und Tobitmodelle. XII, 219 Seiten. 1989.

G. Wagner, N. Ott, H.-J. Hoffmann-Nowotny (Hrsg.), Familienbildung und Erwerbstätigkeit im demographischen Wandel. II, 337 Seiten. 1989.

M. Gärtner, Arbeitskonflikte in der Bundesrepublik Deutschland. XII, 169 Seiten. 1989.

R. Schmachtenberg, Intertemporale Tauschökonomien mit unvollständigen Marktsystemen. VI, 191 Seiten. 1990.

H. König (Ed.), Economics of Wage Determination. XI, 373 pages. 1990.

B. Gahlen (Hrsg.), Marktstruktur und gesamtwirtschaftliche Entwicklung. VII, 316 Seiten. 1990.

P. J. J. Welfens, Internationalisierung von Wirtschaft und Wirtschaftspolitik. XV, 443 Seiten. 1990.

R. Buchegger, K. W. Rothschild, G. Tichy (Hrsg.), Arbeitslosigkeit. X, 278 Seiten. 1990.

C. Dagum, M. Zenga (Eds.), Income and Wealth Distribution, Inequality and Poverty. Proceedings, 1989. XIII, 415 pages. 1990.

P. Michaelis, Theorie und Politik der Abfallwirtschaft. IX, 179 Seiten. 1991.

A. J. H. C. Schram, Noter Behavior in Economic Perspective. X, 274 pages. 1991.

H. Otruba, P. Pelizon, G. Manner, P. Bleier, M. Hochreiner, Kosten-Nutzen-Rechnung von Universitäten. IX, 209 Seiten. 1991.

GPSR Compliance

The European Union's (EU) General Product Safety Regulation (GPSR) is a set of rules that requires consumer products to be safe and our obligations to ensure this.

If you have any concerns about our products, you can contact us on ProductSafety@springernature.com

In case Publisher is established outside the EU, the EU authorized representative is:

Springer Nature Customer Service Center GmbH
Europaplatz 3
69115 Heidelberg, Germany

Batch number: 10844829

Printed by Printforce, the Netherlands